데리다의
동물 타자

데리다의
동물 타자

임은제
지음

그린비

이 책이 빛을 볼 수 있게 해주신
민승기 교수님, 하선규 교수님, 정지은 교수님께
그리고 그린비출판사와 편집부 홍민기 팀장님에게
깊은 감사의 말씀을 드린다.
그분들이 아니었다면 이 책은 나올 수 없었다.

차례

1장. 철학은 어떻게 동물을 길들였는가? 소거된 채 존재하는 동물 타자 •11

　　1. 개괄 — '해체'의 행보와 동물 타자 •11

　　2. 데카르트 계보와 '결핍'으로 인식된 동물 •21

　　3. 데카르트, 동물 기계론 •25

　　4. 칸트, 섭리의 동물 •37

2장. 존재·타자에서 배제된 동물 •45

　　1. 하이데거의 동물론과 데리다의 존재·타자로서의 동물론 •46

　　2. 아감벤의 인간과 동물이 공유하는 권태 •71

　　3. 데리다와 아감벤의 '생성'으로 본 동물의 '결핍' •81

　　4. 라캉의 타자로서의 조건과 동물 타자의 배제 •90

　　5. 지젝의 데리다적 동물 타자 •105

3장. 동물이란 무엇인가? •115

　　1. 생성으로서의 코라와 생성으로서의 동물 타자·동물성 •117

　　2. 레비나스의 얼굴을 가진 타자와 데리다의 얼굴 없는 타자 •144

　　3. 귀향을 기다리는 이방인, 인간과 뱀 •165

4장. 예술은 어떻게 동물과 친구가 되었나? •185

    1. 프랜시스 베이컨과 타자인 동물, 고기 •187

    2. 데이미언 허스트와 희생된 타자, 동물 •204

    3. 요제프 보이스와 꼭두각시 타자, 동물 •214

    4. 올레크 쿨리크와 인간 안의 동물, 동물 안의 인간 •232

    5. 조은지와 인간을 응시하는 타자, 동물 •241

5장. 동물 타자에 대한 환대 •251

    1. 동물철학·동물윤리학 •253

    2. 데리다의 생물학적·생태학적 코기토 •276

결론 •297

참고 문헌 •307

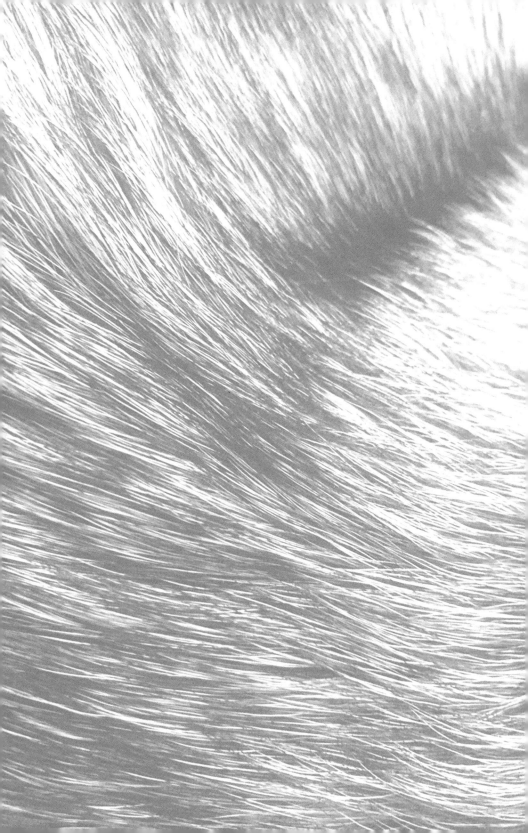

1장 철학은 어떻게 동물을 길들였는가?
소거된 채 존재하는 동물 타자

1. 개괄
—'해체'의 행보와 동물 타자

길을 바쁘게 걸어가다 누군가의 기척을 느껴 돌아본 적이 있다. 1.2미터 길이의 수조 안에 내 팔만큼 긴 민어가 숨을 쉬며 간신히 버티고 있었다. 몸의 크기 때문에 그 작은 곳에서 움직이지도, 헤엄치지도 못했다. 거긴 바로 횟집 앞이었다. 거대한 민어와 함께 작은, 아직은 살아 있는 물고기들이 수조의 나머지 공간을 헤엄치고 있었다. 민어의 눈과 마주치지 않기 위해 빠르게 그 골목을 빠져나왔던 것 같다. 거대한 민어가 이런 도시 속 건물 숲 안에 들어오기까지 얼마나 많은 일이 있었을까. 그리고 이렇게 거대해지기까지 심원한 바다에서 얼마나 많은 순간을 기민하게 위험을 피하고 먹이를 찾으며 스스로 살아남기 위해 최선을 다했을까. 그 순간들은 보지 않고, 느끼지 않고, 생각하고 계산해 내지 않으면 부여되지 않는 시간이다. 곧 사람들이 민어 앞에서 작은 물고기들을 잡아 회를 쳐서 먹거나 민어 자신이 그렇게 죽게 될 것이다. 이 해양 동물의 마지막을 우리는 잘 알고 있다. 동물의 죽음은 그렇게 늘 인간의 죽음과는 완전히 차별되어 취급된다. 인간은 죽은 후 애도되고 땅에 묻히지만 동물은 그렇지 않다. 동물의 고통과 불안의 느낌, 감각과 의식도 그것이 어떤 경우냐에 따라 인간과는 완전히 다르게 여겨진다. 인간은 오랫동안 동물에 대한 지배권을 가지며 동물의 죽음과 삶을 일종의 소유물로 여겨 선택하고 결정해 왔다. 이 권리와 권한은 동물과 식물, 자연에 인간 스스로가 부여한 권한이다. 이러한 권한에 따라 동물의 삶과 죽음은 물건처럼 손쉽게 재단되었다. 빛조차 들지 않는 좁고 어두운 감옥에서 죽기 전에는 나올 수 없는 동물의 삶은 사육 곰, 농장의 소, 돼지, 닭, 오리, 식용 개, 번식용 고양이에 이르기까지 인간의 권한이라는 이름으로 오랫동안 인간사와 함께 해왔다. '가축'이라는 용어는 인간이 압제해 온 대표적 동물 범주를 일컫는다. 지구상 가장 똑똑한 동물 중 하나인 돼지는 좁고 어두운 곳에서 자신의 배설물과 함께 키워지며 장차 고기가 될 자신의 아이를 끝없이 낳는 것 외에 아무것도 할 수 없다. 현대의 인간들은 이들 동물을 그들의 삶이 아니라 고기라 불리는 '살'로 마트의 한 곳에서 자주 만날 뿐이다.

동물의 죽음/삶과 인간의 죽음/삶 사이 이 극단적인 차이는 인간의 의식과 정의를 논의하고 제도화해 온 철학의 은폐된 다른 쪽 면을 드러나게 만든다. 철학이란 오직 인간만을 위한 제도적 장치로 개진되어 왔다. 그리고 이런 철학의 다른 한 면을 투사하도록 만든 최근 철학의 흐름을 인간중심주의(anthropocentrism)에 대한 비판 혹은 포스트휴머니즘(post-humanism 혹은 beyond humanism)의 한 경향으로 말할 수 있다. 그러한 철학적 흐름의 물꼬를 트게 해준 대표적 철학자이며 중년부터 노년까지 동물 삶/죽음과 인간 삶/죽음 사이의 차이에 대한 사유를 집적한 이가 있다. 그는 바로 해체(deconstruction)로 유명한 프랑스의 자크 데리다이다. 동물의 죽음과 인간의 죽음에 대한 차별, 달리 말하면 동물의 권리와 인간의 권한에 대한 차별에 대해 그는 철학사에서 처음으로 전통 철학의 입장을 거꾸로 뒤집어, 지금까지 철학이 보지 못했던 것(혹은 보지 않았던 것)을 투명하게 제시하고자 했다.

데리다는 해체주의나 포스트모더니즘 철학으로 잘 알려져 있다. 이른바 탈구축, 혹은 해체주의는 인간의 이성 및 언어, 진리에 쏠려 있는 철학적 방법이 자신들의 주장과는 다르게 스스로 충족적이지 못하고 분열과 틈을 내재하고 있다는 점을 추궁한다. 데리다는 진리, 이성, 합리성, 언어를 기초로 하는 형이상학에서 기원적으로 분열과 틈을 읽어 내고 그 모순성을 해체라는 논리로 드러냈다. 초기에 그는 언어학적이며 학문을 주제로 한 비판에 해당하는 대표작들을 발표했다. 『그라마톨로지』, 『글쓰기와 차이』, 『철학의 여백』, 『조종』 같은 저작이 그에 해당한다. 1980년대 이후부터 데리다는 본격적으로 독특한 타자론에 기초한 정의론의 가능성을 모색한다. 타자란 나 이외의 다른 모든 존재를 통칭하는 철학적 용어로, 타자론은 이항 대립적 구조에 기대고 있는 전통 철학에 대한 대안으로 궁구한 주제이다. 『우편 엽서』, 『프시케: 타자의 고안』, 『영혼에 관하여』 등 1980년대 출판 저작을 통해 데리다는 타자를 그의 사유의 중심에 확고히 고정한다. 그리고 후기로 분류되는 1990년대 이후에 비로소 법, 정치, 환대, 주권, 마르크스주의, 동물 타자, 동물성 등의 주제를 다루며 그것을 정치철학 내지 실천철학으로 개진한다. 이 시점을 소위 그의 윤리적·정치적·생태학적 선회로 명명한다. 이 시기 데리다는 후기 세미나들을 통해 동물 타자, 타자에 대한 주권, 환대, 전통 형이상학 내 인간중심주의 비판, 생태학적 관점으로의 전환을 강하게 주장했다. 그의 타자에 대한 관심은 자신이 발명한 신조어, 차연(différance)의 의미 확장과 매우 긴밀하게 연관한다. 차연은 그의 전기에 텍스트 내 의미의 차이와 연기로 사용되었지만, 후기 철학에서는 차연을 타자와의 관계로 설명하고 있다. 이는 달리 말해 타자에 대한 문제가 데리다의 초기부터 그의 사유 내 주요 주제로 자리했음을 의미한다. 소쉬르에 대한 비판을 강조하면서 만들어진 신조어 차연은 불어에서 차이(différence)와 동음이의어인 단어이다. 그렇다면 차연은 어떻게 언어학적 비판의 용어에서 타자에 대한 용어로 전환되었을까? 처음에 이 용어는 소쉬르가 제시했듯이 언어론적 체계 내의 항들이 모든 텍스트에서 그 의미와 설정을 고정적으로 동일하게 내포하고 활용하게 된다는 주장에 반대하기 위해 만들어졌다. 데리다에 따르면, 텍스트 내 언어의 각 항들은 시간과 공간에 따라 달리 수용되는 수용자의 근거에 따라 각각 틈을 형성하고 흔적을 남기며 모두 다르게 분절되어 다른 의미로 작용한다. 그리고 이 다른 항들과의 차이를 통해서만 언어의 각 항들은 자신의 고유한 동일성을 갖게 된다. 데리다는 문자를 부수적으로 생각하고 소리를 중시했던 소쉬르의 주장과는 달리 오히려 문자 기록(에크리튀르)이 동일하면서도 차이를 만들어 내는 중요한 근거로 작용한다고 생각했다. 문자 기록은 수용자의 해석, 공간, 시간성의 차이 속에서 끝없이 확장되고 지연되며 변이를 만드는 근거가 된다는 점에서 중요하다. 수용자, 독해의 주체에 따라 텍스트 내 어휘의 각 항들은 의미의 다양한 변이를 수용한다. 이 수용의 주체는 다름 아닌 타자로 볼 수 있다. 1980년대 들어 데리다는 차연이 그 수용의 주체가 되는 타자와의 관계를 의미하는 것으로 말한다. 즉 텍스트 내 독해에 대한 행위 주체의 다양한 수용을 강조했던 차연이라는 단어는 이제 사회적·정치적·종교적·생태학적 관점에서의 다양한 수용자를 이르는 타자로 확장된 것이다. 단지 텍스트를 읽는 독자의 독해 범위뿐만 아니라 모든 일상적 의미를 독해해 나가는 전반적인 문제의 수용자들이 타자의 의미로 읽히게 된 것이다. 따라서 처음에는 차연이 텍스트의 독해 문제에 한정된 수용 주체들의 문제로 구체화했다면, 그의 중기와 후기에 이 차연의 의미는 정치적이며 사회적인 수용자, 즉 주체이자 타자인 행위 주체들로 확장된다. 여기에서 그의 후기인 1990년대에 이 행위 주체인 타자들은 비인간 타자들, 비인간 주체들의 범주까지 구체적으로 확산되었다. 확장된 타자론인 데리다의 동물 타자론은 1980년 중반 이후 소위 그의 윤리·정치적 전환의 시기에 10여 권의 저서에서 다루어진다.

이 책은 데리다의 후기 동물 타자론을 그의 전체 철학과 관련해 설명하고자 한다.[1] 그리고 데리다의 주장에 따라 철학사 전체가 동물

---

1   이 책은 데리다의 영어판 『동물 그러므로 나인 동물』과 『짐승과 통치자』 1, 2권을 중심으로 그의 후기 동물 타자에 관한 논의를 다루며, 필요시 프랑스어판을 비교해 표기한다. Jacques Derrida, *The Animal That Therefore I Am*, ed. Marie-Louise Mallet, trans. David Wills, New York: Fordham University Press, 2008 [*L'animal que donc je suis*, ed. Marie-Louise Mallet, Paris: Galilée, 2006]. 이후 *The Animal That Therefore I Am*은 본문과 각주에서 AT로 표기. Jacques Derrida, *The Beast and the Sovereign*, vol. 1, trans. Geoffrey Bennington, University of Chicago Press, 2009 [*Séminaire: La bête et le souverain(2001-2002)*, vol. 1, Paris: Galilée, 2008]; *The Beast and the Sovereign*, vol. 2, trans. Geoffrey Bennington, University of Chicago Press, 2011 [*Séminaire: La bête et le souverain(2002-2003)*, vol. 2, Paris: Galilée, 2010]. 이후 *The Beast and the Sovereign*은 본문과 각주에서 BS로 표기.

과 인간과의 대립적 구별에 어떻게 의지하고 있는지 그 사실들을 궁구해 보고자 한다. 데리다에 의하면, 동물은 그의 논의에 따라 철학사에서 갑자기 나타난 것이 아니다. 오히려 철학의 내부에 있는 모순의 틈 안에 동물은 이미 처음부터 존재하고 있었다. 그는 근대 철학이 동물을 인간과 비교해 '결핍'된 존재로 사유하고 그들을 삭제하는 방식으로 인간에 대한 비교 하위로 구별했지만, 동물은 인간의 오래된 타자이자 오히려 형이상학 내에서 소거된 채 여전히 존재하는 '생성'의 존재라고 설명한다. 이처럼 데리다는 기존의 철학을 인간중심주의 철학으로 고찰 및 비판하며 동물 타자, 즉 동물로서의 타자를 이 인간중심주의 철학 전체의 비판적 준거로 설명하고 있다. 동물 타자의 주제는 하이데거, 라캉, 레비나스 등 그가 영향을 받았던 철학자들과 가장 극명하게 구별되는 지점이며 그런 점에서 그의 후기 철학에서 가장 중요한 논점이 된다. 하이데거는 존재 사유를 통해 형이상학 전통인 존재에서의 위계 설정을 극복하려 했고 레비나스는 타자에 대한 사유를 통해 주체 중심인 기존 철학의 모순을 극복하려 했다. 그러나 비인간 존재를 통칭하는 동물 타자는 타자(타인) 내부에서도 분열을 일으키는 잉여의 존재로 하이데거와 레비나스 철학 안에 틈을 낸다. 데리다는 동물 타자의 주제 아래 레비나스와 하이데거를 비판하면서 전통 철학의 역사 전체를 다시 사유해야 할 것으로 주장한다. 데리다가 논하는 동물 타자에 대한 사유는 인간/동물의 구분으로 구성된 철학 그 자체가 동물 타자라는 대응 항에 의존하고 있으며, 철학은 그 동물 타자에 대한 억압을 통해 우월성을 획득하고 있다는 것이다. 달리 말해, 전통 철학의 역사는 바로 동물 타자에 대한 억압의 역사임을 주장한다. 이처럼 데리다는 철학 안에서 철학이 사유할 수 없었던 것을 동물 타자에 대한 사유를 통해 다시 사유해야 할 전체 철학적 문제로 드러내고 있다. 철학의 시작부터 있었지만 억압되어 드러나지 않았던 동물 타자가 인간 주체를 구성하고 설정하는 기원으로서 드러나게 한다.

데리다는 기존 철학의 위계를 극복하고자 했던 하이데거의 현존재의 해석학과 레비나스의 타자론 모두 동물 타자에 한해서는 전통 철학의 위계 설정을 유지하고 억압의 구조를 그대로 재현하고 있다고 본다. 데리다는 그들 논의의 중심을 동물 타자론으로 해체함으로써 그들을 비판하고 철학의 모순을 보여 준다. 철학이 결핍으로 규정하며 부정적으로 만든 것은 오히려 철학의 가능 조건일 뿐만 아니라 모든 이론적인 것을 만들어 내는 조건으로, 데리다는 결핍을 부정적인 것에서 긍정적인 것으로 바꾸는 것이 아니다. 오히려 그는 결핍이라는 부정적인 것 안에 이미 긍정적인 것이 선재해 있음을 드러낸다. 결핍은 이처럼 부정적인 것이 아니라 창조의 조건으로서 철학과 생명에서 생성의 다른 이름이 된다. 그는 동물 타자론이라는 해체론을 통해 바로 창조·생성으로서 작동하는 결핍의 양상을 보여 준다. 데리다가 철학 전체의 해체를 통해 강조하고 있는 것은 타자이자 존재로서의 동물에 대한, 즉 동물 타자에 대한 고통의 의미를 다시 사유하는 것이다. 그는 철학의 틀인 인간 언어의 우월성 대신에 인간에게나 동물에게나 공통적으로 해당되는 고통의 문제를 통해 철학 전체를 다시 사유할 것을 제안하고 있다.

철학의 역사에서 부정과 결핍, 오염으로 해석되어 배제되고 소거된 동물 타자·동물성은 예술에서는 오히려 철학의 부족함을 메꾸며 철학이 보지 못했던 것을 보여 주고 비판하는 격자가 된다. 특히 포스트모더니즘과 후기 포스트모더니즘 예술에 이르러 동물은 타자, 이웃, 언캐니(uncanny, 친밀하고도 낯선)의 존재로서 인식되며 의식과 무의식에서 인간을 응시하는 존재로 드러난다. 현대 예술의 일면은 전통 철학이 보지 못했던 동물의 타자로서의 관점을 가시화하는데, 이는 데리다의 동물 타자론과 평행하게 공명하는 부분이다. 의미 체계로 완전히 환원될 수 없어 망각되어 버린 동물의 삶은 언젠가 도래할 가능성의 삶 혹은 돌발적인 언캐니의 흔적으로 동시대 예술에서 중요한 주제로 다루어진다. 프랜시스 베이컨, 데이미언 허스트, 요제프 보이스 이외 다양한 후기 포스트모던 작가들의 작업이 대표적이다. 타자로서의 동물에 대한 예술적 지각은 동시대에 이를수록 공감의 형식으로 확장되고 심화한다. 이들은 이전 작가들과는 다르게 윤리적 측면에서 동물 고통에 더욱 민감하게 반응하고 응답하는 방식으로 달라진다. 그러나 어떤 작가의 작업은 동물 희생의 구조를 비판적으로 드러내는 작업조차 여전히 희생의 구조 아래 동물을 직접 착취하고 고정한다. 예를 들면 허스트와 보이스 같은 경우가 그러하다. 이들은 베이컨의 작업과는 달리 동물에 대한 억압 체계를 그대로 작품에서 이용하고 있다. 허스트는 하이데거와 마찬가지로 동물의 중요성을 알고 있었지만, 동물의 희생을 구조화시키는 인간의 착취 방법을 작품의 재현에서 극복해 내지 못했다. 보이스도 마찬가지다. 생태예술가로 잘 알려진 보이스는 인간에 대한 자연과 동물의 우위성(광범위함, 풍부함), (시간적) 선행성을 잘 알고 있었다. 그의 예술에서는 동물과 자연, 생태에 대한 작가의 관심과 경외감이 잘 드러난다. 그러나 보이스가 동물(코요테)을 통해 보여 준 퍼포먼스의 전개 방식은 결코 인간의 동물 착취 방식을 벗어나지 못한다.

베이컨은 이들과 대척점에 있다. 그는 회화 작업 안에서 절단되고 파열된 채 전시된 고기, 도살 이후 동물 사체로 구성된 고기와 자신의 형상, 자화상을 한 화면 안에 병치시킨다. 그는 육류라 부르는 동물 고기가 죽음을 넘어 만들어진 실체라는 점을 강하게 인식하고 있다. 어떤 신체는 죽어서 누군가의 식탁에 오르기 위해 절단되어 쇼룸에 전시되고 또 다른 신체는 장례가 치러지고 애도되어 땅에 묻힌다. 이 극명한 대비 속에서 베이컨은 자신은 왜 그 죽음의 희생물이 아닌지 스스로에게 되묻는다. 이는 오히려 베이컨이 인간인 자신도 희생구조의 한 축일 수 있음을 자각함과 동시에 자신을 희생물로 여기고 있는 것을 드러낸다. 그가 동물에 대해 가지는 관심은 단지 동물 사체인 육류, 고기에 한정되어 있지 않다. 그의 자화상에는 괴물처럼, 동물처럼 보이는 서로 다른 층위의 얼굴들이 이질적인 에너지 속에서 친밀하고도 낯선 섬뜩함으로 충돌하며, 어떤 흐름으로 드러나는 것을 볼 수 있다. 그는 낯선 타자성을, 동물성이 움직이는 것을, 동물적 힘의 발생과 격돌을, 그 힘의 현현을 자기 안에서 보고 있다. 그는 자신을 돌출하는 낯선 타자의 힘으로, 설정할 수 없고 조절할 수 없는 괴물적 힘으로 인식하곤 했다. 그 힘은 자기 안의 붕괴를 향하면서 스스로를 절개하고 나오는 듯 보인다. 이 돌발적인 힘은 자기인 동시에 자신의 인식을 넘어선 낯선 타자의 힘으로 자화상에서 드러난다.

이처럼 베이컨은 내 안의 괴물을 동물적인 것으로 그려내는 동시에 희생물인 동물 타자를 고기의 형식을 통해 자신과 동일화한다. 베이컨의 작업은 분명히 허스트와 보이스가 직접 동물을 착취하고 억압하는 형식에서 동물 희생을 표현하는 작업 방식과는 다르다. 올레

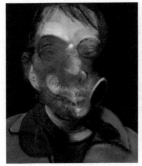

그림 1 프랜시스 베이컨, 「자화상을 위한 세 연구」 1976. [CR 76-07]

크 쿨리크는 베이컨과 마찬가지로 동물을 주체이자 타자의 입장으로 퍼포먼스화했다. 쿨리크는 종종 개가 된 자신을 표현함으로써 유럽 사회와 인간 사회의 모순과 인간중심주의에 대한 비판, 인간과 동물 사이의 허구적 경계를 드러냈다. 그러나 그의 파격적 행동은 오히려 고착화한 동물의 이미지를 따른다. 반면에 조은지는 동물 타자에 대한 인간 주체의 폭력과 인간중심주의를 동물 타자의 응시로부터 소환한다. 그의 작업은 자연의 본성으로부터 어긋나 버린 인간의 불협화음을 있는 그대로 그리고, 인간의 잃어버린 지형을 동물 타자와 자연으로부터 복원해야 하는 것으로 드러낸다. 동물은 인간에게는 불가능했던 꿈을 이어 나가는 존재다. 그는 인간이 아닌 타자로서의 동물의 관점을 통해 그것을 보여 준다. 예술적 작업은 철학의 지난 행보들과 대비된다. 예술의 관점은 철학의 경계를 허물고 더 큰 격자에서 철학이 비판할 수 없었던 것을 보도록 만든다.

철학에서 동물 타자의 목소리에 최초로 응답한 사유자는 데리다이다. 이 책은 배제된 채 끝없이 유령 또는 괴물처럼 출몰해 온 동물 타자의 자리를 데리다의 논변과 함께 추적해 돌아본다. 살아 있는 것도 죽어 있는 것도 아니지만 철학의 은폐 아래 철학의 기원이 되는, 인간 주체의 정체성을 구성해 온 동물 타자의 온당한 자리를 데리다의 설명을 통해 철학사 전체를 다시 사유하며 구성해 본다. 데리다는 단지 동물뿐만 아니라 동물의 자리에 있는 존재들에 대해 말한다. 사회와 정치에서 가장 취약한 희생의 자리를 맡는 자들이다. 그들은 여성, 아이, 노인, 난민, 대량 학살의 대상자들이다. 이제 이 책은 가장 취약한 바닥의 자리에 있는 타자들과 동물 타자에 대해 논의한 전통 철학의 이행을 데리다의 사유로 격자화해 바라본다. 그리고 철학에 대한 보충으로서 동물 타자에 대해 더 자유롭고 미세한 시선으로 옮겨 온 예술의 관점들을 다양한 작가의 작업을 통해 살펴본다.

2. 데카르트 계보와
'결핍'으로 인식된 동물

데리다는 동물 타자를 인간중심주의 철학 전체를 비판하는 준거로 삼아 동물을 결핍이나 가난으로 사유하는 기존 철학을 비판했다. 이 책은 그것을 형이상학의 역사 내 데카르트 계보와 연계해 논한다. 그는 데카르트적 계보를 동물 타자의 계보학을 통해 해체함으로써 결핍이 단순히 부정적 부족함이 아니라 가능성과 생성의 조건임을 드러내고 철학의 역사가 동물 타자에 대한 억압의 계보학임을 드러낸다. 동물을 결핍으로 규정하는 형이상학의 계보에는 데카르트부터 칸트, 하이데거, 라캉, 레비나스가 포함된다. 이 책은 데리다의 논의에 따라 데카르트, 칸트, 하이데거, 레비나스, 라캉의 동물에 대한 결핍 논의가 동물 타자의 생성의 영역을 배제하고 삭제하는 형이상학의 계보임을 비판하고자 한다.

데리다에 따르면, 동물과 동물성에 관한 질문은 인간의 고유한 것, 인간 본질, 윤리, 정치, 법, 인간 권리에 관한 개념과 "모든 거대 담론들이 형성되고 결정되는 경계"이며, 그에게 "생명과 살아 있는 동물의 문제는 언제나 가장 중요하고 결정적인 문제"였다(AT, 27). 그는 동물을 타자로 규정한다. 그가 말하는 동물 타자란 동물을 타자의 범주에 내포해 설명하는 단어이며, 동물성은 동물 타자의 독특한 특성을 일컫는다. 다시 말해, 데리다는 보편적으로 우리가 동물이라 부르는 일반적 범주의 명칭인 동물과 그가 규정한 동물 타자를 구분해서 사유한다. 일반적 지칭인 동물이라는 단어는 데리다에게 각각의 독특한 개별 존재로서의 살아 있는 비인간 존재를 단순히 하나의 단어·명칭인 '동물'로 묶는 폭력적 방식이다. 이 명명하기로부터 그 각각의 비인간 존재들은 각자의 독특성을 잃고 모두 하나의 특성으로 여겨진다. 데리다는 동물을 동물 타자라 지칭함으로써 비인간 타자의 존재로서의 위치, 타자로서의 위상을 강조하고 표명하고자 한다. 그는 이런 문제의식으로부터 동물(animal)과 단어(mot)를 혼합해 아니모(animot, 동물이라는 말)라는 신조어를 만든다. 그가 만든 아니모는 비인간 존재를 일반적 명칭인 동물로 말할 때처럼 각각의 독특한 개별 특성이 소거되거나 상실되지 않은 채 지칭하기 위해 만든 단어다. 또한 일반적으로 사용되는 동물의 특성을 지칭하는 동물성(animality, bestiality)이라는 단어는 일상에서 매우 다른 의미들이 혼합되어 사용된다. 동물성은 때로 야만적이거나 비합리적·비이성적이고,

광기·괴물의 특성처럼 비인간적 특성으로 포괄되는 부정적 의미에서의 짐승성과 혼용되어 사용된다. 그러나 데리다가 지칭하는 동물성은 인간이 일반적으로 상상하거나 의미화할 수 없는 인간 이성 너머 어떤 특성을 지칭한다.[2]

프로이트가 『토템과 터부』에서 말하듯 아버지가 상징질서의 법을 통해 주체의 의미화를 가능하게 하는 것처럼, 어떤 것으로도 환원되지 않는 틈이자 '(빈) 공간'인 동물 타자는 인간 내부에서 인간 주체를 가능하게 해주는, 인간의 정체성을 구성하는 타자다. 그러나 아들이 아버지를 살해하는 신화처럼 인간 주체는 동물성과 동물 타자를 자신의 모든 근거로부터 배제하고 거절하며, 죽이고 희생시킨다. 데리다는 데카르트 계보의 동물/인간 구별이 되는 인간과는 다른 동물만의 결핍이라는 구조가 바로 이 아들의 살해이고 철학 내 동물성과 동물 타자는 내면화된 아버지로 본다(AT, 132).

데리다는 '나는 생각한다, 그러므로 나는 존재한다'라는 데카르트의 명제를 떠올리게 하는 '나는 동물이다, 그러므로 나는 존재한다'를 의미하는 제목, '동물 그러므로 나인 동물'을 사용함으로써 의식적·이성적·언어적 코기토라는 인간중심주의적 에고의 개념을 생태학적·신체적 코기토라는 유기체 일반의 에고 개념으로 전환하기를 주장한다. 이처럼 그는 잘 알려진 데카르트의 인간 에고의 정체성을 인간만이 접근 가능한 언어(로고스, 이성)로서의 사유가 아닌 모든

---

2 데리다는 동물성을 이른바 야만성·괴물성과 구분되지 않는 짐승성과 동일하게 사용하는 일반적 맥락을 비판한다. 『동물 그러므로 나인 동물』 2장에서 서술하듯이 사실상 다양한 나라들의 욕에는 동물을 지칭하면서 대상을 비난하는 사례가 만연해 있지만, 이 책에서 사용하는 동물성은 부정적 의미가 아니라 동물만의 독특한 특성, 비인간 존재의 특성을 의미한다.

유기체가 가지는 발생적 신체로서 생태학적 코기토로 바꾸고자 한다. 그는 이 제목을 통해 데카르트의 '동물 기계론'이 주장하는 동물 결핍의 역사를 소환·분석하여 그 모순을 찾아내고 해체한다. 여기서 그는 동물의 결핍을 이성, 로고스, 응답의 결핍이 아닌, 동물이 가진 또 다른 세계의 박탈이자 인간의 이해나 포착을 넘어선 그들만의 세계의 생성으로 관찰한다. 동물·동물성은 선과 악, 좋음과 나쁨의 경계로 범주화할 수 없는 개념 이전의 생성이자 모태이다. 이러한 데리다의 관점은 기존 형이상학의 '완전함'에 대한 표준을 확장하고 해체한다. 그의 동물 논의는 동물을 철학의 주제·경계 안으로 밀어 넣었을 뿐만 아니라, 가장 적절하며 품위 있는 방식으로 동물에 대한 철학적 논의를 동물권 보호의 관점으로부터 형이상학에 대한 재사유이자 비판으로 확장한다. 데리다 이후로 소위 동물철학(animal philosophy), 동물연구(animal study)라는 철학 내 동물의 위상에 관한 연구가 활발해지고 있다.

근대 철학에서 결핍으로 취급된 동물의 인간과의 비교적 특성들은 현대 철학에 이르러 다양한 관점으로 변화·분석된다. 거기에는 하이데거, 데리다, 아감벤 등의 철학자들이 있다. 데리다의 동물 타자론은 그가 가장 많은 영향을 받은 하이데거에 대한 분석과 비판에서 시작하는데, 하이데거의 동물에 대한 사유는 그의 동물 타자론에 결정적인 영향을 미친다. 그는 하이데거를 비판하는 방식으로 하이데거를 수용·변화시키고 있다. 하이데거가 인간과 동물 사이의 차이에 관한 집요한 연구를 통해 결국 인간과 동물 사이의 위계와 심원한 분리를 주장했다면, 데리다는 이 연구로부터 오히려 인간과 동물이라는 두 존재가 결정 불가능한 경계를 가지며, 구분하거나 위계화할 수 없는 존재라는 점을 산출한다. 이로써 인간성보다 동물성이 선행한다는 결론을 주장하게 된 데리다는 철학자들이 결핍이라 여기며 배제했던 부분들이 오히려 생명의 생성에서 필수적인 것들임을 주장한다.

3. 데카르트, 동물 기계론

동물은 오랫동안 철학에서 결핍된 것으로 여겨지며, 이론적으로 중요하게 다뤄지지 않았다. 이와 같은 동물 배제에 대한 철학적 계보를 전통적 이론과 현대적 이론으로 나눈다면, 전통적 이론에는 데카르트와 칸트를 대표적으로 언급할 수 있다. 그리고 이들 두 거대 철학자들의 사상을 잇는 현대 철학자로는 하이데거, 레비나스, 라캉을 들 수 있다. 동물을 결핍으로 사유하고자 했던 철학의 궤적에서 그에 대비되는 사유를 제안했던 이는 데리다였으며, 그와 공감하면서도 동물에 대한 다른 이론을 제시한 이로는 아감벤과 지젝을 들 수 있다.

　데카르트의 사유에서 동물이 결핍된 것으로 생각된 이유는 언어적 무능력, 즉 물음에 대한 언어적 응답의 결핍 때문이다. 동물의 표현은 응답이 아닌 반응으로 여겨졌을 뿐이며 이 때문에 데카르트에게 동물은 기계적 자동장치였다. 응답은 '나는 여기 존재한다'는 법적인 내용을 함유하며, 이는 자기 의식의 표현이라는 최소한의 자아의 '현존/있음'의 표시로 간주된다. 이와는 달리 반응은 기계적 자동장치의 결과치에 해당하는 것으로 동물의 표현은 '반응'일 뿐 응답은 아니었다. 이 때문에 동물의 모든 표현, 즉 고통, 즐거움, 평온, 분노의 감정은 기계적 자동장치의 결과치로 받아들여질 뿐, 인간과 같은 감정으로 사유될 수 없었다.

데리다는 이를 사실상 의도적인 철학의 부주의 혹은 무관심으로 인식한다. 이 무관심은 인간 주체를 동물보다 상위에 설정함으로써 인간의 우위성을 확보하고자 한 철학의 의도와 관련하며, 철학의 이런 사유는 폭력적 환원이자 축소에 해당한다. 이 철학의 계보에 데카르트부터 칸트, 하이데거, 레비나스, 라캉까지 포함된다. 데카르트와 칸트 사유에서는 인간 언어가 없는 동물의 '자기 의식'을 인정하지 않는다. 데카르트는 동물은 이성을 결핍하고 있어 인간과 동물은 소통할 수 없다고 생각했으며, 이는 인간과 동물이 서로 다른 질서에 속한다는 아리스토텔레스의 전통적 구분을 따르는 것이다. 데카르트는 동물을 응답할 수 있는 능력이 없는 기계와 같은 자동장치로 생각해서 동물은 인간처럼 느끼는 감각이 없으므로 수난 역시 진짜로 느낄 수 없다고 생각했다. 동물은 이처럼 보편적 결손, 필수적인 결함을 가진 것이었다. 그러나 데리다는 이 결과가 어떻게 질문하는지에 따라 달라지는 것으로 응답에 대한 동물의 무능력이 아니라 인간과 동물과의 차이를 만들어야 했던 데카르트의 사유 주체에 관한 논리의 문제라고 주장한다. 데카르트의 코기토의 성찰 배경, 성찰 과정을 통해 사유 주체가 의미하는 바를 알아보고, 그것이 데카르트의 동물론에 미친 영향을 알아본다. 그리고 현대적 통찰인 데리다의 관점을 통해 데카르트의 인간중심주의적 동물 결핍의 주제를 검토해 본다.

1. 데카르트 코기토의 성찰 배경

데카르트는 코기토를 증명한 최초의 사유자이다. 철학의 제1원리·명제인 코기토(라틴어로 cogito ergo sum, 즉 '사유한다, 그러므로 존재한다')란 절대적으로 확실한 진리로 내가 '나'임을 증명하는 첫 번째 의심할 수 없는 절대 사실을 일컫는다. 데카르트가 이 코기토의 증명을 시작하게 된 계기는 16~17세기 당시의 시대 배경과 연관한다. 중세인이 '신'이라는 초월적 창조주의 협력을 통해 자신이 실체로서 시간에서 실현된다고 느낀 것에 반해 종교 개혁 이후 신과 인간 사이에는 엄청난 단절이 생겼다. 데카르트는 신과의 상호관계가 상실된 상태에서 파편화된 존재와 그 존재의 분할된 시간 인식을 정비할 필요를 느꼈다.[3] 그는 신학보다는 철학과 자연과학을 통해서 이전과 같이 신의 존재를 입증해 신에 대한 절대적 믿음을 회복하고자 한다. 즉 실존과 지속이 더 이상 동일 개념이 아닌 인간의 파편화되며 단절적인 시간의 연속을 철학적으로 항구적인 것으로 존재하도록 증명할 필요를 느낀다. 창조의 진리의 영원성을 현재 순간에 기초하도록 만든 칼뱅의 신조(crédo)인 '나는 믿는다, 그러므로 존재한다'(je crois, donc je suis)를 데카르트는 자연의 빛, 즉 양식 혹은 이성에 의한 철학적 논증을 통해 다른 방식으로 옮겨 재구성한다. 달리 말해, 변하지 않고 보증할 수 있는 진리의 근본을 얻고자 자신의 사유 주체의 증명을

---

3   이에 대해서는 최애영, 「근대 진리인식 기반으로서의 과학주체의 탄생에 관하여—코기토와 타자: 데카르트의 『성찰』을 중심으로」, 『프랑스문화예술연구』 61호, 프랑스문화예술학회, 2017 참조.

'나는 사유한다, 그러므로 존재한다'로 완성한다. 데카르트는 의심하는 주체의 본질로서 사유(cogitare)를 택했으며, 사유하는 것을 감각하는 것으로 이해한다. 사유는 정신의 본질적 속성이자 그 나머지로 의욕, 부정, 상상, 감각, 이해, 긍정, 의심은 모두 사유의 양태일 뿐이다. 내가 사유하기 위해서는 존재해야 하며, 존재하기 위해서는 사유해야 한다는 것이다. 그러므로 데카르트에게 사유 주체로서의 정신은 자신의 원인이자 모든 물질적인 것의 관념의 원인이 될 수 있었다. 이처럼 정신의 우위성은 모든 다른 생명과 인간의 생물학적인 근원에 적용된다. 데카르트의 동물론은 대표적으로 물리적인 것, 혹은 생명에 대한 정신의 우위성을 발전시킨 논의이다.

2. 데카르트의 동물론

데카르트의 생명론은 생리환원주의의 특징을 지니는데, 그는 생리학에서 신비주의의 요소를 철저히 제거한다.[4] 동물의 감각과 감정 문제는 영혼과 몸이라는 형이상학 이원론에 따라 동물에게 영혼이 없다고 본 데카르트에게는 딜레마였다.[5] 스피노자가 감정과 느낌을 구별하고 충동, 감정, 느낌 등을 통틀어 정서를 인간성의 중심으로 본 것과 달리 데카르트는 정서 대신 이성을 인간성의 중심으로 본다.[6]

---

4 김성환·황수영, 「데카르트들: 생명론에 대한 20세기의 도전과 몇 가지 전망」, 『근대철학』 3권 1호, 서양근대철학회, 2008, 47쪽.

5 김성환, 「데카르트의 동물론: 동물의 감각과 감정」, 『과학철학』 12권 2호, 한국과학철학회, 2009, 38쪽.

6 A. Damasio, *Looking for Spinoza: Joy, Sorrow, and the Feeling Brain*, New York: Mariner Books, 2003, pp. 101~108.

그는 감각과 노여움, 두려움, 기쁨의 감정을 영혼과 분리하여 사유했으며 이것이 동물 정기와 송과선(솔방울샘)의 움직임으로 발생한다고 여겼다. 송과선은 데카르트가 정신의 자리라고 여겼던 부분으로 내분비선의 일종으로 추측되며 여러 종류의 세포로 구성된다. 이와 같은 데카르트의 동물론은 탈신체화한 마음 개념으로 지금에 와서는 오류로 평가받는다.[7] 데카르트의 동물 기계 개념이 나오게 된 과정과 동물에 대한 데카르트의 논의를 정리해 본다.

데카르트의 『방법서설』 5부는 동물론을 포함한다. 또한 『정념론』의 1부에서 데카르트는 인간을 포함해 동물 몸이 움직이는 생리학 원리를 설명한다. 그는 생리학에서 심장의 역할을 중시한 영국 의사 윌리엄 하비를 칭찬한 바 있다. 그러나 아리스토텔레스주의자였던 하비가 생명을 유지하는 데 필수적인 피의 생명 원리를 기계적인 흐름이 아닌 영적 실체로 본 것에 반해, 데카르트는 생리학에서 아리스토텔레스의 목적론과 생기론의 흔적을 완전히 제거한다.[8] 그는 피의 순환을 기계적인 물체 운동으로 설명하며 하비와 달리 피 순환의 원인을 심장의 수축이 아닌 심장의 팽창으로 보았다. 그는 마치 주전자 속 물이 열에 의해 팽창해 수증기가 주둥이 밖으로 나오는 기계의 과정처럼 심장에서 피가 나오는 것을 기계 과정의 일부로 설명하길 원했다. 데카르트에게 이런 심장의 운동과 피의 순환은 근육 운동의 바탕이 되며, 이는 인간부터 새, 원숭이, 물고기, 조개에 이르기까지 모

7   A. Damasio, *Descartes' Error: Emotion, Reason, and the Human Brain*, New York: Putnam, 1994.
8   R. Westfall, *The Construction of the Modern Science: Mechanisms and Mechanics*, New York: John Wiley & Sons, 1971, pp. 86~92.

든 동물에 해당하는 공통 기능이다. 이 생리 기능을 설명하기 위해 그는 '동물 정기'를 끌어들인다.[9] 동물 정기는 아리스토텔레스부터 하비의 생리학까지 공통으로 쓰는 개념으로 몸에 생기를 불어넣는 신비한 성질을 지닌 것으로 요약할 수 있다. 그러나 데카르트는 생리학에서 동물 정기의 개념을 신비한 성질을 버린 피의 미세 부분이자 물체 성질로 설명한다. 이에 따라 동물과 인간의 몸을 '자동장치', '움직이는 기계'로 표현한다.[10] 데카르트에 따르면 인간의 몸과 동물 같은 자동장치 또는 움직이는 기계는 '이성 영혼'뿐만 아니라 '생장 또는 감각 영혼'도 없으며, '심장에 빛 없는 불 하나만 촛불처럼 켜고' 있다.[11] 동물은 어떤 종류의 영혼도 없이 심장의 열만으로 피의 순환과 동물 정기의 움직임을 일으켜 모든 생리 기능을 할 수 있는 자동장치였다. 따라서 동물에게 색, 냄새, 아픔, 배고픔 등이 생기는 것을 정념이나 지각이 아니라 하나의 메커니즘에 따라 설명하고자 했다. 그는 색, 소리, 냄새, 맛이나 심장 운동, 피 순환, 근육 운동, 숨 쉬기, 걷기, 먹기 혹은 뜨거움, 아픔, 배고픔, 목마름이나 기쁨, 노여움, 두려움 등은 인간과 동물이 공유하는 자동장치 같은 기계적인 것으로 생각했다. 그러나 꿈의 환상, 백일몽, 황홀한 궁전, 키메라, 신에 대한 사랑이나 비물질 상상에 대한 사유 등은 인간만의 것으로 생각한다.

데카르트가 예시한 메커니즘의 설명을 자세히 살펴보면 데카르

---

9 김성환, 「데카르트의 동물론」, 41쪽.
10 René Descartes, *Discourse on the Method*, in *The Philosophical Writings of Descartes*, vol. 1, trans. J. Cottingham, R. Stoothof and D. Murdoch, Cambridge University Press, 1985, p. 139.
11 *Ibid.*, p. 134.

트가 동물에게도 지각 또는 정념을 허용한다는 것을 알 수 있다. 결과적으로 데카르트의 동물론은 논리적 결함이 있는데, 그는 동물에게 이성 또는 지성이 없다고 주장하지만 논리적으로는 정신의 수용하는 기능인 정념을 허용해야 했다.[12] 정념을 만드는 동물 정기는 인간 이외 동물에게도 있기 때문이다. 또 그가 주요 기능으로 설명했던 송과선은 인간뿐 아니라 모든 척추동물의 간뇌에 있으므로 데카르트가 해부 지식이 풍부했다면 이 사실을 알았을 것이다. 그러나 데카르트는 동물에게 의지를 허용하지 않는다. 『방법서설』 5부에서 그는 동물과 다른 인간의 특성을 밝힌다. 데카르트는 원숭이 모양으로 잘 만든 기계가 동물이 아니라고 단정할 수 없지만 인간 모양의 기계는 인간이 아닌 것을 알아내는 방법이 있다고 주장한다. 그 방법은 인간 모양의 기계가 낱말이나 기호를 사용해 자기 생각을 남에게 전할 수 있는지를 테스트하는 것이다. 이 테스트는 인간만이 통과할 수 있다. 데카르트의 동물론에서 결론은 인간의 언어로 동물이 의사소통할 수 없기 때문에 이성 또는 지성을 가지고 있지 않다는 것이다.[13]

3. 데카르트적 전통 속의 동물, 희생구조

데카르트의 동물은 '나는 존재한다'와는 다른 방식으로 존재하는, 기계적 응답에 의한 자동장치들로 존재한다. 데리다는 데카르트를 떠올리며, 동물은 살의 자동장치, 피의 자동장치로 인간을 그대로 닮은

---

12   김성환, 「데카르트의 동물론」, 51쪽.
13   Descartes, *Discourse on the Method*, p. 141.

것도 아니라, 인간을 닮은 자동장치를 닮은 수난의 자동장치라고 말한다(AT, 83). 데카르트는 동물을 인간을 닮은 자동장치로 인식했음에도 불구하고, 동물은 데카르트의 정의상, 어떤 감각, 인지 혹은 정념적인 존재일 수 없었다. 이와 대조적으로, 데리다는 데카르트에 선행하는 고대 포르피리오스[14]의 채식주의 윤리학의 조망을 살펴본다. 이는 인간 외 모든 살아 있는 창조물과 인간을 연결하는 어떤 방식에 대한 관계를 둘러싸고 일어난다.

　포르피리오스는 동물의 목소리를 듣는 능력과 응답하는 능력을 주장한다.[15] 그에 따르면 동물은 귀 기울여 들으며 초대나 명령의 질문에 응답한다. 포르피리오스는 "인간 목소리를 알아듣지 못하는 동물은 없다. 인간이 화나 있건 친근하건 간에, 자신을 부르는지, 사냥을 하는지, 자신에게 어떤 걸 주는지, 원하는지, 동물은 그 모든 것에 자신의 고유한 방식으로 인간에게 모든 적절한 예의를 다해 응답한다"라고 쓴다.[16] 인간에게 응답하는 동물의 행동을 통해 동물을 존재로서 인정하고 그것에 인간이 적절히 응답하며 인간과 동물 사이의 우정과 교감을 확장한 고대 포르피리오스의 사유는 오늘날에도 시사하는 바가 크다. 자신이 키우는 반려견 혹은 반려묘와 대화를 나누

14　232년경~303년경의 신플라톤학파 철학자. 신플라톤주의의 창시자인 플로티노스의 제자로 아리스토텔레스 범주론 입문을 『이사고게』라는 이름으로 저술하고, 플라톤과 아리스토텔레스의 일치를 주장했으며 플로티노스의 전기를 썼다. 플로티노스의 저서를 정리해 『엔네아데스』라는 제목으로 출간했다. 그 밖에 천문학, 수학, 문법과 수사학, 호메로스에 대한 철학적 토론 등에 관한 여러 저서를 남겼다. 이 저서들 중 『이사고게』는 중세 학파의 기본서가 되었다.

15　Porphyry, *On Abstinence from Killing Animals*, trans. Gillian Clark, Ithaca, N.Y.: Cornell University Press, 2000, pp. 82~83.

16　*Ibid*.

고 교감하는 오늘날 인간의 모습은 포르피리오스의 언급에 나오는 인간에게 응답하는 동물의 이야기와 다르지 않다. 구조된 오랑우탄 및 코끼리와 소통하는 보호센터의 사육사, 성심껏 응답하는 동물과 다양한 경험을 공유하면서 우정을 나누는 인간의 사례는 오늘날에도 목격되는 포르피리오스의 현대적 버전이다. 고양이와 개가 인간과의 소통과 공감을 통해 어떻게 살아가는지 함께 살아 본 이들은 알고 있다. 바닷장어, 바닷가재, 문어, 돌고래, 돼지, 소, 닭, 오리, 코끼리, 미어캣, 라쿤에 이르기까지 인간은 그들과 친구가 될 수 있다. 이즈음 유행하는 동물에 대한 콘텐츠에서 이런 소재를 찾아내는 것은 너무나 쉬운 일이다.[17] 이는 데카르트의 동물의 무응답 혹은 무능력과는 대조적이다. 이 초대나 명령에 응답하는 것, 즉 '나는 여기 있어요'(here I am)라는 태도는 내가 자신을 표명하는 최초의 자전적 태도이자 역사에서 법 안에 나를 증언하는 모든 태도(나의 응답/나의 여기 있음/나의 참석)를 의미한다.

지금까지 살펴봤듯이 철학사에 개체적 주체성을 처음으로 정초한 데카르트는 그의 '나는 존재한다'(je suis, I am)의 증명 안에서 살아 있음에 대한, 즉 동물적인 모든 것을 제거하고자 했다. 데리다는 데카르트의 증명이 가능한 가장 동물적이지 않은 것이 무엇인지를 밝히려고 했다는 점을 강조한다(AT, 73). 따라서 이 '사유하므로 나는 존재한다'(cogito ergo sum)라는 명제는 사실상 데카르트가 삶 또는 생명

---

17 마트의 바닷가재를 데려와 수족관에서 키우는 유튜브 채널 '해수인tv', 오리와의 일상을 담은 유튜브 채널 '도시오리', 구조된 동물이 고마움을 표하는 클립들을 제공하는 유튜브 채널 '포크포크', SBS의 예능 프로그램 「동물농장」의 에피소드들, 넷플릭스의 다큐멘터리 「나의 문어 선생님」을 그 예로 들 수 있다.

의 자기 확정을 모두 삭제하고 그것과는 아무런 관계없는 사유의 결과들로만 구축한 것이다. 그러므로 이 명제가 주는 것은 '나는 살아 있고, 나는 숨 쉬며(animer),[18] 나는 동물(animal)이다'를 의미하게 될 모든 것을 제거한 이후 획득한 것이다.

데리다의 프랑스어 원본 텍스트의 제목 *L'animal que donc je suis*에서 문장 je suis는 영어 be동사에 해당하는 프랑스어 être의 주격 동사 변형으로 '나는 존재한다' 또는 '나는 …이다'를 의미한다. 나아가 je suis는 '쫓아가다'의 뜻을 지닌 suivre의 주격 동사기도 해서, je suis를 사용하는 것은 '쫓아간다'는 의미일 수도 있다.[19] 이런 이유로 je suis 는 타동사 suivre(쫓아가다)를 숨기고 있는 동시에 자동사 être(존재한다)를 내포하기도 한다. 이는 내가 따라가고/쫓아가고 있는 그것(animal)이 바로 '나이다'로 드러나는, 나의 존재 본질('나는 존재한다')이 무엇인지를 함유하는 제목으로 데리다는 동음이의어를 사용함으로써 두 가지 의미를 동시에 내포하길 의도한다. 또한 이는 데카르트의 코기토 '나는 존재한다'를 내포하고 있는 문장으로 데리다는 이 제목을 통해 데카르트의 코기토를 환기시키며, 소환한다. 이러한 데카르트의 '나는 존재한다'는 '지금 나는 누구인가?/나는 무엇인가?'라는

---

18 프랑스어 animer는 '생명·(영)혼을 불어넣는다'라는 뜻을 갖는다. se가 추가된 재귀동사 s'animer 는 자신에게 그 생명·(영)혼을 불어넣는 것을 의미하며, 이는 숨을 쉬는 존재, 즉 생명을 갖는 것을 뜻한다. 이것이 데리다가 의도한 animal의 근원적 의미이며, 이것이 데카르트가 제거한 인간 정체성의 부분(생명, 동물적인 모든 것)이다.

19 suivre와 être의 동사 변화형은 다음과 같다.

	Je 나	Tu 너	Il 그/Elle 그녀	Vous 당신	Nous 우리	Ils 그들/Elles 그녀들
Être 이다	suis	es	est	êtes	sommes	sont
Suivre 쫓아가다	suis	suis	suit	suivez	suivons	suivent

자기 촉발적 질문에 대한 답을 추론하는 과정에서 시작한다. 데카르트는 이성(합리성)들의 질서에 대한 귀결적 배열 안에서 '완전히 의심할 여지가 없는, 완전히 명백한 것'에 포함되지 않는 모든 것을 제거하고자 했다. 이 잘라내기·삭제는 데카르트의 육체에 관련된 모든 것에도 해당한다. 그는 자신의 살아 있는 몸을 기계나 육체로 객관화(대상화)시킴으로써 I를 구성한다. 이런 과정에서 그의 몸은 이미 시체화(cadaverization)된, 이미 '죽은' 나로 관점화된다(AT, 72).

데카르트는 자기 스스로 느끼고 성장하고 먹고 움직이는 자기 촉발이나 자기 추동인 동물성의 표식들이 드러날 때마다 이것을 살아 있는 영혼과 연관 짓는다. 그 자체 본질적인 것(en tant que tel)이며 여전히 객관적일 수 있는 이 영혼은 그에게 "나의 더 육체적인 부분 안에서 침투하고 퍼져 있는 바람, 불꽃 또는 섬세한 공기와 같이 매우 희귀하고 미묘한 것"인 하나의 육체에 지나지 않을 뿐이었다.[20] 인지 가능한 '가장 작은 동물의 감각'조차 피하고자 한 데카르트는 이성과 결합된 자신의 육체에서 동물성에 노출된 감각 지각의 외장을 벗은 것이 무엇인지를, 동물적인 흔적을 모두 제거한 그것이 무엇인지를 추론한 것이다. 결론적으로 그는 '동물이 아닌 나'라는 관점에서 '최소한의 동물적인 것'조차 제거한다. 데리다는 이토록 동물성과 동물적인 것을 피하고자 집착한 데카르트의 추론 방식으로부터 "오히려 그를 동물철학자였다고 우리는 말할 수 있지 않은가?"라고 되묻는다(AT, 73).

---

20 René Descartes, *Meditations on First Philosophy*, in *The Philosophical Writings of Descartes*, vol. 2, Cambridge University Press, 1984, p. 18.

이처럼 데카르트는 주체의 본질을 사유로 규정함으로써 육체적 주체를 주체성의 본질에서 배제하고 순수정신을 주체로 내세운다. 이는 주체와 세계의 근본적 분리 및 단절을 초래하게 된다. 데카르트의 존재 증거에 대한 증명은 삶/생명 안의 존재, 호흡, 숨에 의지하는 것이 아니다. 자기 존재의 증거는 어떤 사유하는 영혼에 의해 결정된다. 달리 말하면, 데카르트는 동물로부터 동물과는 다른 인간의 속성을 특성화해야 했기 때문에, 가능한 한 모든 동물에 관련한 생태학적·생물적 특징을 인간으로부터 떼어 내 그것을 인간 존재의 증명으로 삼고자 했다. 이것이 동물을 기계로 환원하여 동물 기계의 자동반응과 자동장치를 형상화하고 동기화해야 했던 이유이다. 데카르트는 '무응답'과 '응답의 무능력'을 강조하고 결핍, 결함, 실수 혹은 박탈로 동물을 요약함으로써 합리적·이성적 인간의 근본구조를 세운 것이다.

데리다는 이 결핍을 진짜의 수난, 진짜의 감각을 느낄 수 없는 무능력이 아닌, 오히려 진짜의 수난, 진짜의 감각을 허구화한 데카르트의 관념적 동물성이 숨 쉬면서 존재하는 개별적 동물의 독특한 특징(살아 있고, 표현하고, 응답하고, 움직이고, 늙어 가고, 고통을 느끼는 모든 것)을 박탈한 것이라고 말한다. 데카르트에서 칸트, 하이데거, 레비나스, 라캉에 이르는 이 계보에서 그들은 모두 동물을 무응답으로 규정한다. 그러나 데리다는 '나는 존재한다'로 요약되는 데카르트의 계보가 제시한 표준은 모종의 의도 아래 분석에 의해 얻어진 질서 또는 배열로부터 나온 결과물로, 주체에 대한 개념을 결정하는 것에서 만들어진 허구의 구성물일 뿐이라고 본다. 그것은 법칙과 권리를 세우면서 동시에 동물이 가지는 권리들의 전체 거절을 이끌어 온 희생구조로 구성된다. 데카르트의 계보학, 포스트 데카르트의 계보학은 "나는 생각한다, 그러므로 나는 '말한다'"라는 자기 의식을 명증하고 확고한 '나는 존재한다'라는 개념으로 환원하며, "'나는 생각한다, 그러므로 나는 존재한다'라고 **말**"하는 장소로부터 지배의 명령권이 발생하도록 만든다. 이러한 데카르트 계보의 태도는 각기 다른 삶과 생명을, 각기 다른 신경 체계의 개념을 동물이라는 하나의 동일한 것으로 환원시킨다. 그리고 동물 착취의 개념처럼 동물에 관해 감리하고 지배하는 명령이 현실에 직접 행해지도록 만든다. 허구로 구성된 인간 주체의 우위성이라는 개념은 동물 타자의 삶과 생명 전반을 현실에서 착취하고 관리하며 소모하고 통제하는 것을 허용하도록 이끈다.

4. 칸트, 섭리의 동물

칸트는 이러한 데카르트의 규정을 더욱 확실히 고착시킨 데카르트 계보 내의 철학자다. 그는 인간의 이성과 내적 감각을 인간 우월성으로 규명하고 인식함으로써 동물은 내적 감각, 즉 내감을 결여한 비이성적 개체로 명시한다.[21] 칸트가 중시하는 내감은 지성에 의해 촉

---

21 Immanuel Kant, *Immanuel Kant's Vorlesungen über die Metaphysik*, ed. K. H. L. Pölitz, Erfurt: Keysersche Buchhandlung, 1821, p. 218. 내감은 우리의 사고와 관련된 것이기에 칸트에 의하면 오직 사고 능력이 있는 인간 종족에 관한 학문(Menschenkunde)에서만 나타나는 것이다. "그러므로 동물은 외감의 모든 표상을 가지게 될 것이나, 내감에 즉 자기 자신의 의식에, 간략히 말해 나에 대한 개념에 근거하는 그러한 표상들은 가지지 않는다."

발되며 내감이 일으키는 다양한 감각들은 시간 안에서 통일된다. 칸트는 지성이 이처럼 자기의 통일성에 따라 내감을 규정하는 것을 주관으로 인식했으며, 이 주관이 자신을 촉발하는 것을 자기 촉발(auto-affection)이라 명명했다. 달리 말해, 자기 촉발은 자기가 주관이고 자기가 바로 그 대상인 독특한 작용 양상이자 활동으로 볼 수 있다. 내가 '나' 자신을 촉발한다는 것은 비록 그 발생과정이 모호할지라도 현상들이 내감 안, 즉 자신 안의 감각에서 발생한다고 여기는 것이다. 그리고 이를 통해 내감을 촉발하고 감각을 자기 자신에게 고지하며 이런 과정을 통해 우리는 외부의 표상들을 내적으로 의식하게 한다고 인식했다.

그러나 데리다는 감각과 표상을 스스로에게 고지하도록 자신을 촉발하는 이 자기 촉발의 과정이 이질적 촉발(hetero-affection) 없이는 이해할 수 없다고 본다.[22] 이 자기 현시적 '자기의 나'는 사유 속에서 나조차도 이미 타자인 나로 나타나며, 나를 나로 인식하는 것은 타자로서의 나 혹은 타자의 개입에 의한 차이에 의한 것으로, 이와 같이 타자의 개입이 작용하지 않고는 근본적으로 자기라는 주체성이 성립될 수 없다. 나에 대한 의문, '나는 누구인가?' 같은 질문은 자기 촉발적 질문이지만 사유 안에서는 나조차도 타자이며, 나아가 외부의 타자가 나의 감각과 사유 안으로 개입하는 것을 통해서야 그 차이를 통해 비로소 나라는 주체성이 획득될 수 있는 것이다. 즉 나의 내적 감각을 만드는 것은 내 안의 타자로서의 나뿐만 아니라 나의 밖

---

22 서동욱, 「자기 촉발에서 이질적 촉발로」, 『철학과 현상학 연구』 56호, 한국현상학회, 2013, 109쪽. 데리다는 AT, 95에서 이질적 촉발을 설명한다.

타자들이 촉발하는 현상들과의 상호관계 아래에서야 가능하며, 나와 타자를 이 촉발의 현상에서 엄밀하게 나누는 것은 불가능하다고 이해한다.

그런데 칸트는 여기에서 내감의 과정을 인간만이 가진 우월한 인식체계로 규정한다. 또한 내감을 감지하는 지성 역시 인간만이 보유한 능력으로 간주한다. 그러므로 표상들을 의식하고 내감을 촉발하여 자신에게 고지시키는 감각의 과정들을, 즉 자기 촉발의 과정을 오직 인간에게만 가능한 동물과는 다른 능력으로 본다. 달리 말해 동물에게는 자기 촉발의 주관, 나(I)라고 부를 수 있는 기능들이 거절된다. 데카르트나 칸트에게 동물의 의식과 내적 감각 그리고 자발적 움직임과 추진성은 단지 자동적인 자동장치로 간주될 뿐이었다. 따라서 내감이나 자기 촉발을 일으키는 '나', 자발성이라 할 것들은 모두 거절된다. 이에 따라 모든 동물의 행동과 감각은 데카르트와 칸트에 의하면 자발적 움직임이 될 수 없다.

그러나 데리다는 여기에 다른 의견을 갖는다. 데리다는 살아 있는 존재는 스스로 느끼며 관계하는 자발적으로 움직일 힘으로, 이는 아무리 문제시한다 해도 무기체의 관성에 반대되는 것이라고 설명한다(AT, 94). 그는 칸트와 데카르트에게서 나(I)라는 '나'의 구조와 기능이 너무 많이 산정되고 중요시된다고 지적한다. 스스로 자발적인 '나'에 대한 논리는 직관적으로 혹은 자기 지시적인 용어로 자기에 대한 참조를 만드는 힘이 된다. 자기 지시, 자기 참조의 힘이란 실재적으로 '이것이 나이다'라고 말하는, 손가락으로 자신을 가리키는 최소한의 능력이다. 이는 동물이 박탈당하고 빼앗기고 결핍한 것으로 여겨지는 것으로 데카르트에게서는 인간 언어로서의 응답이며, 칸트에게서는 자기 지시적인 능력이다. 나아가 이는 개체적 주체를 만들 뿐만 아니라 그 주체가 가지는 책임감과 권리, 권한, 의무를 발생하도록 한다. 동물이 결핍한 것으로 여겨진 칸트의 이 자기 지시적인 능력은 이성과 지성에 의해 자기와 관계하는 자기 추동, 자기 촉발로 동물에게는 거절된다. 따라서 동물은 자기 참조적 자기-거리화가 불가능한 것으로 주장된다.

  칸트에게는 인간 문화의 사회화가 짐승의 가축화로 치환될 수 있다. 즉 인간 문화의 사회화를 위해서 동물은 가축화되어야 하며, 이 가축화는 지성이 없는 동물을 인간이 사용하고 목적화하는 것을 합리화한다. 그것은 희생을 구조화·체계화하는 것을 의미했다. 동물은 인간과는 달리 공격적이고 야만적이어서 인간이 자신의 문화를 위해 지성이 없는 그들을 종속·복종시키는 가축화는 자연스럽고 당연한 일이며, 야생동물에 대한 지배 원리 없이는 인간세계의 사회화나 정치적 구성도 없었다. 달리 말해 인간세계의 사회화나 정치적 구도의 가능성은 야만적인 동물을 얼마나 많이, 강하게 가축화할 수 있느냐에 기대고 있다. 이런 이유로 돼지나 소와 같은 대형 동물들은 인간에게 가축화되어 농사의 수단이 되거나 생명 이전에 고기로 여겨지는 것이 당연하게 받아들여져 왔다. 이런 과정에서 돼지나 소, 심지어 개조차 단위화된 개체로 가격이 매겨지고 인간의 이익을 위해 처분되어 왔다. 이렇듯 칸트에게 동물의 가축화는 당연한 일인 반면에 인간은 이 모든 권리와 의무의 주체가 될 수 있었다. 데리다는 이를 칸트의 '동물 정치'라고 말한다(AT, 96). 칸트의 동물 정치는 동물들의 당연한 가축화를 제안한다. 칸트는 인간 사회를 벌의 군주제 원리와 비교하면서 동물과 인간 사이 관계망을 그린다. 그러나 비교는 거기서 멈춘다. 벌은 타자들의 힘을 착취, 폭력, 계략으로 만드는 관계 속에서 자연의 투쟁적인 상태로 남지만, 인간 전쟁은 야생의 본성 상태로부터 사회 상태로의 흐름이 일어나게 한다. "벌들은 인간과는 달리 서로를 공격한다."[23] 칸트의 이런 사유가 모순적이라는 것은 말할 필요도 없다. 자연이 주는 경외감을 최고의 숭고로 여겼던 칸트가 자연의 일부인 동물의 세계를 가장 야만적으로 간주했다는 것은 그의 사유가 위선적일 뿐만 아니라 모순적이라는 것을 드러낸다.

칸트에게 주체의 주체성 내 상호관계는 오직 두 가지 경우에서만 예외로 깨질 수 있었다. 그 하나는 어떤 권리도 누릴 수 없고 오직 의무만을 가진 농노이며, 다른 하나는 모든 권리를 가지지만 어떤 의무도 없는 신이다. 그러나 이 예외는 동물에게는 전혀 해당하지 않았다. 칸트에게 동물은 어떤 권리나 의무에도 접근할 수 없는 이질적인 것으로 남았다. 동물은 인간처럼 스스로 목적이 될 수는 없으며 오직 수단으로서만 취급될 수 있었다. 칸트에게 동물은 오직 순수하게 희생되어야만 하는 감각 가능한 질서의 것이었다. 이에 반해 인간은 무엇으로도 그 가치를 매길 수 없는, 그 스스로 목적인 존재였다. 인간은 비교 가능하거나 협상 가능한 가치보다 높은 존재로 시장의 가치로는 값을 매길 수 없었다. 그러나 동물은 시장 가격이 있을 수 있고 그것의 협상 가능한 가격이 있을 수 있으므로 인간의 주체성처럼 스스로 목적이 될 수 없다. 데리다는 칸트의 동물 가치와 인간 가치의 차이에 대한 이 고찰을 "순수 수행적/실제적 이성의 살아 있는 잔인

---

23 Immanuel Kant, *Anthropology from a Pragmatic Point of View*, ed. and trans. Robert B. Louden, Cambridge University Press, 2006, p. 235.

함"이라 부른다(AT, 100). 그리고 이는 아도르노가 고발했던 극도의 폭력이기도 하다.[24] 왜냐하면 가치화된 동물은 희생적 구도에 처하게 되며, 이 희생적 처참함이란 너무나 심각하게 악화할 수 있는 것으로 칸트가 도덕적 이성 아래 희생적 의미에 대해 명령적 필수성을 설정할 때 이미 잔인함의 강세가 위치하기 때문이다.

결국 칸트의 이러한 논리는 데카르트의 논리를 공고히 하고 확장했을 뿐만 아니라 더욱 악화시킨다. 칸트는 동물을 희생의 구조 안으로 안착시키는 위업을 달성해 냈다. 이는 데카르트에서 칸트로 이어지는 에고 확립의 인간중심주의적 궤적이다. 계몽주의 시대에 칸트는 동물 기계론을 통해 '나'의 근간 위에서 인간을 이성적 동물로 규정함으로써 그때까지 구성된 희생구조로서의 동물과 인간의 차이를 재확정한다. 이 근본적 인간중심주의는 자기 논리적이며 중복적이며 자기 기록적으로 선언된다(AT, 94~97). 칸트를 통해 인간은 나(I)라는 자아의 재현을 소유할 수 있는 자로 정의된다. 나를 재현하는 것은 자산이자 능력으로, 인간을 다른 모든 지구상의 존재 위로 무한하게 세우고 올린다. 이 무한한 승격은 주체의 정체성을 확립한다. 자아는 '나는 생각한다'의 '나'이며, 이로써 주체는 인간으로 변경되며, 이러한 인간은 이성의 주체, 도덕과 법의 주체가 된다. 이 인간의 대척점은 결과적으로 인간과 사물 사이에 위치하게 되는 사물로서의 동물이다. 이 인간의 반대인 사물로서의 동물은 위엄과 권위에 있어 인간과는 완전히 다른 존재로, 인간인 우리는 비이성적 동물을 넘

---

24 Theodor W. Adorno, *Beethoven: The Philosophy of Music*, ed. Rolf Tiedemann, trans. Edmund Jephcott, Stanford University Press, 1998, p. 80.

어서는 힘과 권위를 가진다. 데카르트는 동물을 동물 기계로 만들고, 칸트는 동물을 사물로 만들었다. 왜냐하면, 우리는 그들을 사물로서 사용할 수 있고 우리가 원하는 대로 그들 위에 군림할 수 있기 때문이다.

창세기부터 살아 있는 생물을 지배할 권한의 확정은 이 나로 말할 수 있는 능력, 자기에 의한 자신의 표명과 관련한다. 이 개인적 주체는 자신의 특성, 개별성으로서의 자기성(égoïté)의 능력을 가지고 있다. 이는 법 앞에서 응답할 수 있는 법의 주체이자 나는 여기 있음을 표명하는 표명의 주체이다. 나(I)를 '나'(I)로 표명하고, 자기와의 관계를 설명할 수 있는 주체인 인간은 그 근저에서 동물과는 분리되어 동물 삶을 결핍으로 만들며, 이 최초의 인간 존재의 이해에 따라 동물 삶과 동물의 생명은 근원적으로 스스로와의 어떤 자전적 관계를 결핍하고 있는 것으로 나타난다.

칸트가 동물과 동물의 기호 체계에 절대 부여하지 않았던 신뢰를 인간과 언어에 부여한다면, 그것은 단순히 동물이 언어 안의 단어들을 결핍하기 때문이 아니라, 오히려 칸트가 사유 그 자체 외에는 아무것도 아닌 언어에서 나(I)를 존재 이전의 중요한 것으로 주장했기 때문이다(AT, 94). 그러나 데리다가 생각하기에 나(I)란 사유 그 자체 외에는 아무것도 아니며, 생각할 힘이자 동물에게는 결핍된 이해인 지성 역시 사유 그 자체 외에는 아무것도 아니다.

2장 존재·타자에서 배제된 동물

본 장에서는 동물의 '결핍'에 대한 하이데거, 데리다, 아감벤, 라캉, 지젝의 동물 담론을 다루면서 데리다의 동물 타자론의 변별점을 살펴본다. 하이데거는 동물을 세계가 결핍된 것이라 분석하지만 데리다와 아감벤은 동물의 '결핍/가난'에 대한 하이데거의 관점을 '생성'으로 관찰한다. 이는 이제까지의 데카르트 계보에서 주장하는 동물의 불완전성, 결핍된 것이라는 관점을 완전히 다른 문맥으로 이동시킨다. 이러한 데리다의 동물 타자론은 우선 그가 깊이 영향을 받았던 하이데거의 존재론을 더 심화시킨 결과라고 볼 수 있다. 초기에 데리다는 하이데거의 존재론에 관심이 있었는데 그 이유는 하이데거의 존재신학이 존재의 위계를 멈추고 존재들의 수평적 위치에 대한 확립을 주장했기 때문이다. 하이데거의 최상위 존재에 대한 부정, 존재의 위계에 대한 부정은 그의 연구 궤적에 결국 인간과 동물이라는 두 창조물 사이 위계에 대한 집요한 연구를 산출하게 한다. 그러나 인간과 동물, 이 양자 사이의 심원한 분리·단절을 주장한 하이데거의 논의는 궁극적으로 존재의 위계에 대한 파기가 아닌 그것을 고정화하는 인간중심주의 철학으로 남는다. 데리다 역시 동물과 인간 사이 존재의 차이에 깊은 의문을 가졌고, 이는 이후의 세미나에서 동물에 관한 철학적 논의로 결정적으로 드러난다. 매우 유명한 하이데거의 '동물에서의 세계 결핍·가난'에 대한 주장은 라캉에 있어서는 동물에게 타자성을 인정하지 않는 주장으로 이어진다. 달리 말해 이는 동물은 타자를 알지 못한다는 주장이다. 그러나 하이데거와 라캉 모두에게 강한 영향을 받았던 데리다에 이르러 이 논의는 완전히 달라지며 데리다는 이 지점에서 그들과 가장 변별적으로 차이를 드러낸다. 라캉은 데리다 초기에 많은 이론에서 공통점을 공유하고, 데리다는 라캉으로부터 깊은 영향을 받지만, 동물 논의에서 입장을 완전히 달리한다. 라캉은 동물을 타자로 인정하지 않고 타자성을 갖지도 않는 것으로 여기는데 이는 데리다의 후기에 라캉에 대한 비판으로 이어진다. 지젝은 데리다의 동물 타자론을 계승하면서도 일견 데리다의 견해에 비판적이다. 그러나 데리다의 동물 타자론에 대한 지젝의 비판은 오히려 지젝의 논의가 데리다의 논의에 빚지고 있음을 드러낸다. 네 철학자의 다양한 논의를 동물 '결핍'의 주제 아래 비교해 살펴본다.

1. 하이데거의 동물론과
   데리다의 존재·타자로서의 동물론

하이데거는 데카르트 계보의 다른 철학자들처럼 동물의 '결핍'에 대한 관점을 계승했지만 철학 내 동물의 위상이 얼마나 중요한 것인지 알고 있었다. 그러나 동물 타자를 존재이자 타자로서 그 희생구조를 충분히 인정하지 못했기 때문에 데리다의 비판 대상이 된다. 하이데거는 인간의 언어 사용 능력을 진리 추구의 근간이 되는 능력으로 인식하며 이것을 동물과 인간 사이의 가장 큰 차이로 간주한다.[1] 하이데거에 의하면 언어로 의미화할 수 있는 인간의 능력은 비인간 존재·동물과 가장 구별되는 능력이다. 이러한 인간만의 능력은 언어, 세계관, 사유, 손, 죽음, 의복, 문화, 슬픔에 이르기까지 동물과 인간을 구분하는 점이 된다. 이 논의에 따르면 언어로 의미화할 수 있는 인간은 진리를 인식할 수 있지만, 그렇지 않은 동물은 진리를 인식할 능력이 없다. 또한 인간은 죽을 수 있지만, 동물은 인간처럼 죽을 수 없다. 하이데거가 구분화하고 격차화한 진리 접근에 대한 인간의 능력은 데카르트부터 이어져 근대 철학을 지배해 온 인간과 동물이라는 대립구조를 그대로 유지하며 심화하는 결과를 가져온다. 대립구조로 유지되는 형이상학 내부에서 인간/동물이라는 대립구조가 담지 못해 잉여물로 남아 있는 동물 타자는 데리다에게는 언어와 이성으로 의미화되지 않는 절대적으로 다른 것, 절대적으로 다른 타자다. 이 타자는 주체의 동일성을 가능하게 해주는 요소이자 근거가 된다. 데리다에 따르면 주체는 바로 이 타자와의 차이성을 통해 주체로서 성립될 수 있다. 주체란 당초부터 자기 동일적인 것이 아니라 애초

---

1   마르틴 하이데거, 『형이상학의 근본개념들: 세계-유한성-고독』, 이기상·강태성 옮김, 까치, 2001. 이 책의 후반부는 언어와 진리에 대한 인간과 동물 사이의 능력과 격차에 관해 할애된다. 책의 내용은 세 부분으로 구성된다. 첫 번째 부분은 철학과 형이상학에 대한 규정, 유래와 역사에 대한 예비적 고찰을 다룬다(1~15절). 두 번째 부분은 권태를 분석한다(16~38절). 세 번째 부분은 세계 개념을 해명하면서 돌/동물/인간을 비교하는데(39~76절) 동물(45~63절)과 인간의 세계(64~76절)에 대한 비교 분석이 대부분을 차지하며 권태에 대한 동물과 인간의 분석에 많은 부분이 할애된다.

에 주체 안에 기입된 타자와의 차이, 반복, 흔적을 통해 구성된 허위의 구성물이다. 데리다는 이런 지점들을 지속적으로 지적하며, 데카르트의 주체 개념을 자기 동일적·배타적·지배적·초월적 개념이 아니라 상호적·변별적·반복적·복합적·다중적·물적 개념으로 치환한다.[2] 그는 하이데거가 여전히 유지하고 있는 데카르트 계보 내 주체의 틈에서 파열되고 분열된 동물 타자를 보고 있다. 그렇다면 하이데거는 동물에 대해서 어떻게 사유했고, 철학 안에 동물에 대한 사유를 어떻게 본격적으로 주제화하게 되었을까?

1. 하이데거의 동물론

하이데거가 프라이부르크대학교 1929~30년 수업을 위해 준비한 『형이상학의 근본개념들: 세계-유한성-고독』은 강의록으로서 당시 많은 학생이 열광했던 텍스트로 잘 알려져 있다. 책의 제목은 부제인 '세계, 유한성, 고독'이 형이상학의 근본 개념과 연관하고 있음을 고지한다. 이 글이 기존의 철학적 논의와 다른 이유는 일견 연관이 없어 보이는 권태와 동물을 형이상학의 근본 개념 안에서 논하고 있다는 점이다. 이러한 하이데거의 궤적에 대해 아감벤은 『열림: 인간과 동물』에서 다음과 같이 말한다.

존재론——또는 제일철학——은 결코 무해한 아카데미 영역에 국한

---

2   윤효녕 외, 『주체 개념의 비판: 데리다, 라캉, 알튀세, 푸코』, 서울대학교출판문화원, 2017, 50쪽.

되는 것이 아니라, 오히려 모든 의미에서의 근본적인 작동, 즉 그 속에서 인간발생(anthropogenèse), 곧 생명체의 인간 됨이 일어나는 그런 근본적인 작동이다. 처음부터 형이상학에는 이런 전략이 각인되어 있다. 형이상학(metaphysica)은 인간적 역사를 향해 가는 가운데 동물적 자연의 극복을 완성하고 안내하는 바로 그 메타(meta)를 삽입하고 있다.[3]

아감벤은 형이상학의 본질이 동물과 인간을 구분해 내는 개념 장치이며, 야만적인 동물적 자연의 극복과 배제를 통해 인간이 인간이 될 수 있도록 한다고 말한다. 이러한 점에서 그것은 형이상학 내에서 동물에 대한 위상을 정리한다. 이는 달리 말하면 은폐된 채 내부를 구성하는 또 하나의 '형이상학의 근본 개념'이 바로 '동물성'일 수 있다는 전제를 제시한다.[4]

하이데거는 "돌은 세계가 없다(Weltlos), 동물은 세계가 부족하다(Weltarm), 인간은 세계를 형성한다(Weltbildend)"라는 세 가지 테제를 제시하고 이 논제들을 통해 인간과 동물의 차이를 어떻게 관점화할 수 있는지를 논한다.[5] 여기에서 하이데거가 주장하는 동물의 세계의 '결여'라는 말은 데리다와 아감벤에게 문제의 지점으로 남는다. 그러나 하이데거의 의도를 먼저 설명하자면, 그는 결여라는 말을 단

---

3 Giorgio Agamben, *The Open: Man and Animal*, Stanford University Press, 2004, p. 87. 이후 *The Open: Man and Animal*은 본문과 각주에서 OP로 표기.

4 김동규, 「후기 하이데거 철학의 동물론: 아감벤, 데리다 비판의 맹점」, 『철학탐구』 52권, 중앙대학교중앙철학연구소, 2018, 189쪽.

5 하이데거, 『형이상학의 근본개념들』, 296쪽.

순한 결함, 무능, 열등함으로 폄하하지 않도록 권고한다. 도리어 그
것은 인간이 결코 모방할 수 없는 '동물 고유의 존재 방식'을 뜻한다.
그리고 하이데거는 도구의 측면에서 인간과 동물을 구별해 설명하
는데, 유기체(organismus)의 기관(organ, 고대 그리스어로 organon은 '도
구'를 뜻한다는 점에 착안하여)과 인간의 도구는 분명히 차이로 나타
난다. 인간의 도구사용과 비인간인 유기체의 기관을 설명함으로써
그는 동물 존재 방식의 특성을 분별한다.[6]

　결론적으로 하이데거의 동물론은 동일한 점들을 비교해서 인간과
동물이라는 양자 간의 차이들을 나열해 정도화하는 일반적인 방식
을 거절한다.[7] 하이데거는 인간세계의 관계들과 동물세계의 관계들
을 사실상 유사성과 차이성으로 공유된 의미들로 비교될 수 있는 것
으로 생각하지 않는다. 이 비교 연구는 하이데거에게서는 인간과 동
물세계 사이의 심연의 차이로 정의된다. 다시 말해, 인간과 동물 사
이의 양적 혹은 정도 차이는 존재하지 않고, 오히려 종이라는 가장
기본적이며 기초적인 방식에서 양자 사이의 구분이 이해될 수 있다
고 생각했다. 그러나 이 종별 차이는 동물은 접근할 수 없는 인간과
의 비교 불가능한 파열이자 궁극적으로 건널 수 없는 격차(심연)로

6　첫째, 도구는 사용자와 분리되어 누구나 사용할 수 있는 것으로 독립적으로 존재한다. 그러나
　　기관은 사용하는 자만을 위한 것이다. 둘째, 도구는 목적을 위해 만들어진 것인 반면, 기관은
　　독자적인 능력을 가지고 있다. 즉 기관이 능력을 소유하고 있기보다 능력이 기관을 산출하고
　　소유한다. 셋째, 도구와는 달리 기관은 타율적인 규칙이 아닌 자기 규칙을 가지고서 스스로를
　　규제한다. 하지만 이때의 규칙은 충동의 방식으로 주어진 것이다. 이런 점에서 유기체란 분화
　　된 기관들을 통해서 통합된 자기 보존의 능력을 확보하는 존재이다. 이에 대해서는 김동규, 「후
　　기 하이데거 철학의 동물론」, 189~190쪽 참조.
7　Matthew Calarco, "Metaphysical Anthropocentrism: Heidegger", *Zoographies*, New York: Columbia
　　University Press, 2008, p. 30.

나타난다. 파열들과 심연들을 주장하면서, 하이데거는 동물과 인간을 생물학적 의미로 환원시키는 모든 시도와 거리를 둔다.[8] 동물 삶과의 차이를 통해 인간 존재를 이해하려는 시도는 인간 존재의 특정 본성을 놓칠 수 있을 뿐만 아니라 동물의 삶 역시 제대로 이해할 수 없다는 것이 그의 관점이었다. 다시 말해 인간과 동물 사이의 비교를 통해 그 차이점과 구별을 결정하는 것은 어렵다.

그리하여 그는 인간 현존재와 동물 사이의 구분이라기보다는 오히려 인간과는 비교할 수 없는 '동물성 그 자체를 바라보기'와 '현존재 그 자체를 바라보기'로부터 동물론에 대한 연구가 이루어져야 한다고 생각했다. 결과적으로 하이데거는 형이상학 내 동물론 연구 자체에 대한 중요성을 강조할 수밖에 없었다. 왜냐하면 시간을 초월성의 근간으로 해명했던 하이데거에게 인간의 시간을 완전히 이해하는 데는 동물의 시간성에 대한 참조가 필수적으로 보였기 때문이다. 동물들에 대한 논리는 하이데거의 세계 그 자체에 대한 해명의 근간이었다. 그리고 시간은 인간, 동물, 세계 해명의 뿌리가 되었다. 여기에서 하이데거는 동물과 인간을 차이화하는 근거로 무엇보다 '로서 구조'(as such)의 있고 없음, 동물의 '로서 구조'의 결핍을 들고 있다.

2. 데리다의 하이데거 비판: 하이데거의 존재 조건과 언어

『동물 그러므로 나인 동물』의 결론 부분이라 할 수 있는 4장에서 논

---

8 Ibid., pp. 19~20.

의뢰되는 하이데거의 동물론에 대한 데리다의 분석은 그것의 중요성 뿐만 아니라 모순성을 보여 준다. 이 장에서 데리다는 동물에 대한 문제의 결론으로 하이데거의 『형이상학의 근본개념들』[9]을 중점적으로 논한다. 데리다는 하이데거가 그의 존재 신학의 주요 논점으로 존재의 위계에 대한 거절을 개진했음에도 불구하고, 그의 담론은 여전히 데카르트적이라고 지적한다. 라캉과 하이데거는 동물을 로고스의 상실 혹은 파롤의 상실로서 동물 결핍과 관련시켜 설명한다.

하이데거에 따르면 동물은 로고스의 세계관, 즉 로서 구조라고 부를 수 있는 '~로서'의 세계(의미화할 수 있는 능력), 혹은 프랑스어로 '본래 그대로'(en tant que tel)가 결핍되어 있다.[10] 이는 결국 존재 그 자체에 대한 동물 능력의 결핍으로 이어진다. als Struktur/als(독일어), as such/as/as structure(영어), en tant que tel(프랑스어)로 표기되며 인간이 명제화할 수 있는 능력을 지칭하는 '~로서'는, '바로 그 자체', '바로 그 자체로서', '본래 그대로'로 번역될 수 있다. 이 로서 구조는 하이데거의 용어이며, 이 책에서는 이들을 모두 로서 구조로 통칭하고자 한다. 로서 구조는 사물과 결합해서 사용할 때 '바로 그 자체로서'(the thing as such) 혹은 '본래 그대로'(the thing as such)로 번역된다. 하이데거의 로서 구조는 주체가 사물을 이해하는 방식에 대한 구조로서 하이데거는 '~을 ~로서(als, as such) 이해한다(verstehen)'는 문장의 술어형·명제형에 '로서'를 필수적인 것으로 여겨 중요하게 생각

---

9   하이데거는 이 저서에서 세계 개념의 해명을 위해 39~76절까지 돌/동물/인간을 비교하고, 45~63절까지 동물을 분석하고 64~76절까지 인간의 세계를 동물과 비교 분석한다.

10 하이데거, 『형이상학의 근본개념들』, 498~500쪽, 504~505쪽.

했다. 즉 이 로서 구조는 명제형을 따르면서 만드는 명제형에 접합되는 필수적 구조로, 달리 말하면 ~을 ~으로 이해하는 데 접합되는 구조이자 용어이다. 이 술어형·명제형이 하이데거에게 중요한 이유는 그것이 언어 안에서 로고스를 가능하게 하는 세계를 이해할 수 있는지 아닌지를 설명하기 때문이다.

그리고 이 세계를 이해하는 것의 유무가 하이데거에게 중요한 까닭은 그것이 하이데거가 생각하는 진리에 대한 접근의 필수적 전제가 되기 때문이다. 하이데거는 로서 구조가 인간에게는 있고, 언어가 없어 의미화할 수 없는 동물에게는 없다고 생각했다. 따라서 인간은 진리에 접근할 수 있는 전제가 충족되지만, 동물은 그 진리에의 접근 자체가 불가능하다고 생각한 것이다. 하이데거의 로서 구조는 다음과 같은 이유로 데리다와 하이데거 사이의 가장 큰 차이를 만든다.

하이데거는 완전히 통찰하지 못했지만, 데리다는 인식했던 부분은 바로 언어 안에서 표현되거나 명제화할 수 없는 세계와 존재 내 '빈 공간'이 있다는 것이다. 하이데거는 모든 세계에 대한 이해가 언어로 의미화할 수 있다고 여겼고, 따라서 그에게 로서 구조는 중요했다. 그러나 데리다는 세계의 모든 존재하는 것들의 유무를 언어로 의미화할 수 있다는 생각 자체에 의문을 가졌다. 인간처럼 언어화된 의식으로 이해하는 것이 세계를 이해하는 유일한 방식일 수는 없다는 것이다. 돼지는 돼지의 시각으로, 닭은 닭의 방식으로 세계를 이해할 수 있으며, 이 역시 하나의 이해 방식일 수 있고 생명은 모두 각각의 이해를 통해 각자의 세계를 살아간다. 인간이 언어로 의식하는 방식이 그 생명 각각의 독특한 이해 방식을 대체할 수는 없다.

철학은 모든 것을 언어로 의미화하고 그것을 이론화해서 이해하려고 하지만 여전히 철학 안에서 철학이 말할 수 없는 세계 안 빈 공간은 남아 있다. 이 책 3장에서 다루는 코라는 그 빈 공간에 대해 언어로 설명하려는 데리다의 시도이다. 이 언어화할 수 없는 빈 공간은 로서 구조로 설명되거나 완전히 표현할 수 있는 것이 아니다. 데리다는 이에 대해 잘 알고 있었고 하이데거는 이것을 통찰하지 못했으며, 이 문제는 동물 타자에 대한 사유에서 결정적으로 가장 분명하게 드러난다. 그리고 이는 존재에 대한 이해뿐만 아니라, 세계에 대한 이해 그리고 동물 타자에 대한 이해에 있어 하이데거와 데리다의 차이를 명확히 하는 결정적 요인으로 작동한다. 본 장은 바로 이러한 하이데거와 데리다 사이의 차이를 다룬다. 그리고 하이데거의 언어중심주의를 따르는 라캉, 라캉에 대한 데리다의 비판을 이어서 다루고자 한다. 나아가 데리다처럼 철학의 언어중심주의적 한계를 알고는 있었지만 완전히 드러내지는 못했던 아감벤 그리고 이 철학자들의 모순을 분석하는 데리다와 지젝의 논의를 이어서 살펴보고자 한다.

• 하이데거의 '로서 구조'와 데리다의 '본래 그대로의 것'
하이데거에 의하면 동물에게 결핍된 것은 로서 구조다. 이는 타자를 '~로서' 보는 것, 즉 타자와의 관계의 문제이다. 로서 구조가 하이데거에게 중요한 이유는 그것이 로고스에 의존해서가 아니라 그것이 로고스를 드러나게 한다는 점 때문이다.

속임을 당하는 능력이란 가리키기(as such)로 이는 로고스의 본질에 속한다. 속인다는 것은 다음을 의미한다: 어떤 것을 가장하는 것, 어떤 것을 그것이 아닌 어떤 것으로(as such) 표상하는 것, 혹은 어떤 것을 그것이 그러하지 않은, 진짜인 그것으로(as such), 그러한 것이 아닌 어떤 다른 것으로(as such) 표상하는 것, 이 속이기는, 이 속이고 있음은 로고스의 본질에 속한다──어떤 것을 그것이 아닌 어떤 것으로 제안하는 이것. 이 가장하기, 속이기가 어떤 면에 대한 무엇이건 간에, 그것은 은폐/숨기기이다. 그 로고스라는 것은 전시하는 바를 숨길 수 있는 능력의 가능성을 가진다."

로서 구조는 데리다에 따르면, 동물이 사물/세계와 가지는 관계를 인간이 사물/세계와 가지는 관계와 비교하여 만들어진 개념이다. 로서 구조는 '~로서' 관계를 맺는 방법인 '그 자체로서 존재하기'(let the being as such)와 관련하며, 동물은 이 존재의 방법을 알지 못한다. 로서 구조는 하이데거에게 존재가 세계의 이해에 접근하는 것이 가능한지 여부를 묻는 중요한 지점이다. 그러나 하이데거의 로서 구조를 데리다는 프랑스어로 en tant que tel로 번역하고 있다. 데리다가 사용한 이 en tant que tel(그것으로서, 그 자체로서, 온전히, 본래 그대로)은 '~로서'로 번역되는 동시에 '본래 그대로의 것'으로도 번역되고 그 주체가 사물로부터 동물, 인간에 이르기까지 모두 사용할 수 있는 프랑스어의 어휘다. 데리다는 로서 구조를 en tant que tel로 번역함으로써 인간만이 관계 맺기의 사유가 가능하다는 하이데거의 논의를 처음부터 반박하고 있다.

　그는 인간 이외 어떤 동물도 (혹은 사물도) 로서 구조(en tant que

11　Martin Heidegger, *The Fundamental Concepts of Metaphysics: World, Finitude, Solitude*, Bloomington: Indiana University Press, 1995, p. 310.

tel)의 주체가 될 수 있다는 것을 강조하기 위해 en tant que tel을 사용하고 있다. 하이데거는 동물의 행동은 충동에 사로잡혀 있어 '~가 존재로 되도록 하기'(let the being be)를 할 수 없는 반면 인간의 행동은 존재자를 그 자체로서 파악할 수 있는 관계망에서 '존재하기'의 태도를 할 수 있다고 본다. 더 상세히 말하자면, 하이데거가 강조한 부분은 동물은 존재자와의 관계를 가지기는 하지만 ~로서(as such) 이해하는 것, 또 그로 인해 스스로 존재로 되게 하는 것은 할 수 없다(AT, 159). 결국 동물은 하이데거에 의하면 로서 구조를 인간처럼은 가지지(하지) 못한다는 점에서 인간과 비교해 결핍되어 있다(가난하다).

그러나 데리다에 의하면, 하이데거는 로서 구조를 동물의 결핍과 연결시킴으로써 로고스(언어, 이성)와 로고스로 발견할 수 있는 진리에 대한 접근이 인간처럼은 불가능하다는 근대 데카르트 계보의 동물 배제와 거절의 관점을 이어 나간다. 로서 구조(as such가 맺는 구조)는 언어화 이전 타자를 보는(파악하는) 필수적인 구조였기 때문에 하이데거에게는 이것이 그토록 중요한 문제였다. 달리 말하면 인간과는 달리 동물은 세계로의 접근에서 세계를 그 자체로 접근할 수 없어 세계와의 관계를 '진짜'로 가질 수 없다. 그러나 데리다는 이 '진짜'로 관계 맺기의 '진짜'가 칸트 이후로 철학 내 동물 배제의 틀이 된다고 보면서 묻는다. '진짜'로 관계를 맺는 것과 반대되는 '가짜' 관계는 어떤 것인가? 데리다는 이 진짜와 가짜에 대한 논의가 비교 불가능한 것을 비교의 대상으로 삼음으로써 생긴 오류라고 본다.

하이데거에게 로서 구조는 현존자가 교섭하는 도구 존재자와의 관계에서 필요하다.[12] 즉 로서 구조는 사물 등 모든 세계에 존재하는 것들을 지칭하는 존재자와의 관계에서 의미를 부여해 주는 것이다. 로서 구조는 연필을 연필로서, 종이를 종이라는 뭔가를 쓰기 위한 도구로서 이해하는 것에 해당한다. 이처럼 '어떤 것을 어떤 것으로서'(something as something) 관계 맺을 수 있도록 하는 것은 달리 말해 해석학적 이해를 전제로 하며 술어를 만드는 경험 이전의 전 술어적 경험이다. 따라서 이 모든 하이데거의 로서 구조는 언어로 술어화·명제화함으로써 이해하고 해석하는 능력이다. 하이데거는 이처럼 언어로 술어화·명제화하는 능력에 한정해 객체 존재자의 순수한 지각을 판단한다. 그리고 동물은 이 객체 존재자의 순수 지각인 언어로 술어화하는 능력, 즉 로서 구조를 결여하고 있다고 본다. 왜냐하면 로서 구조는 객체 존재를 규정하여 술어화하는 언어화의 명제론적인 것이기 때문이다. 하이데거의 해석에 의하면 로고스로서의 인간 언어가 없고 무언가에 항상 '사로잡혀' 있는 동물에게 이 능력은 결핍으로 받아들여진다. 데리다는 하이데거의 이 논리를 다음과 같이 해석한다.

모든 것 중에서, 동물의 행태적으로 욕망화된 행동, 동물이 이 태도 속에서 관계하고 있는 이것이 무엇이건 동물은 그것에 의해 사로잡

---

12 하이데거는 인간과 사물 등 세계 안에 있는 것들 전부를 그것의 있음에 주목하면서 그것들을 차별 없이 총칭할 때 존재자라는 말을 사용한다. 세계 안의 모든 것은 '이미 드러나 있는 것'으로 이 모든 있는 것은 존재자에 해당한다. 존재자는 고대 그리스 철학에서 현존자(das Anwesende, 현전자)라 지칭하는 것을 변형해 부른 것에 해당한다. 고대 그리스 철학에서 현존자의 뜻은 말 그대로 '인간에게 가까이(an) 다가와 머무는 것(wesende)'을 말하며 이러한 의미에서 보면 세계 안에서 만나는 모든 것, 드러나 있는 모든 것이 현존자/존재자에 해당한다.

혀 있다. 이 동물에게 관계에 있어 표상하는 바는 그러므로 ~로서 (as such)로 존재하기·관계하기가 결코 주어진 적이 없다는 것이다. 이는 동물에게는 존재하는 바로서, 존재하는 방법으로서 주어지지 않았다는 것, 즉 어떤 존재하기로서 주어지지 않았다는 것. 동물의 태도는 결코 어떤 것을 어떤 것으로 이해하기가 아니다. 우리가 어떤 것을 어떤 것으로 받아들이는 이 가능성을 세계 현상의 특이성으로서 설명하는 한, "로서 구조"는 세계의 현상에 대한 본질적인 결정이다. "로서"(as)는 그러므로 세계의 문제에 대한 가능한 접근으로 부여된다(AT, 142~143).

하이데거가 로서 구조로 동물과 인간을 비교한 부분은 결국 로고스와 파롤에 관한 문제와 이어진다. 데리다는 하이데거가 이해한 것처럼 로서 구조를 로고스에 의존하는 것으로 보지는 않았다. 그는 서술적 구조, 즉 판단적 구조인 아포판틱(apophantic) 구조와 아포판틱 로고스 사이의 관계에서 로서 구조는 결국 언어 되기가 가능한가의 문제와 연결된다고 본다. 다시 말해 하이데거가 설정한 로서 구조는 아포판틱의 표준이자 로고스와의 관계에서의 가능성의 조건이다. 이는 타자를 타자로서 언어 행위 내 의미화하는 능력에 대한 분석이다. 그리하여 데리다에 의하면 하이데거는 라캉과 마찬가지로 동물과 인간 사이의 구별을 강조하는 로고스의 문제와 속이기(deception 과 lie의 문제)의 문제를 끄집어낸다.

결국 데리다가 보기에 하이데거는 로서 구조를 통해 존재에서 로고스의 가능성의 조건이란 과연 무엇인지에 대해 관점화한 것이다. 하이데거는 로서 구조라는 언어화할 수 있는 주체, 즉 언화행위(speech-act)의 주체에게 진리 접근의 가능성을 배타적으로 부여함으로써 인간 언어를 사용하지 않는 다중적 주체들/타자들을 모두 배제한다. 이는 다양한 목소리, 다중적 의미, 차이성, 반복차이성(itérablité), 서로 다른 주체들/타자들의 복합성 등을 지우고 다른 세계, 반복차이성이 중첩되면서 만드는 생성의 세계를 동일화시킨다.

반복차이성은 데리다의 주요 개념어 중 하나로 반복 가능성이라는 의미와 차이화 가능성의 의미를 동시에 내포한다. 데리다는 반복을 '변형, 타자화'의 의미로 사용하는데, 이는 동일한 명명 안에서도 그 사용과 시간, 사용자의 의도에 따라 그리고 상이한 상황·맥락에 따라 객체 혹은 주체가 변화하며, 절대 동일한 것으로 반복될 수 없고, 오히려 차이화되면서 각각의 정체성이 부여되고 그 의미와 소통을 가능하게 한다는 점에서 반복이라 사용하지 않고 '반복차이성'이라 사용한다. 이것이 '타자화'로 의미될 수 있는 이유는 반복차이성이 동일성을 가능하게 해주는 차이로서의 타자성을 확보하도록 만들기 때문이다. 동일한 것은 시간과 그 소통의 의미에 따라 변화하며 그 변화가 만드는 차이야말로 동일한 것을 동일하게 만드는 다른 것, 즉 타자성의 근거가 되기 때문이다.[13] 따라서 반복차이성은 '반복 가능성'이라는 의미와 더불어 '차이화 가능성'이라는 의미를 동시에 포함하는 개념이며, '반복 속의 차이' 내지는 '반복을 가능하게 해주는 차이'를 뜻한다.

13　이에 대해서는 자크 데리다, 『법의 힘』, 진태원 옮김, 문학과지성사, 2004, 186쪽 참조. 한국어판 『법의 힘』에서는 itérablité를 '되풀이 (불)가능성'으로 번역하지만, 이 책에서는 반복성, 반복차이성, 되풀이 (불)가능성을 모두 반복차이성으로 통합하여 사용하고자 한다.

하이데거는 데카르트나 칸트처럼 형이상적 주체의 복원과 자기 현존적 단일 주체로 개방적이고 다중적인 다른 열림들을 폐쇄한다. 레비나스, 라캉, 하이데거에게 공통된 점은 그들이 모두 생물학주의와 거리를 두는 만큼 윤리정치학적 위상을 갖는 태도를 드러낸다는 점이다. 하이데거의 『존재와 시간』에서 동물 문제는 단지 두 곳 외에는 나오지 않았다. 하나는 잘 알려져 있듯이 현존재는 죽음에로의 존재로, 인간은 고유하게 죽지만 반대로 동물은 죽음을 향한 존재가 아니어서 소멸할 뿐 고유하게 죽을 수 없다는 점이다. 그리고 다른 하나는 동물이 시간을 가지는지 아닌지 아는 문제, 즉 동물의 시간에 대한 문제로 이는 하이데거에 의하면 "문제로 남는다".

3. 데리다의 존재·타자로서의 동물론

데리다에게는 하이데거가 열어 놓은 동물의 세계에의 빈곤·가난·결핍의 문제가 동물만의 것이 아닌 대단히 광범위하게 문제적인 지점으로 예비된다. 그는 하이데거의 『형이상학의 근본문제들』 세미나가 근본기분(Grundstimmung)과 향수(Heimweh)에 대한 문제를 동물과 연관해 철학의 근본 문제인 '인간은 무엇인가? 세계란 무엇인가? 철학하기는 무엇인가?'의 문제를 해결하고자 한 것으로 본다. 데리다는 하이데거의 논의를 다음처럼 설명하며 해석한다.

하이데거에게 모든 근저에서 중요한 것은 근본기분과 향수다. 근본기분이란 동물에 대한 문제가 나오게 될 것으로, 이는 중요하지 않을 수 없다. 그 단락의 제목은 이러하다: 「철학하기의 근본기분으로서의 향수와 세계, 유한성, 양태화(Vereinzelung에 대한 번역어로는 무엇이 가장 적절한가? 독특화[singularisation, singularization]? 양태화[esseulement, singleness]? 고독[solitude, solitude]? 이것은 매우 복잡하다)[14]에 관한 문제들」. 다시 한번 이는 "인간은 무엇인가?"라는 의문에 대한 대답의 문제임이 명확하다. 우리는 "세계란 무엇인가?"에 대답해야만 한다. 그 단락의 처음부터, 그러므로 하이데거는 묻는다:

그러나 인간이란 무엇인가, 인간이 그의 본질의 근거에서 철학한다는 것 그리고 이 철학하기란 무엇인가? 무엇이 이것 안에 존재하는가? 우리는 어디로 가길 원하는가? 우리는 우연히 우주로 발을 딛게 되었나? 노발리스는 어떤 단장에서 한 번 이에 대해 말한다: "철학이란 정말로 향수, 즉 모든 곳에서 집처럼 편안히 느끼려는/고향을 느끼려는 어떤 충동"이다.

우리는 집에 거주함/편안함의 문제를 특히 보게 될 것이다,──만약 시간이 허락한다면──이 의문은 "동물과" 있는 집이라는 의미로 특정화된다. "동물과의 거주"는 무엇인가? 동물과 "동거"는 무엇을 의미하는가? 그것은 동행(mitgehen)과 함께 존재함(mitexistieren)의 문제이다(AT, 145).

---

14 AT에서는 Vereinzelung을 individuation(양태화, 개체화, 개별화)으로 번역하고 있다. 프랑스어 원문 *L'animal que donc je suis*에서 데리다는 esseulement으로 번역하고 있지만, 본문에서 알 수 있듯이 이에 대한 정확한 결정을 내리진 않는다.

그 단락의 제목은 「철학하기의 근본기분으로서의 향수와 세계, 유한성, 양태화에 관한 문제들」이다. 하이데거는 노발리스의 말을 언급함으로써 "철학이란 정말로 향수, 즉 모든 곳에서 집처럼 편안히 느끼려는/고향을 느끼려는 어떤 충동"이라고 말한다. 그는 집에서 거주함/편안함의 문제를 "동물과 있는 집"이라는 의미로 특정화시켜 분석한다. 즉 "동물과 거주한다는 것", 동물과의 "동거", 그것은 하이데거의 동행과 함께 존재함의 문제이다. 데리다의 이 분석은 하이데거의 중요한 문제 지점인 "인간의 철학하기의 문제"가 "동물과의 동행", "동물과 함께 사는 것"(동물과의 거주), "동물과 함께 존재하는 것"(동물과의 공존)의 문제로 그 주요점이 전환하고 있음을 보여 준다. 동물의 시간이 문제로 남는 것처럼 동물과의 동행, 공존, 거주가 주요한 문제 지점이 된다. 이 문제는 이 책 3장에서 '환대'와 관련한 데리다의 '고향으로부터 추방된 뱀과 인간의 방황과 귀향'의 사유로 논하게 될 것이다.

하이데거에게 동물은 결국, 로서 구조의 관계를 인간처럼은 가지지 못한다는 점에서 결핍한다/가난하다고 표현된다. 데리다가 보기에 이 결론은 동물은 세계로의 접근에 있어 세계를 언어의 관계로 형성할 능력이 없기에 세계와의 관계를 '진짜'로 가질 수도 없다는 것, 오직 그것에서 나온다. 하이데거는 동물의 결핍/빈곤은 위계로는 이해되지 않으며, 그것은 단순히 "덜 있는 것"(less)이 아니라는 것을 표지한다. 여기에서 데리다는 왜 어떤 특성이 덜 많을 때도 그것이 여전히 '가난하다'라고 표현되어야 하는지에 대해 질문한다(AT, 155). 데리다는 하이데거가 말하듯 거기에 어떤 순위 설정에 해당하는 위계도 없다면 이 빈곤화는 필수적인 것의 "박탈"(privation)의 근간 위에서 결정된다고 설명한다. 하이데거는 거기에서 결핍/박탈[15]에 대한 전체 분석을 개진하는데, 동물의 결핍은 사실상 "박탈"이며 박탈이란 단순히 부정적인 의미가 아니라고 처음 말한다.[16] 만약 그것이 "빼앗긴/박탈당한" 것이라면, 그것은 빼앗은 주체의 문제이지 빼앗긴 대상의 '결여'에 관한 문제가 아니다. 동물은 본래 없었던 것이 아니라 "빼앗긴/박탈당한" 것이다. 데리다는 하이데거가 말하는 "덜" 있다는 것은 비교의 표준이 다르기 때문에 결여로 볼 수 없을 뿐만 아니라, 만약 그 "덜" 가짐을 의미하는 것이 빼앗긴 것이라면, 그것은 더 이상 타자인 동물, 객체인 대상 그 자체의 의미 안에 결여가 존재하는 것이 아니라 빼앗은 인간 주체의 문제가 된다고 본다.

이에 대한 데리다의 견해는 다음과 같다. 돌은 세계를 가지지 않기 때문에 박탈될 수 없고 그래서 세계에 빈곤하다고 말해질 수 없다. 그러나 동물은 세계에 가난하다. 거기에는 동물은 감정이 있어서 빼앗김/박탈의 느낌을 느끼고 거기에 더하여 오히려 빼앗긴 하나의 세계를 근원적으로 원래는 가지고 있다는 것을 역으로 드러낸다. 데리다는 '결핍'은 결핍이 아니라 오히려 거기에 무언가 더함이 있다는 것을 알아야 한다고 지적한다. 그는 "만약 우리가 하이데거의 동물

---

15 '가난'으로 번역되는 프랑스어 pauvre는 '상실'의 의미를 가진 단어로, 이것은 원래 가지고 있었던 것을 잃어버린다는 의미가 강하다. 프랑스어 privation은 본래 가지고 태어난 결여의 의미보다는 본래 가지고 있던 것을 다른 이에 의해 박탈당한 진행형의 상황으로 이해해야 한다. 그리고 접두어 dé는 종결의 의미를 주는 것으로, déprivation은 이러한 박탈의 완성, 종결적 상황을 일컫는다. 따라서 동물의 가난(pauvre)은 본래 자신에게 주어졌던 것을 상실한 상황으로, 누군가에 의해 빼앗긴 것, 박탈당한 것이다. 이는 본래의 타고난 결여를 의미하는 défaut와는 다르다. 데리다는 pauvre와 déprivation을 사용했고, 하이데거는 Deprivation(박탈, 파직, 심리 부족, 상실, [애정의] 결핍, 가톨릭 성직 박탈)을 사용했다.

16 하이데거, 『형이상학의 근본개념들』, 441쪽.

을 인간의 아래로 설정하는 것을 고발하고자 한다면, 우리는 하이데거가 어떤 다른 것을 함을 주장함으로써, 이 빈곤화가 구성하는 것이 부족한 것/결핍(a less)이 아니라, 어떤 방식으로는 더함(a plus)을 의미한다는 것"을 잊지 말아야 한다고 주장한다(AT, 156).[17]

하이데거의 현존재 역시 데카르트의 사유 주체 개념인 코기토와 마찬가지로, 주체를 구성하기 위해 타자의 것을 전유한다는 점에서 데리다에게는 인간중심주의의 한계 내에 있는 자기 동일적 주체의 허구성을 가진다. 데리다에 의하면 주체성은 구성물이며 주체를 구성하는 것은 타자다. 주체는 주체가 정립되기 위해 그 객체가 되는 타자로부터 객체의 속성을 소유 내지 전유하는 착취 관계가 성립한다.[18] 따라서 여기서 무언가를 더한다는 것은 객체나 타자에게 향하는 주체의 착취나 전유를 말한다. 주체/객체, 주체/대상의 대립구조는 정당성을 부여받은 한쪽에 의해 위계가 형성되고 한쪽이 절대적 특권을 누린다는 점에서 문제가 있다. 주체는 대상을 자기와 동일시하여 소유 내지 전유해 버린다. 마르쿠제는 "전유란 아무리 인간적인 것일지라도, 어디까지나 주체가 생명을 가진 객체를 착취하는 것

---

17   63절「동물의 없이 지냄과 동물의 빈곤한 채로 있음으로서의 '세계를 가지고 있지 않음'에 대한 이의 제기와 그에 대한 논박」에서 하이데거는 스스로 동물의 세계 빈곤은 인간과의 비교에 의한 빈곤이며, '없이 지냄'을 '가지고 있지 않음'으로 이해해서는 안 된다고 말한다. 하이데거는 "만약 세계 없이 지냄과 세계 빈곤 속에 있음이 동물의 존재에 속한다고 한다면, 전체 동물의 왕국과 생명 일반의 왕국을 도대체 하나의 **시달림**과 하나의 **아픔**이 두루 헤집고 있어야 할 것이다. 이에 관해서 생물학은 단적으로 아무것도 아는 것이 없다. 그와 같은 것에 관해서 우화를 만들어 내는 일은 어쩌면 시인의 특권인지도 모른다. … 동물의 세계 빈곤에 관한 논제는 동물성에 대한 본질에 맞는 고유한 해석이 결코 아니며, 오히려 그것은 그저 일종의 비교하는 예시에 불과하다"고 말한다. 이어서 그는 동물성의 본성을 '얼빠져 있음', '사로잡힌 상태'로 규정한다. 하이데거, 『형이상학의 근본개념들』, 437~442쪽, 강조는 필자의 것.
18   윤효녕, 「데리다: 형이상학 비판과 해체적 주체 개념」, 『주체 개념의 비판』, 31쪽.

을 말한다. 전유는 착취하는 주체와 근본적으로 다른, 그야말로 나름의 고유한 권리를 가진 객체—즉 주체—로서 존재하는 타자를 다치게 한다"[19]고 말한다. 동물 타자에게서 착취한다는 것은 그 타자에게 세계가 있다는 것을 역으로 증명한다. 즉 인간의 언어적 이해를 넘어선 또 다른 세계가 동물 타자에게 있음을 말한다. 인간 주체가 동물 타자에게 착취한 것은 그들만의 독특한 세계이다.

• 동물·인간의 세계와의 관계

하이데거는 동물성을 얼빠져 있음 혹은 사로잡힌 상태로 규정하며, 이 사로잡힌 상태에 있는 동물은 인간과는 달리 로서 구조로 세계와 맺을 수 있는 관계인 '바로 그 자체로서/본래 그대로'의 존재/세계를 '진짜로' 볼 능력이 없다. 하이데거가 말하는 세계를 진짜로 보지 못하는, 달리 말해 세계를 가짜로 보는 동물의 '사로잡힌(얼빠져 있는)' 상태는 무엇을 의미할까?[20] 따라서 동물은 진리에 대한 접근이 인간과는 달리 닫혀 있다. 그러나 데리다는 하이데거가 주장하는 로서 구조가 무엇보다도 존재가 존재로서 있을 때뿐만 아니라, 존재가 그 존재의 부재 속에서도 본래 그대로 있는 것의 유무와 관련되어 있다고 말한다(AT, 160).

---

19 Herbert Marcuse, *Counter-revolution and Revolt*, Boston: Beacon Press, 1972, p. 69.
20 하이데거는 다음의 몇 가지 단어로 동물의 특성을 요약한다(AT, 156, 198, 253). 동물은 이 결핍에 국한되어(circumscribed) 있으며, 이를 가두어진(immured), 둘러싸여진(encirclement), 열중한(absorbed), 사로잡힌(captivation, Bennomenheit) 상태라고 말한다. 동물은 빼앗김의 느낌이 있을 뿐인 어떤 사로잡힌(captivation) 상태로 닫혀 있다.

태양 그 자체와 관계를 갖기 위해, 어떤 방식에서 나는 태양 그 자체가 나의 부재 속에서도 나와 그런 관계를 갖는지를 아는 것이 필수적입니다. 그리고 그것은 사실상 그 객관성이 죽음으로부터 구성되면서 시작된다는 결과와 같습니다. 물 그 자체를 그 스스로 안에서 관계하기 —그것이 가능하다고 제안하는 것 —는 그것을 있는 그대로 이해한다는 것을 의미하며 내가 거기에 없을 때조차 그렇게 그대로라는 것입니다. … 나는 죽을 수 있으며 단순히 이 방을 떠날수 있습니다; 나는 있는 그대로 이곳이 있을 것 그리고 있는 그대로 이곳이 남으리라는 것을 압니다. 그것이 죽음이 또한 왜 그토록 중요한 경계 설정선인지의 이유입니다; 우리가 사물을 있는 그대로의 바로 이해하도록 하는 것(let the being be)은 필멸성에서 시작하고, 죽은 상태의 가능성에서 시작합니다, 어떤 방식에서는, 나의 현존은 오직 나의 부재 안에서만 존재하게 될 것을 드러낼 뿐입니다(AT, 160).

만약 하이데거의 말처럼 로서 구조로 사물과 관계하는 바인, '바로 그 자체로서/본래 그대로의 것'(the thing as such, en tant que tel)에 대한 접근을 현존재 즉 인간에게만 허락한 것이라면, 우리는 우리가 부재중이고, 우리가 본질적인 것에서 사라질지라도, 즉 우리가 죽을지라도 본질적인 것과 연관성을 갖는지를 알 때에서야 비로소 본질적인 것과 나의 부재 사이에서 그것의 유무를 알 수 있다. 그러나 죽음과의 관계에서 인간도 동물처럼 죽으며, 죽은 이후에서야 그 전과 이후 그 자리에 본질적으로 계속 있는지 없는지를 깨달을 수 있으므로 우리는 동물과 마찬가지로 존재의 부재 사이에 본래 그대로 있을지 아닌지에 대해 정확히 알지 못한다. 달리 말하면, 바로 그 자체인 본래 그대로의 것은 우리의 부재 이후, 즉 죽음을 통해 사라진 후에서야 본질적으로 그것이 계속 있는지 없는지를 알 수 있기 때문에, 동물이나 인간이나 죽음 이후의 일에 대해 우리는 결정해서 말할 수 없으므로 인간과 동물 사이의 차이를 경계화하거나 위계화하는 것이 얼마나 모순적인지를 지적한다. 이런 점에서 동물과 인간은 전혀 구별되지 못한다고 데리다는 주장한다.

그는 하이데거의 동물과는 다른 인간 능력의 문제에 대해 다음과 같이 반문한다. "우리가 모든 삶·생명을 유용하는 관점으로부터 설정/계측에 이르기까지 (인간) 마음대로 자유롭게 그것을 설정할 수 있는 것이 가능한가? 그리하여 인간 스스로 마음대로 존재를 존재하도록 하기(let the being be)의 능력을 결정할 수 있는가?"(AT, 160). 오히려 데리다는 우리가 '존재론적 차이'라는 지금까지 문제시되었던 것을 통해 "모든 종류의 계측 없이 존재자의 존재를 생생히 '있는 그대로 놓아두기'를 해야 하지 않을까?"라고 묻는다(AT, 160). 요컨대 하이데거가 죽을 수 있는 가능성, 현존과 부재의 결정 권한을 로서 구조라는 언어로 변환시키는 언화 주체인 인간 현존재에 오직 부여한다면, 데리다는 언어의 있고 없음이라는 이분법적 대립구조에서 벗어나 다양화할 수 있는 다중적·상호적 행위 주체(acting subject)로 이행시키길 권한다.

• 복수적 관점으로의 이행

데리다는 현존의 권위를 동물 타자로부터 인간 주체가 전유하고 독점하는 것을 합법화하는 데카르트 계보를 계승하는 하이데거의 특권적 주체의 허상을 비판한다. 언어와 이성에 의해 자기에게 의미화를 부여하는 현존재인 인간 주체는 허구일 뿐 아니라 타자의 착취에 의한 구성물이다. 하이데거의 현존재는 데카르트적 주체 개념에서 자기 현존적 주체의 선험적 지위를 현존재의 위상으로 계승한 것과 다르지 않다. 인간인 현존재는 자기 동일적이며 정태적인 주체로서 선험적 지위와 언어적·로고스적 진리를 부여받고 그것을 특권화하지만, 그것은 동물 타자를 전유하고 그 타자로부터 생산된 결과물로 보는 것이 정당하다. 언어로 의미화할 수 없는 철학의 잉여물인 동물 타자는 인간 주체 내부에 변별적이며 반복적인 작용으로 주체를 구성하는 타자로서, 인간 주체보다 먼저 있기 때문이다. 데리다는 데카르트, 칸트, 하이데거로 이어지는 의미화로 구성된 로고스 중심의 언화 주체 개념을 부정한다. 그 대신 다양한 가능 주체들이라는 다중적 개념의 구축을 시사한다.[21] 데리다가 주장하는 것은 데카르트, 칸트, 하이데거로 이어지는 자기 현존적 단일 주체를 중지하자는 것이다. 주체에게 반복차이성을 생산하도록 하는 자는 타자이므로, 타자와의 상호적 변별성을 통해 동일성을 유지할 수 있는 주체 중심으로부터 타자로 중심을 해체하자는 것이다. 데리다는 이런 의미에서 개방적이고 다중적인 상태로 주체와 타자를 열어 놓고자 한다.

이런 모든 논의로부터 데리다는 니체와 하이데거 사이의 차이를 명확히 한다. 데리다의 견해에 따르면 하이데거는 스스로 그토록 객관성을 확보하고 싶어 했지만, 니체의 관점에서 보면 그것은 단지 하

---

21 윤효녕, 「데리다: 형이상학 비판과 해체적 주체 개념」, 42쪽.

나의 주관적 관점에 불과하다. 왜냐하면 니체는 존재와의 관계, 심지어 가장 '참'인 것과 가장 '객관적'인 것조차, 모든 것이 관점의 차이에 있다고 생각했기 때문이다.

니체와 니체가 거절을 표시했었을 하이데거 사이 차이는 명확합니다; 모든 것은 어떤 관점 속에 존재합니다; 존재와의 관계, 심지어 "가장 진리(truest)인 것"조차도, 가장 "객관적인 것"조차도, 그것은 있는 그대로의 바의 것의 본질을 가장 존중하는 것으로 이것은 우리가 여기에서 살아 있음에 관해, 생명에 관해 부르는 것과 이런 관점에서 동물들 사이의 차이가 무엇이건, 그것을 동물적 관계로 남겨 두는 것으로 이행하도록 하는 이해입니다(AT, 160).

데리다는 인간의 경우처럼 언어를 통해 의미화를 하는 방식으로 타자를 이해하거나 그 언어화의 무능력으로 이해가 결핍된다는 하이데거의 이분법적 대립구조('바로 그것으로서'[as such]와 '바로 그것으로서는 아닌'[not as such] 사이의 차이)에서 벗어나 하이데거에게 타자를 인식하는 구조인 로서 구조를 복수화하고 다양화할 것을 제안한다. 왜냐하면 동물과 인간이라는 단일한 구별이 아니라, 다양한 개별 동물과 다양한 인간 사이에서 발생하는 이해의 구조에는 무수한 차이가 나타날 수 있으며, 세상에는 순수하며 단일한 이해인 로서 구조는 없기 때문이다. 결론적으로 로서 구조란 '타자를 타자로, 객체를 객체로 이해하기'나 혹은 '부재 속에서도 본래 그대로 있는 것'을 의미하기 때문에, 각각의 존재가 세계를 모두 다르게 받아들이는 것처럼, 그것들 역시 모두 다를 수 있다는 것을 인정하자는 것이다. 예를 들면, 세계를 이해하는 여부는 "도마뱀이 … 자신에게 나타나는 돌과 자신에게 나타나는 태양과" 인간이 모르는 그들만의 어떤 관계를 맺는 것과 같다. 혹은 닭이 자신에게 드러나는 물이나 벌레와 맺는 모종의 관계처럼, 여름만을 위해 긴 시간 번데기의 상태를 유지하는 매미와 세계의 관계처럼, 각각의 생명에서 세계를 이해하는 방식은 차이가 나기 때문이다(AT, 156).

요약하자면, 하이데거에서 세계를 갖지 않는 돌은 세계가 박탈되어 있지도 않은 데 비해, 동물의 '세계 빈곤'은 오히려 동물이 세계를 갖는다는 것을 뜻하며 그것은 결국 동물은 그 세계가 박탈되어 있다는 것을 의미한다. "동물은 '갖지 않음'의 양식으로 세계를 가지는 것이며", 동물의 "박탈은 동물 또한 인간처럼 어떤 '기분'에 있음을, 그 기분에서 박탈을 느끼고 있음"을 가리킨다(AT, 157). 이는 이후 하이데거에 대한 아감벤의 논의에서 더욱 구체적으로 드러난다. 하이데거가 말하는 '기분'이 갖는 중요성을 감안하면 여기서 빈곤이 어떤 결핍이기보다 어떤 것을 더함(즉 무엇인가 거기에 더 있음 그리고 그 있음을 박탈하는 억압의 존재 또한 존재함)을 나타낸다는 것으로 이해할 수 있다(AT, 156). 그러므로 문제는 객체를 이해하는 바인 로서 구조를 복수화하고 다양화하는 것이며, 동물에게 우리 인간이 빼앗은 형태로 그것을 단순히 돌려주는 대신에 그것을 복잡화해야 한다는 것이다. 왜냐하면 세상에는 순수하며 단일한 그리고 단순한 로서 구조는 존재하지 않기 때문이다. 거기에서 우리는 하이데거의 논의가 데카르트의 계보를 잇는 인간중심주의에 갇혀 있음을 알 수 있다.

2. 아감벤의 인간과
   동물이 공유하는 권태

이러한 진리 이론과 동물성에 대한 하이데거의 논의를 조금 더 추적
해 보기 위해서는 아감벤의 『열림』을 살펴볼 필요가 있다. 아감벤은
『열림』에서 어떻게 인간과 동물을 구별할 수 있을 것인가에 대해 하
이데거의 근거 위에서 데리다의 논의 방향과는 다른 관점으로 진술
해 나간다. 그것은 철학이라기보다는 과학적이며 인류학적인 상식
의 문맥에서 하이데거의 진리 이론과 동물론을 분석하는데 이는 데
리다와는 차이가 있다. 그러나 데리다와 아감벤은 그 논의의 차이에
도 불구하고 모종의 유사한 점으로 인간과 동물의 상태를 관점화한
다. 그것은 양자가 공유하는 '권태'의 감정과 그것을 관통한 '열림'이
라는 결론으로 향한다. 아감벤의 논의를 살펴보자.

1. 인간세계와 동물세계

아감벤은 『열림』에서 우선 『형이상학의 근본개념들』에서 이루어 낸
하이데거의 집필 의도와 결과를 높은 성과로 평가하고 있다. 아감벤
에 의하면 "하이데거는 '단순히 살아 있는 존재'에 어떤 것을 덧붙임
으로써 결정될 수 있는 언어를 가진 살아 있는 존재인 이성적 동물
로서의 인간에 대한 전통 형이상학의 정의를 지속적으로 거절하고",
"심연과 특히 동시에 '근접성'이라는 인간과 동물 사이의 차이를 여
는 강의 코스의 냉철한 서술을 시도한다"(OP, 50). 이는 아감벤에게
"가장 사유하기 어려운 것"으로 보이면서 궁극적으로 "낯선 동물성

뿐만 아니라 이해할 수 없고 부재인 어떤 것으로 드러나는 인간성"을 해명하려고 시도한다(OP, 50). 아감벤의 논의에 따르면 하이데거는 위의 논고에서 인간의 권태에 대한 문제에서 시작해 그 긴 논의 끝에 인간의 권태와 동물의 사로잡힌 상태(captivation) 사이 유사점을 발견하며, 양자 사이의 차이를 구별하고자 한다. 그 지점에서 하이데거는 진리 이론을 통해 인간 존재가 다른 생명과는 확고히 다른 특성을 가진다는 결과를 가져오고자 노력한다. 그리고 하이데거의 이러한 논의는 생물학자 야코프 폰 윅스퀼의 연구에 영향을 받았다. 『형이상학의 근본개념들』에는 하이데거가 윅스퀼의 과학적 성과를 평가하고 다른 학자들에게 윅스퀼과 같은 성과를 만들기를 촉구하는 표명이 나온다. 아감벤은 윅스퀼이 과학적 실험과 논의를 통해 남긴 비인간 생명에 대한 고찰에 하이데거가 지대한 영향을 받았다고 지적한다(OP, 11장 「진드기」). 하이데거의 논의를 다루기 이전에 윅스퀼의 실험을 설명하는데, 아감벤에 의하면 "윅스퀼의 서술은 확실히 근대적 반인간주의의 극치를 이룬다"(OP, 45).

윅스퀼은 환경세계(Umwelt)라는 말을 하이데거보다 먼저 사용한 생물학자로 한스 드리슈의 생기론에 가까운 입장을 취한다. 그는 각각의 동물에서 지각하고 반응하는 주체 없이는 그 각각의 세계 역시 존립할 수 없다고 보며, 종에 따라 감각기관과 운동기관의 종류와 구조가 다르기에 각 생물은 모두 다른 환경세계를 갖는다고 여긴다. 파리에게는 파리의, 섬게에게는 섬게의 환경세계가 있다. 이와 같이 생물학에 "주체"와 "의미" 개념을 도입하고 환경세계를 주관적인 것으로 보는 이 사상은 윅스퀼 자신도 인정하듯이 칸트의 사상에 가까운 것이다. 그러나『동물의 환경세계와 내적 세계』(*Umwelt und Innenwelt der Tiere*), 『생물학적 세계관을 위한 초석』(*Bausteine zu einer biologischen Weltanschauung*), 『이론생물학』(*Theoretische Biologie*) 등에서 전개된 이 사상은 20세기 초반의 생물학계에서는 전적으로 이단시되며 윅스퀼은 오랫동안 대학에 자리를 얻을 수 없었다. 그러나 생물학계에서 무시된 그의 사상은 일찍부터 카시러와 오르테가 이 가세트, 셸러와 같은 철학자들에 의해 높이 평가되어 넓은 지적 세계에 소개되고 있었다. 윅스퀼의 환경세계 이론은 하이데거의 '세계-내-존재' 개념 형성에 모종의 역할을 했으며 이는 하이데거의 1928년 여름학기와 1929년 겨울학기 강의로부터도 분명히 드러난다. 그는 고슴도치, 꿀벌, 파리, 개의 관점으로부터 인간세계의 단편들을 고찰한다면 그것이 어떻게 보일 수 있는지 연구한 바 있다. 그의 실험은 진드기와 꿀벌을 통해 진행되고 심화되었으며 이 실험과 고찰은 결국 동물의 시간에 대한 개념으로 결론지어진다. 즉 각각의 생명 존재들은 각각 다른 환경세계와 그 세계에 따르는 시간을 갖는다는 것이 윅스퀼의 결론이었다. 그것은 다음의 사례로부터 나온다. 윅스퀼은 로스토크의 실험실에 18년 동안 먹이 없이, 환경으로부터 격리된 조건에서 여전히 동면 상태로 남아 있다가 발생한 진드기를 발견한다. 이를 통해 그는 '살아 있는 주체 없이는 시간은 존재할 수 없다'는 독특한 결론을 끌어낸다.[22] 이 18년 동안 중지 상태로 자신의 삶을 휴지기이자 동면기로 만들 수 있는 진드기의 삶의 양태가 의미하는 바는 시간도 없고 세계도 없이, 환경의 절대적 결핍 속에서 '기다린다'는 것인데, 아

---

22 야코프 폰 윅스퀼, 『동물들의 세계와 인간의 세계』, 정지은 옮김, 도서출판b, 2012.

감벤은 이 '기다린다'는 것이 의미하는 바가 과연 무엇인지 『열림』 11장 「진드기」의 말미에서 묻고 있다(OP, 47).

윅스킬의 실험 결과는 생물이란 환경 내에서 절대적으로 그 관계를 통해서만 살아가고 존재하며 그 환경세계의 다른 공간은 다른 시간의 개별화로서 각 존재들의 삶에 지속된다는 독특한 결론으로 남게 된다. 『형이상학의 근본개념들』 이후 남게 된 1929년 강의의 준비 당시 하이데거는 윅스킬을 알고는 있었지만, 진드기 실험의 사례를 구체적으로 참조하지는 않았다. 왜냐하면, 윅스킬은 1934년에야 책 『동물과 인간의 환경세계를 통한 방랑』(Streifzüge durch die Umwelten von Tieren und Menschen)을 출간했기 때문이다. 그럼에도 불구하고 1929년 하이데거는 윅스킬의 생물학에서 그때까지 거둔 성과를 인간적 관점의 철학에 반영하고 싶어 했다. 예를 들어 윅스킬이 강조하고 사용했던 환경세계라는 단어는 그대로 하이데거에게 적용·사용된다.

아감벤은 동물의 세계 결핍(세계의 가난함)에 대한 하이데거의 잘 알려진 표명을 12장 「세계의 가난함」에서 연장하여 분석해 들어간다. 비로소 이 장에서 아감벤은 하이데거의 프라이부르크대학교의 1929~30년 겨울학기 강의인 『형이상학의 근본개념들』을 살펴본다. 아감벤은 하이데거의 전집을 출판할 때 위의 논고가 가장 먼저 출판되어야 한다는 오이겐 핑크의 주장을 인용하면서 이 논고의 중요성을 자신도 잘 알고 있었다고 언급한다(OP, 49). 아감벤에 의하면 『형이상학의 근본개념들』은 대략 200여 쪽에 이르는 '깊은 권태'에 대한 방대한 분석이 저작의 앞부분에 할애되었으며, 그 이후에는 동물이 환경과 맺는 관계와 인간이 자신의 환경세계와 맺는 관계에 관해 탐구한 것이다. 이미 유명한 하이데거의 동물의 '세계 결핍/빈곤/가난함'과 인간의 '세계 형성'의 이론을 대조하면서 아감벤은 이 부분이 하이데거가 진리에 대한 논의, 즉 진리에로의 '열림'에 있어 인간과 동물(비인간 생명 존재)의 차이에 대한 기원과 의미 연구에 들어가는 것이라고 분석한다. 그는 하이데거가 인간을 이성적 존재만으로 규정한 것에 부족함을 느꼈고, 그가 원한 인간상은 그 이상이었다고 본다. 아감벤은 하이데거가 『존재와 시간』 10절과 12절에서 생명에 관한 개념을 '결여적 해석을 경유함으로써', '세계-안에-있음'으로 획득된다고 설명하고 있음을 지적한다. 그는 『열림』에서 하이데거의 다음 논의를 인용한다.

생명은 하나의 고유한 존재 양식인데, 그것은 본질적으로 오직 현존재만 접근할 수 있다. 생명의 존재론은 일종의 결여적 해석의 방법으로 성취된다. 그것은 어떤 것이 그저 단지 살아 있기만 한 것처럼 존재할 수 있다는 것이 어떤 경우인지를 규정한다. 생명은 단순히 눈앞에 있음도 아니고 또한 현존재도 아니다. 다시금 현존재는 사람들이 그것을 생명(삶)이라고 ─ 존재론적으로는 규정하지 않고 ─ 설정하고 어떤 다른 것을 거기에 추가하는 식으로 그렇게는 존재론적으로 규정될 수 없다.[23]

아감벤이 인용하듯 하이데거는 생명·삶의 가치를 현존재, 즉 인간에 국한해 설명하고자 하며 존재론적으로 규정될 수 있는 것은 현존

---

23 마르틴 하이데거, 『존재와 시간』, 이기상 옮김, 까치, 1998, 76~77쪽.

재에 한정되어 있다. 대조적으로 비인간 생명/삶은 단지 살아 있기만 한 것으로, 결여적 해석 방법으로 해석될 수 있다. 이처럼 하이데거는 존재로서의 가치가 있는 인간인 현존재와 그 외의 생명을 단지 살아 있기만 한 생명/삶/비인간으로 구분한다.

2. 인간의 권태와 동물의 사로잡힘

아감벤에 따르면 하이데거에게 결정적이며 중요한 쟁점은 동물과 인간 사이에 열리는 심연과 특별한 근접성(proximity)인데 이는 "사고하기 가장 어려운" 것이다. 여기에서 하이데거는 생물학과 동물학 연구 그리고 한스 드리슈, 카를 에른스트 폰 베어, 요하네스 뮐러, 야코프 폰 윅스퀼의 연구들로 나아간다. 아감벤의 설명에 따르면 하이데거가 윅스퀼의 환경세계와 내적 세계에서 뜻하는 바는 그가 종전에 말했던 "동물에서의 세계의 가난"의 뜻과 다르지 않다. 윅스퀼은 동물은 자신이 지각하고 있는 세계에 닫혀 있을 뿐만 아니라 자신의 탈억제하는 것들의 원(the animal's relationship with its disinhibiting ring) 속에 닫혀 있다고 본다(OP, 51). 아감벤은 하이데거가 윅스퀼의 이러한 분석을 그대로 받아들이고 여기에서 더 나아가 다음과 같이 고찰한다고 본다. 아감벤이 보기에 하이데거는 동물이 자신의 탈억제 상태에서 맺는 관계를 사로잡힌 상태라 이르며, 이것이 동물의 고유한 존재 양태라고 분석한다. 동물은 세계와 관계 맺기에서 진정한 의미에서 행위하거나 행동(sich verhalten)할 수 없으며 그저 처신(sich benehmen)할 수 있을 뿐이다(OP, 52). 사로잡힘이라는 동물의 존재 양태는 윅스퀼의 꿀벌 실험 사례를 통해 확인되는데, 꿀벌의 배를 가르면 열려 있는 배에서 꿀이 새고 있음에도 불구하고 꿀벌은 계속해서 꿀을 빠는 행동을 한다. 이는 '무언가를 무언가로 지각할(appre-hending, vernehmen) 가능성 자체'가 동물로부터 '보류되어'(withhold-ing, Genommenheit) 있기 때문에, 혹은 '전혀 주어져 있지 않은 의미에서 박탈되어'(being-taken, Hingenommenheit) 있기 때문에 동물은 그저 본능적 해태(instinctive behaving, benehmen)만을 갖고 있다고 본 것이다(OP, 53).

여기에서 아감벤은 이와 같은 동물의 사로잡힘에 대한 분석은 존재자가 동물에 탈은폐되어 있거나 아니면 동물로부터 닫혀져 있거나 하는 양자택일의 가능성 바깥에 동물을 본질적으로 위치시킨다는 점을 분명히 한다(OP, 54~55). 하이데거는 존재자의 탈은폐를 진리의 본질로서 규정하는데, 존재자를 탈은폐함으로써 존재자를 표상적 진술의 척도로서 먼저 부여하는 것이 자유다. 즉 동물은 존재자가 탈은폐됨으로써 접근할 수 있는 진리에로의 열림에 접근할 수 없을 뿐만 아니라, 자유의 상태 역시 인간 현존재처럼 접근할 수 없다. 달리 말하면 동물의 본질은 사로잡힘이기 때문에 현존재의 개시성에 속하는 세계의 개시성도, 자유에의 접근도 동물에게는 불가능하다. 진리에의 접근과 자유에도 동물은 현존재처럼 열려 있는 접근 가능성 자체가 없다. 하이데거에게 진리란 전통적으로 명제와 사물의 일치를 의미한다. 이처럼 사로잡힘이 동물의 본질이라고 말하는 것은 동물이 그 자체로서는 존재자의 현시/현현을 위한 잠재성 내부에서 있지 않다는 뜻이다.

결론적으로 아감벤은 하이데거의 논의를 통해 그 결론을 다음과 같이 정의한다. 하이데거의 논의에서 동물의 환경에 대한 존재론적 위상/지위는 열려 있으나 탈은폐되도록 되어 있지는 않다. 동물은 존재자들 혹은 진리 상태의 현시에 열려는 있으나 접근할 수 없다는 것이다. 이 같은 진리의 드러남 없는 '열림'(탈은폐 없는 열림)은 인간의 세계 형성과 그와 대조되는 동물의 세계에의 결핍/가난/빈곤/박탈을 설명한다. 하이데거에게 동물은 세계가 결핍해 있는 것뿐 아니라 사로잡힘 속에 '열림'으로 인해 가난(결여, 결핍, 부족)으로 정의된다(OP, 55).

13장 「열림」에서 아감벤은 이 동물에서의 비탈은폐(not disconcealed), 즉 진리에로의 열림의 불가능성(동물은 탈은폐되지 않은 상태에서 열려 있다)에 대해 하이데거가 오히려 '역설적인 신비적 인식' 혹은 나아가 오히려 '역설적인 신비적 비인식'에 이른다고 분석한다(OP, 59). 하이데거는 동물성의 본질인 사로잡힘(얼빠져 있음)이 인간에 있어서 '깊은 권태'와 유사하다고 말하면서도, 이런 유사는 허울이며 동물과 인간 사이에는 넘을 수 없는 심연이 있다는 것을 확신하며 그 양자의 세계는 전적인 대립으로 볼 수밖에 없다고 아감벤은 결론짓는다. 그러나 그는 하이데거의 이 논의, 즉 인간과 동물이라는 두 존재 사이의 대조 안에서는 오히려 어떤 "존재론적 역설"이 발생하고 있다고 분석한다(OP, 59). 14장 「깊은 권태」에서 다음과 같이 하이데거의 논의를 설정한다. 『존재와 시간』에서 논의된 불안은 권태에 대한 일종의 대답 혹은 반작용적 응답일 뿐 하이데거가 『형이상학의 근본개념들』에서 진정으로 세우고 싶은 것은 권태라는 체험이며 그것의 백미에 바치는 것으로 보일 만큼 권태라는 기분에 그가 집중하고 있다(OP, 63). 그리고 하이데거가 순수한 권태라 부르는 현존재인 인간의 근본기분과 동물의 사로잡힘 사이에는 예기치 못한 울림이 드러난다고 아감벤은 주장한다(OP, 61).

3. 인간과 동물의 잠재성 '열림'

아감벤은 인간 즉 현존재에게 존재자로부터 거부당하면서도 집요하게 총체적으로 양도되는 어떤 기분과 같은 것이 분명하게 존재하며, 이로써 인간의 권태와 동물의 사로잡힘은 닫힘에 열려 있는 것으로 근접성(유사성)이 있다고 말한다(OP, 65). 그리고 이 거부는 동물과 인간과의 근접성을 시사한다. "우리는 거부에서 아무튼 어떤 참조"가 있음을 보게 되는데 이 참조는 비활성적인 채로 놓인 가능성들의 고지, 즉 잠재성이다(OP, 66). 사로잡힘에 있어 동물은 인간과 근접하지만, 현존재의 존재자에 드러남의 잠재성의 기원에 의해 하이데거에게는 동물과 인간의 거리가 여실히 드러난다. 그러나 아감벤은 닫힘에 열려 있는 가능성의 고지 상태로서, 현존재의 열려질 가능성으로 작동하는 휴지기의 상태인 권태는 열린 것도 닫힌 것도 아닌 환경세계(OP, 68) 속 동물의 사로잡힌 상태와 다르지 않다고 본다(OP, 70). 왜냐하면 심오한 권태와 동물의 사로잡힘은 마침내 드러나게 될 가능성의 상태로 근접성(유사성)이 있기 때문이다(OP, 67). '비은폐성'에 대한 하이데거의 논의에서 진리에 기원적으로 속하기도 하는 비진리는 동물의 탈은폐성, 열려 있지 않음과 차이가 없다는 것이다. 인간의 세계를 정의하는 비은폐와 탈은폐, 탈은폐와 은폐 사이의 해소할 수 없는 투쟁은 동물과 인간 사이의 내부 투쟁이다.[24] 인간인 현

---

24 이후로 아감벤은 하이데거의 탈은폐 개념을 무(Nichtung)와 관련해 설명한 1929년 강의를 분석한다. 즉 현존재의 탈은폐의 능력/기능은 망각, 존재 속에서 사유되지 않은 채 열림 속에서 존재를 붙잡고 유지하는 것인 이 망각을 기억한다는 것이며 이것은 비탈은폐를 기억한다는 것이고 이는 동물적 환경의 비탈은폐된 것에 다름 아닌 것으로 본다.

존재는 지루해지는 것을 배운 동물일 뿐이며, 자기 자신의 사로잡힘 으로부터 스스로를 각성한 동물일 뿐이다(OP, 70).

결론적으로, 진드기 실험에서 보여 주는 "단순히 살아 있는 존재"의 신비하며 심원한 지층에 하이데거와 윅스퀼 모두 직면할 준비가 되어 있지 않았다고 아감벤은 서술한다(OP, 70). 하이데거는 1929~30년의 강의 코스에서 동물과 "단순히 살아 있는 존재"를 대지(the earth)와 망각(lethe)이라는 고유 명사로 부르면서 대지를 동물로, 세계를 인간으로 사유하는데, 대지와 세계는 본래 비은폐성과 은폐성 사이의 변증법적인 것이며(OP, 71), 그 안에 본래의 정치적 갈등이 존재하는 것처럼 인간성과 동물성에도 정치적 갈등이 존재하지만, 결코 서로 분리될 수 없는 것으로 본다(OP, 72).[25] 그러나 『열림』의 15장에서 아감벤은 다음과 같이 하이데거 논의의 모순을 지적한다.

비은폐성과 은폐성 사이의 원초적인 정치적 갈등은 동시에 그리고 또한 똑같은 정도로, 인간의 인간성과 동물성 사이의 갈등일 것이다. 동물은 인간이 그 자체로 간직하고 밝게 드러내는 "탈은폐될 수 없는" 것이다. … 즉 인간을 "그의 '인간성'의 방향에서가 아니라 그의 '동물성'과 더불어 시작하여"[26] 사고하기 위해 형이상학과 과학

---

25 이에 대해 황정아는 인간학적 기계 개념의 작동(하이데거)과 그것의 중지(아감벤)로 설명하며 상세히 논의한다. 다음의 논문 참조. 황정아, 「동물적인 것과 인간적인 것: 문학의 질문과 『엘리자베스 코스텔로』」, 『창작과 비평』 44권 1호, 창비, 2016.

26 Martin Heidegger, "Letter on 'Humanism'", trans. Frank A. Capuzzi, *Pathmarks*, ed. William Mc-Neil, Cambridge University Press, 2010. p. 247[Heidegger, "Brief über den 'Humanismus'", *Wegmarken*, Frankfurt: Klostermann, 2013, p. 155].

들이 대지에 의존한다고 했던 비난을 우리는 어떻게 이해해야 하는가? 만일 인간성이 동물성의 중지를 통해서만 획득될 수 있고 그래서 스스로를 동물성의 닫힘에 열린 채로 유지해야 한다면, "인간의 실존하는 본질"을 파악하려는 하이데거의 시도는 '동물성'의 형이상학적 우위성을 도대체 어떤 의미에서 벗어나고 있단 말인가 (OP, 73)?

하이데거가 대립구조로 설정한 인간과 동물의 구분은 인간성(세계)과 동물성(대지)의 정치적 갈등이며, 양자는 서로 분리될 수 없다는 것을 그도 잘 알고 있었다. 아감벤은 만약 대지로 비유되는 동물성에 의존해야 인간성의 본래 의미를 획득할 수 있다면 인간의 동물성을 중지해야 인간성을 획득할 수 있다는 하이데거의 양자택일, 이항 대립구조의 선택이나 현존재인 인간을 동물에 있어 우위로 설정한 점의 모순을 어떻게 설명할 수 있는지 반문하고 있다. 달리 말해 현존재로 통칭하며 인간의 인간성을 중요시하고 우위로 설정하고 싶었던 하이데거 역시 동물성의 인간성에 대한 선차성과 광의성을 잘 인식했으며 만약 그렇다면 인간성에 대한 동물성의 우위에서 벗어날 수 없다는 것이다.

3. 데리다와 아감벤의
   '생성'으로 본 동물의 '결핍'

살펴보았듯 데리다는 세계의 총체적 이해가 언어만으로 가능하다고 보는 사유와 그것으로 구성된 진리와 존재에 대한 사유에 깊은 의심을 품었다. 그는 언어로 해명할 수 있는 능력과 그것에 한정해 인간을 정의하고 인간과 동물을 구분하는 전통을 재고할 것을 요구한다. 이는 데카르트에서 라캉까지 포괄하는 것으로 가장 강력하지만 가장 정념적인 것을 보지 않는 태도이다. 동물이 언어로 해명하고 이해하지 못하는 방식 때문에 존재도, 세계도, 타자도 이해할 수 없다고 생각하는 이 독단적 편견은 동물에 대한 참혹한 처우를 가능하게 하는 철학의 희생구조를 구성한다. 데카르트 분파의 사유하는 에고부터 하이데거의 현존재까지 이어지는 주체의 의미화할 수 있는 능력은 동물 타자를 사물화시킴으로써, 그들에 대한 인간의 폭력과 권한이 가능하도록 희생구조를 체계화한다.

데리다는 동물에게 인간처럼 의미화하고 응답할 가능성이 있다고 주장하기보다는 인간이 모를 수도 있는 그들만의 유의미한 세계가 있음을 상기시킨다. 그것은 비언어의 언어로 구성된 마음의 세계, 혹은 비언어·비진술적 순간들로 구성된 진짜 언어의 세계다. 그는 하이데거가 말하는 기도의 언어-소망을 예로 들어 그 세계를 드러낸다.

그리고 나는 아니모에 대하여, 동물에 대하여, 차이화하는 분석을 생각한다. 이는 "로서 구조"의 이 문제의식을 다양화해야만 하는 차이화이다. 내가 주장하고자 했었던 요소 중 하나이자 이 문제의식에 대한 강한 이해의 지점 중 하나는 다음과 같다. 하이데거는 거짓말과 아포판틱한(진술적인) 로고스의 문제를 분석하면서 아리스토텔레스가 로고스 안에서의 비아포판틱한(비진술적인) 순간을 설명하는 것, 선언적이지 않고 언명적이지 않아서 그것을 요구해야 할 실례로 제안한 사실을 언급한다. 예를 들어 소망을 기원하는 것은 비진술적 로고스이다. 하이데거는 여기서 진술적 로고스를 파롤인 제시하기(monstrative)와 구별한다——내가 "I"라고 말할 때 그것은 담론 제시이며, 나(I)는, 즉 나를(me) 당신에게 말하고 있다, 나는 나 자신을 보여 준다. 그리고 비진술적 표시(나는 로고스라고 여기서 말하지 않을 것이다), 이를테면, 기도, 이는 어떤 것을 보여 주는 것이 아닌 것, 이는 어떤 방식에서는 "아무것도 말하지 않는" 것이다. 그리고 그 비진술적 로고스의 가능성이 여기에서, 내 생각에는, 전체 장치 내에서 가지를 열어 내지만, 나는 그것을 여기서 보여 줄 시간은 없다(AT, 157).

이 비진술적 말하기, 비진술적 언어의 가능성, 기도와 같은 말 없음의 말, 어떤 소망과 같은 것은 『짐승과 통치자』 1권에서 동물, 신과 관련하여 자주 언급된다(BS 1, 57). 데리다는 짐승과 신이 무응답의 장소, 무응답 그 자체에 있어 겹친다고 본다. 무응답은 절대의 "가장 깊은 정의"와도 연관될 수 있어서 데리다에게 중요하다.[27] 데리다는 짐승과 신을 모두 심연의 장소와 유비해 설명하는데, 폴 발레리의 시 「뱀의 시초」를 분석하면서[28] 신과 동물 양자를 바닥없는 붕괴, 언

---

27 Amy Swiffen, "Derrida Contra Agamben: Sovereignty, Biopower, History", *Societies*, vol. 2, 2012, pp. 345~356.

28 Paul Valéry, "Ébauche d'un serpent", *Charmes*, Paris: Gallimard, 1957, pp. 138~145; *L'animal que donc je suis*, pp. 94~97; AT, 64~69 참조. 뱀은 심연으로 묘사되며 비존재, 창조주, 신, 뱀은 심연이라는 점에서 겹친다.

어의 끝없는 사막, 심연이라 말한다.[29] 데리다에게 심연은 절대적 타자성을 맞이할 수 있는 공간이자 그 끝과 한계를 알 수 없는 미지의 공간이다. 그는 하이데거처럼 인간과 동물 사이 심연과 같은 간극(격차)이 있는 것으로 해석하기보다는 그 심연을 인간이 짐작할 수 없는 공간이자 동물로부터 인간이 예측할 수 없는 어떤 것(완전히 다른 타자성)으로 설명한다. 심연이라는 어휘를 예시하면서 인간과 동물 사이의 단일 경계를 부정하고자 하는 것이다. 인간과 동물은 구분될 수 있는 선이 아니라 그 경계가 중첩되고 엮여 있어 그 경계를 하나의 선으로 간주할 수 없으므로 오히려 '심연'이라는 그 바닥을 알 수 없는 (빈) 공간의 실례를 통해 드러내고 있다. 따라서 데리다에게 경계를 의미하는 심연은 공간이자 중첩되어 서로 지탱하고 침윤해 있는 모호하며 두터운, 구분할 수 없는 경계이다. "이 심연의 경계, 이 가장자리들, 여럿이고 주름진 이 경계선의 수, 형태, 의미, 구조, 층층으로 쌓인 두께 등을 결정하는 것"은 따라서 문제로 남는다(AT, 30~31). 다시 말해 "접경성"이 문제이다.[30] 여기서 데리다는 이 심연과 같은 경계성을 다음과 같이 말한다(AT, 29~31의 요약).

첫째, 동물과 인간 사이의 심연적 단절은 인간 일반과 동물 일반이라는 단선적인 두 모서리를 그리지 않는다.

---

29 Jacques Derrida, "Post-Scriptum", eds. H. Coward and T. Foshay, *Derrida and Negative Theology*, New York: SUNY Press, 1992, p. 301. 기독교 신비주의자인 안겔루스 질레지우스의 말을 인용하면서 신은 바닥없는 붕괴, 언어의 끝없는 사막이라고 말한다. 신은 이런 점에서 코라와 연결되며, 심연의 깊음처럼 나타난다.

30 최성희, 「동물성과 정동: 베케트와 데리다」, 『현대영미드라마』 33권 1호, 한국현대영미드라마학회, 2020, 251~252쪽.

둘째, 이 심연적 단절의 다수적이고 이질적인 가장자리는 역사를 지닌다. 그 역사는 인간중심적인 대문자 '역사'가 아니라 거시적이면서도 미시적이며 전혀 닫혀 있지 않으며, 우리는 현재 아무런 척도가 없는 예외적 국면을 지나고 있다.

셋째, 자칭 인간적 모서리 너머에 대문자 '동물'이 아닌 생명체의 이질적 다수적 조직들 혹은 관계들이 존재하고 있으며, 이 관계들은 결코 완전히 대상화될 수 없다.[31]

데리다는 접경성(limitrophie)을 어미인 −trophie의 어원 트로프(−trophe, trephō)를 통해 미세화해 설명하는데 트로프라는 어미는 영양물질이면서, 특정 영양소를 필요로 하는 생물체의 의미를 지니고 있다. 또한 "경계를 먹이고, 경계를 낳고, 경계를 기르고 복잡하게 하는 것"이며 경계란 양쪽이 서로를 양육하는 의미까지 포함하는 개념이라고 설명한다(AT, 29).

그러나 동물과 인간을 구분하는 인간 법의 형식인 의미화된 응답과 그것에서만 오직 발생하는 책임 아래, 언어적 이성의 인간인 주권자는 신처럼 보이고 신 그 자체, 즉 창조주는 "짐승처럼 보인다"(BS 1, 57). 데리다는 그의 후기 세미나들에서 이를 집중적으로 논한다. 짐승과 인간과 신은 무응답의 장소에서 서로 비슷하다.

이로써 그는 동물 타자의 결핍을 부정적이거나 부차적인 것으로 보지 않는다. 그들의 결핍(결핍으로 사용되는 privation, deprivation은 결

---

31 앞의 글, 252쪽.

핍과 박탈 양자를 의미한다. 데리다는 이 두 의미를 동물 타자에 모두 함께 사용하고 있다)을 그들만의 특이적인 세계의 박탈로 간주하면서 오히려 인간이 모를 수도 있는 혹은 잃어버린 또 다른 영역, 세계의 가능성을 생각하도록 한다(AT, 156). 인간이 모를 수도 있는 그 영역을 니체는 형상적 이미지의 사유와 침묵의 진리로 일컫기도 한다.[32] 그것은 바로 '생성'이라 할 만한 또 다른 세계의 영역이다. 그러나 전통 철학 전체는 이 영역을 박탈한다. 의미화의 결핍 혹은 응답의 결핍으로 구성된 전통 철학 전체(데카르트, 칸트, 라캉, 레비나스로 이어지는)가 만드는 동물에 대한 정의는 그들의 독특한 세계의 박탈과 그것에 기대고 있는 억압과 희생의 구조를 체계화한다. 이것은 현재까지 이어지면서 모순과 불평등으로 동물에 대한 사회 억압 장치들에 모두 스며들어 있다. 이 인간적 단순성의 모순과 폭력이라는 행위는 동물 타자를 억압구조, 희생구조에 처하게 만든다. 데리다가 상기시킨 이 동물로부터 박탈한 세계는 이전까지의 철학은 읽지 못했고 데리다에 이르러 비로소 드러난 동물의 독특한 세계다. 동물 희생구조, 동물에 대한 억압구조는 인간/동물이라는 대립구조를 통해 생산되며, 철학은 이 대립구조를 통해 철학의 구조를 구성해 왔다. 철학이 동물로부터 '박탈'한 세계, 이 침묵의 생성으로서의 영역은 아감벤의 텍스트에서 "구원된 밤"으로 유사하게 드러난다(OP, 82).

아감벤은 인간과 동물 사이의 근접성(유사성)을 관점화했다. 그는 하이데거가 현존재가 스스로나 타자를 조우하는 가장 근본적인 방

---

32 Vanessa Lemm, "Animality, Language, and Truth", *Nietzsche's Animal Philosophy: Culture, Politics, and the Animality of the Human Being*, New York: Fordham University Press, 2009, pp. 111~120.

식인 기분을 논하면서 다룬 '깊은 권태'가 "현존재와 동물의 예기치 않은 근접성"을 일러 주며, 권태라는 '기분'은 동물의 '사로잡힘'과 마찬가지로 "어떤 닫힘으로의 열림"이라고 봄으로써 양자를 근본적으로 유사한 것으로 간주한다(OP, 65). 그리고 존재자에 거부당하면서도 총체적으로 양도되고 있는 기분과 유사한 것이 인간에게도 존재하며, 동물성인 대지에 기대 인간의 인간성을 획득할 수 있다면 인간성은 동물성에 대한 우위를 점할 수 없다. 이 거부는 인간인 현존재의 가능성을 시사하면서도 이 거부로부터 동물과 인간, 양자에게 비활성적 상태로 있는 가능성의 고지, 즉 잠재성을 본다. 연구소에서 19년 동안 잠재 상태의 생명으로 있었던 진드기의 예처럼 그것은 다른 말로 '생성'인 잠재성이다.

아감벤은 "생명은 인간세계가 전혀 모를 수도 있는 풍부한 열림을 갖는 영역"이라는 하이데거의 언설을 통해 동물의 박탈당한 세계를 "'단순히 살아 있는 존재'의 신비하며 심원한 지층"이자 "동물의 세계 빈곤은 때로 비견할 수 없는 부로 역전되며, 동물이 세계를 결핍한다는 논제는 인간세계를 부당하게 동물에 투사한다는 혐의를 받는다"고 지적한다(OP, 60). 이는 동물에게 인간이 박탈한 세계 그 자체에 대한 인식이 존재함을 표현하는 것 이상을 의미한다. 동물에게 세계에 대한 이해나 인식이 인간처럼 풍요롭지 못하다는 하이데거의 사유는 오히려 인간의 방식에서 동물의 세계에 대한 감각을 구현·재단하려는 잘못된 시도이며, 오히려 이러한 사유는 인간이 예측할 수 없는 동물의 세계가 인간보다 더 풍요로울 수 있다는 전복된 사실로 드러날 수 있다. 아감벤은 이를 벤야민의 구원된 밤의 이미지를 통해 드러낸다. 그것은 "밤에만 빛나는 별과도 같이" 관념들은 창조적인 생명을 그러모으지만, 그것을 계시하거나 인간의 언어에 열어 주기 위해서가 아니라 그 닫힘과 '말 없음'으로 돌려주기 위해서 그렇게 한다(OP, 81). 여기에서 말 없음은 자연 그 자체에게 되돌리는 것을 의미하고, 벤야민에게는 "상실되고 잊힌, 구원할 수 없는" 자연의 구원 같은 것이다(OP, 82). 이 말 없음의 창조적 세계는 데리다의 비언어의 신적 세계와 연결될 수 있다.

그러나 매슈 출루는 아감벤의 사유에서 동물이 등장하고 주되게 논의될지라도 그것은 단지 비유적 형태이며, "아감벤의 주요 관심은 동물화된 인류"일 뿐 살아 있는 동물은 아니라고 본다.[33] 또한 데리다의 하이데거 비판에서 데리다의 하이데거 독해에 대한 몰이해가 폭로된다는 비판도 있다.[34] 하이데거의 '사이' 개념(동물은 '인간과 돌 사이')을 획일화를 낳는 '매개'로 본 데리다의 관점은 차이의 산출을 통한 가까움의 획득이라는 하이데거의 사이 개념을 오인한 것으로 평가된다.

그러나 데리다는 하이데거가 모든 생물학적 관점에서 거리를 두고 동물을 사유하고자 했음을 알았으며, 하이데거에게 동물적 생명은 근본적으로 다른 존재 방식, 존재적인 게 아니라 동물성의 바로 그 본질에 관련된 타자성으로 접근되고 있음을 『동물 그러므로 나인

---

33 Matthew Chrulew, "Animals in Biopolitical Theory: Between Agamben and Negri", *New Formations*, vol. 76, Lawrence and Wishart, 2012.
34 김동규, 「후기 하이데거 철학의 동물론」, 195쪽. 김동규가 지적한 이 부분은 데리다가 하이데거의 '사이' 개념에 관해 언급한 부분(자크 데리다, 『정신에 대해서』, 박찬국 옮김, 동문선, 2005, 92쪽)으로, "그 테제[동물성에 대한 테제]는 하이데거가 분명히 강조하고 있는 것처럼(돌과 인간 사이의 동물) 그것의 중간적인 성격에 있어서 변증법적이라고는 말하지 못해도 강하게 목적론적이고 전통적인 것으로 남는다"에 대한 비판이다.

동물』에서 언급하고 있다. 그럼에도 불구하고 데리다와 하이데거의 동물에 대한 입장의 차이는 하이데거가 공고히 하는 인간중심주의적 경계에 관한 것이다. 동물 삶과의 차이를 통해 인간 존재를 이해하려는 시도로서는 인간 존재의 특정 본성을 놓칠 수 있을 뿐만 아니라 동물의 삶 역시 제대로 이해할 수 없다는 하이데거의 관점은 결국 인간의 동물과의 차이를 통해 인간의 위상을 올리고자 했던 노력으로 결론지어진다.

그러나 후기 하이데거는 "동물성을 해방하기, 동물과 우리, 동물의 관계와 우리 자신의 동물성을 다시 사유하는 일"[35]에 천착한다. 후기 하이데거에서 역시 동물성은 또 다른 중요한 주제로 나타나는데, 그는 릴케와 니체를 언급하면서 동물성을 재론하고 있다. 특히 트라클의 시를 분석하면서 하이데거는 '푸른 야수'를 동물이자 인간으로 의미화한다. 전기 하이데거의 동물론과는 달리 후기 하이데거는 인간 내부의 동물성을 주제화하며, 이는 동물과 인간의 단순한 구분을 넘어 동물성과 인간성 사이의 확정되지 않은 상태를 묘사한다. 하이데거는 후기에 이르러서야 동물을 인간이 쓴 시를 통해 비로소 말하는, 시를 통해 비로소 인간이 들을 수 있는 존재로 인식하며 동물은 '대지 위에서 거주하는 법'을 인간에게 들려주는 목소리를 가진 존재로 이해한다. 데리다와 아감벤의 논의에서 드러나는 바는 하이데거가 인간중심주의로 생략하고자 했던 모든 동물적 세계의 독특한 일

---

35 후기 하이데거의 동물론에 대해서는 김동규, 「후기 하이데거 철학의 동물론」, 197~200쪽; Andrew J. Mitchell, "Heidegger's Later Thinking of Animality: The End of World Poverty", *Gatherings: The Heidegger Circle Annual*, vol. 1, 2011 참조.

면이 가장 중요한 부분에 있어 인간과 유사성을 가진 것으로 혹은 그 이상으로 밝혀진다는 점이다. 그것은 달리 말해 동물만의 독특한 인식의 세계와 인간이 동물에게 박탈한 세계에 대한 가능성의 시사이자 인간이 예측할 수 없는 동물 타자의 세계에 대한 확장이다.

4. 라캉의 타자로서의 조건과
   동물 타자의 배제

『짐승과 통치자』 1, 2권과 『동물 그러므로 나인 동물』에서 데리다는 라캉이 모든 규범성이나 윤리적 주체의 영역으로부터 동물성을 배제함으로써 동물의 타자성에 대한 여지를 남겨 두지 않은 점을 비판한다. 현존재의 자리를 인간만의 것으로 한정한 하이데거와 마찬가지로, 라캉 역시 무의식과의 관계에서 (인간의) 언어가 중요한 위치를 차지하기 때문이다. 그는 라캉의 사유가 구조주의의 영향을 받아 동물을 인류의 지배로 종속시키는 윤리적 구분을 만드는 것으로 설명한다. 『그라마톨로지』에서 이미 데리다는 형이상학이 인간과 다른 비인간 존재를 형이상학적으로 구분하는 이성중심주의(로고스중심주의)의 흔적임을 확신하며, 후기작에서 상징적인 것이 우리와 세계를 분할하는 방식에는 이미 인간을 주체로 위치시키는 육식성남근이성중심주의(carnophallogocentrism)가 자리하고 있다고 분석한다. 데리다의 라캉과의 후기 논쟁은 법에 대한 육식주의적 이성중심주의의 본성을 변형하고 넘어서려는 시도이다.

데리다에 의하면, 라캉은 세 가지 점에서 인간과 동물의 차이를 드러내고자 한다. 첫째, 정치적 의미에서 언어에 의해 주체의 역할을 강조하고 언어가 없는 동물을 주체·타자로부터 배제한다. 둘째, 속이기에 대한 논의(feint of feint)에서 이중의 거짓말을 할 수 있는 인간과 그렇게 할 수 없는 동물을 구분한다. 셋째, 행동에 따른 반응(reaction)과 언어에 의한 응답(response)을 구분함으로써 동물/인간, 양자를 구분하고 이에 따라 동물과 인간의 위계질서를 정렬한다. 이 세가지 방식들은 결과적으로 동물이 무의식의 세계에서 중요한 대타자에 대한 어떤 관계도 갖지 않으며, 그로 인해 어떤 종류의 타자성이나 자연적·규범적 체계도 갖지 않는다고 주장하는 것이다.[36]

데리다는 라캉을 윤리·정치적 관점에서 비판하는데, 라캉의 이러한 인간/동물의 구분은 동물을 지각 있는 존재에서 배제함으로써 모든 종류의 착취를 허락하는 문화적·정치적 이데올로기라고 본다. 이는 데리다의 일련의 게슐레히트(Geschlecht, 性, 種) 논의에서 잘 드러난다.[37] 그는 인간의 언어와 성적 차이에 대한 정치적·형이상학적 차별을 게슐레히트라는 단어로 논점화한다. 게슐레히트는 주류의 형이상학을 지배하는 씨족(clan), 종족(tribe), 인종(race), 세대

---

36 Zeynep Direk, "Animality in Lacan and Derrida: The Deconstruction of the Other", *Sophia*, vol. 57, 2018, pp. 21~23.

37 자크 데리다의 게슐레히트 시리즈는 다음과 같다. Jacques Derrida, "Geschlecht: Sexual Difference, Ontological Difference", *Research in Phenomenology*, vol. 13, no. 1, 1983, pp. 65~83; "Geschlecht 2: Heidegger's Hand", trans. John P. Leavey, *Deconstruction and Philosophy: The Texts of Jacques Derrida*, ed. John Sallis, University of Chicago Press, 1987, pp. 161~196; *Geschlecht 3: Sex, Race, Nation, Humanity*, ed. Geoffrey Bennington, Katie Chenoweth and Rodrigo Therezo, University of Chicago Press, 2020; "Heidegger's Ear: Philopolemology(Geschlecht IV)", trans. John P. Leavey, *Reading Heidegger: Commemorations*, ed. John Sallis, Bloomington: Indiana University Press, 1993, pp. 163~218.

(generation), 젠더(genus), 혈통(lineage)의 차이 그리고 성(sex)적 차이 (혹은 차별적 지위를 가지는 그 이상의 것들)에 대한 정치적 차별과 편향성을 지칭한다. 이는 데리다에게 인간/동물, 남성/여성, 말(파롤)/문자기록(에크리튀르) 사이의 형이상학적 구분과 그로 인한 차별을 의미하는 일련의 정치성에 대한 문제를 시사하며, 그는 이에 대해 강한 비판을 이어 나갔다. 게슐레히트에 대한 문제를 통해 특히 인간/동물 사이 차이에 대한 위상과 관점, 고정관념의 문제를 논의하는데, 특히 동물성·동물 타자를 논함으로써 데리다는 타자가 인간 타자에만 한정된다는 철학적 규정을 해체한다. 달리 말해 데리다의 동물 타자론은 인간에 한정한 전통적 주체와 타자에 대한 해체이다.

데리다는 라캉의 형이상학을 해체함으로써 절대 주인(the absolute master)의 자리가 부과되는 '타자'에 대한 공리계 자체를 해체한다. 이 인간에 한정한 절대 주인의 이론은 인간이 동물 고통을 무시하도록 만듦으로써 동물 착취에 근거한 전체 서양 문화에 눈을 감도록 명령하고 허락한다. 달리 말해, 데리다가 논하는 해체적 정치는 말·(인간) 언어로 교환되는 상징적 질서와의 투쟁으로 볼 수 있다.

데리다는 이를 육식성남근이성중심주의라는 용어로 명명하는데, 이 용어는 이성중심주의, 남근이성중심주의(phallogocentrism) 그리고 육식주의 문화(carnivorous culture)를 혼합해 제시한 단어로[38] 말의 교환을 기반으로 하는 상징질서와 연관되어 있음을 시사한다. 1968년 「플라톤의 약국」에서 그는 서구 유럽 문화의 지배적 권위가 가지는

---

38 David Baumeister, "Derrida on Carnophallogocentrism and the Primal Parricide", *Derrida Today*, vol. 10, 2017, pp. 51~52.

성향과 근거를 비판하며 그것을 남근이성중심주의라는 용어로 강조했다. 이 용어는 서구 유럽의 지배적 문화가 가부장적 남성중심주의(남근중심주의)와 육식주의 문화에 기반하며, 무엇보다 그것이 동물 타자에 대한 착취에 근거함을 드러낸다. 달리 말해 서구 문화 전체의 역사는 동물에 대한 지적·문화적·정치적 착취의 작동에 근거해 제도화되고 형성되어 왔다는 것이다. 그는 의도적으로 남근중심주의와 이성중심주의라는 두 용어를 남근이성중심주의로 병합할 뿐만 아니라 1990년 에세이 「법의 힘: 권한에 대한 신비주의적 근거」에서 육식성남근이성중심주의라는 신조어를 만듦으로써 동물 타자의 희생구조, 폭력적 착취와 결합해 온 인간 주체의 육식주의 문화 그리고 인간중심주의적 정치 권력사를 명확히 한다.

데리다는 초기 논의에서는 라캉에 동의했던 데 반해 동물성·동물 타자에 대한 후기 논의에서는 라캉의 의견을 비판하는 입장으로 선회한다. 여기에는 동물의 타자성을 인정하지 않은 라캉의 인간중심주의적 태도가 결정적 요인으로 작용한다. 그가 보기에 라캉 역시 동물 착취에 기반한 전통 철학의 데카르트적 계보를 따르고 있으며, 이는 라캉 이론의 가장 큰 결함이다. 데리다는 이 지점에서 자신의 동물 타자론과 라캉의 타자 논의가 가장 변별적으로 차이를 지닌다고 본다. 『짐승과 통치자』 1권에서 그는 라캉과 파울 첼란을 두 가지 점에서 논한다. 첫 번째, 언어와 행동으로 하는 속이기 위한 거짓말(이중의 거짓말)과 두 번째, 거짓과는 다른 비밀(첼란이 '만남의 비밀'이라 부르는 것)에 관한 것이다. 그는 거짓말에 관한 라캉의 입장이 인간 주체를 의도적으로 주권자로 형성한다고 보며, 첼란의 비밀과 시에서 인간 주체의 타자에 대한 통치권/주권의 제한과 시와 동물 양자에는 비밀이 존재한다는 점을 분석했다.[39] 데리다는 거짓말과 비밀을 구별하는데, 더 정확하게 말하면, 거짓말은 항상 의도적인 행동으로 은폐할 수 있는 능력이나 권력을 가진 주권자가 행하는 것이며 비밀은 그러한 주권을 초과하는 것이다.

형이상학의 오래된 주제인 진리에 대한 논의에서 역시 라캉과 데리다는 차이를 드러낸다. 라캉은 주체성이 기표가 자리하는 장소에 따라 분할되는 것으로 보는 반면에, 데리다는 진리에 대한 논의를 상호작용들에 대한 역사로 설명한다. 이 역시 결과적으로 동물을 인간에 종속시키고 인간이 동물을 지배하기 위한 날카로운 윤리적 구분을 구조화한다. 초기 데리다는 라캉의 주체성 이론에 동의하지만 동시에 동물성은 주체성으로부터 배제될 수 없다고 확신했다.[40] 데리다의 동물성에 대한 저작과 그가 논한 라캉의 정신분석에 대한 논쟁은 이처럼 동물윤리학의 측면에서 인간과 동물 사이 형이상학적 구분을 거절한다. 이런 인간과 동물 사이 구분에 대한 해체는 결과적으로 인간과 동물 사이의 연속체 혹은 연속성을 주장하는 것이 아니라, 차이들의 다양성을 이끌어야 한다는 논의이다.[41] 이 차이들의 다양성이 이끄는 결과는 모든 동물이 독특한 타자며, 각각의 동물과의 만남은 윤리적 관계로 간주되어야만 한다는 점이다. 나아가 동물과의 만남은 개인의 초월적 타자인 제삼자에 의해 매개된 타자의 대면 관계

---

39 Charles Barbour, "The Secret, the Sovereign, and the Lie: Reading Derrida's Last Seminar", *Societies*, vol. 3, 2013, pp. 123~125.

40 Direk, "Animality in Lacan and Derrida", pp. 21~37.

41 Patrick Llored, "La bête, Dieu sans l'être: La déconstruction derridienne peut-elle fonder une communauté politique et morale entre vivants humains et non humains?", *PhaenEx: Journal of Exisential and Phenomenological Theory and Culture*, vol. 8, no. 2, 2013, p. 276, 280.

여야 한다.

1. 라캉의 동물과 데리다의 동물

1936년 이래로 「나(I)의 기능의 형성 요소로서 거울 단계」와 다른 텍스트들에서 라캉은 인간과 동물 사이 상상적 동일시에서 유사성을 강조한다. 이는 동물 본능적 기능을 토대로 하는 육체의 반영 방식에 따른 것으로, 그의 초기 작업에서 라캉은 특히 인간을 만들어 낸 욕망의 구조를 분절했다. 그러나 동물 욕구에 대해 더욱 많은 연구를 하는 후기 작업에 이르러서는 자신의 초기 포지션을 의문시했다.

데리다는 상징의 의미에서 인간과 동물 사이 경계를 결정하려는 라캉의 시도가 동물에 대한 데카르트적 관점에 기대고 있는 점을 문제시한다. 라캉이 말하는 본능과 욕구의 차이, 쾌락(pleasure)과 유희(enjoyment)의 차이, 요구(need)와 욕망(desire)의 차이 그리고 박탈(privation)과 결핍(lack)의 차이는 인간과 동물 사이의 안정적 차이들로 구성될 수 없다. 데리다의 프로젝트는 라캉의 정신분석 내 인간과 동물 사이 절대적 구분을 이동시킨다.[42] 만약 동물 삶/생명이 흔적으로 가득한 자기 촉발의 장으로 취급된다면, 라캉의 동물에게는 제한되지만, 인간에게는 가능한 상징계 질서는 인간과 동물 사이 구분이 가능하지 않도록 만든다.

데리다는 내(I)가 윤리적 관계 속에서 만나는 타자가 오직 인간의

---

42 Leonard Lawlor, "Animals Have No Hand", *The New Centennial Review*, vol. 7, no. 2, Fall 2007, p. 57.

얼굴만을 갖는다는 것을 거절한다. 그러나 레비나스 윤리학 내에서는 얼굴을 가짐이 윤리적 고려의 절대적 가치로 존재를 특성화하는데, 얼굴은 말을 가능하게 해주기 때문이다. 라캉 역시 대타자 안 독특성에서 동물을 배제하는데, 라캉의 정신분석은 억압된 것의 귀환에서 인간 기표의 조직에만 초점을 맞추기 때문이다. 이 양자는 이로써 인간중심주의를 극복할 수 없는 것으로 남는다. 만약 대타자에서 동물 주체의 자리를 만들지 않는다면, 상징계의 윤리-정치적 규범으로부터 고전적인, 불공정한 동물 배제를 재생산하는 것이다. 동물들은 나를 응시하며 나는 내가 그들의 현존 속에서 존재하는 방식으로 나의 존재함을 경험한다. 예를 들면, 『동물 그러므로 나인 동물』에서 데리다는 고양이의 시선 앞에서 벌거벗은 채 목격되는 경험을 서술한 바 있다(AT, 5~6). 데리다에 따르면 주체성은 모든 동물들에 기인될 수 있는데, 왜냐하면 주체성이란 의식과 욕망으로 이해되는 삶/생명의 문제가 아니기 때문이다. 주체성은 차연의 운동에 의해 가능해지는 자기 촉발로서의 삶/생명이다.

앞서 설명했듯이 처음 차연이 텍스트의 독해 문제에 한정되었다면, 데리다의 중기와 후기 이 차연의 의미는 정치적이며 사회적인 주체와 연관된 수용자, 타자의 문제들로 설명된다. 그의 후기인 1990년대에 이 행위 주체와 타자들은 비인간 타자들, 비인간 주체들의 범주까지 구체적으로 확산한다. 예를 들면 데리다는 DNA코드도 문자기록으로 이해했다.[43] 문자기록(에크리튀르)이란 생명/삶의 진행과 유

---

43 자크 데리다·베르나르 스티글러, 『에코그라피』, 김재희·진태원 옮김, 민음사, 2014 참조.

지에서 필수적인 것으로 생명의 의미에서도 해석된다. 문자기록이 삶/생명 안에서 행해지고 축적되면서 주체성 역시 의식과 욕망의 문제만으로 이해되지 않는다. 달리 말해 주체성·타자성은 각각의 삶/생명에 기입된 문자기록이 타자와의 관계를 형성하는 차연의 운동을 통해 가능해진다. 이는 생명이나 삶을 의식이나 욕망으로 설명하는 전통 철학이나 라캉의 관점이 인간중심주의적 관점에 해당한다는 것을 의미한다. 데리다는 차연을 살아 있는 존재들의 흔적의 반복, 죽음과 부재를 의미하는 흔적으로 확장할 수 있다고 믿었다. 나아가 차연에 대한 이러한 해석은 현재, 삶, 인간으로 구성된 윤리학이 가진 한계를 극복하는 사유의 기반이 된다. 이런 이유로 데리다는 라캉의 욕망론을 거부한다.[44] 이 사유는 동물들 사이 차이를 차단하고 인간/동물 분리를 종적 차이로 분절하는 라캉 이론에 대한 반대로 나타난다. 달리 말해 데리다는 수없이 많은 생명의 존재론적 차이들을, 그 독특성들을 제한된 숫자로 한정하는 모든 형이상학적 환원에 반대한다. 그는 형이상학과 신학–정치론이 억압의 윤리학을 이끌며, 내부적으로 해체적 저항을 소환한다고 확신한다. 인간과 동물, 자연과 인간의 정치 조직 간 형이상학적 구분들은 자연을 인간의 지배로 여는 과정의 상징적 법에 불과하다.

---

44 Direk, "Animality in Lacan and Derrida", p. 36.

2. 흔적을 지우는 능력으로 만들어지는 주체의 권능

「심리학에 대한 어떤 가능한 처치에 대한 예비 질문에 대해」에서 라캉은 기본적으로 동물이 타자를 결핍하고 있다는 개념 안에서 동물의 상상적 포획에 대한 담론을 병리학, 악, 결핍(lack), 혹은 결손(defect)에 대한 담론과 더불어 서술한다. 라캉의 논의에서 동물은 자주 악, 결핍, 결손 같은 것들과 연결되고 여전히 불충분하게 아직 결정되지 않은 동물의 병의 정도와 신경적 결함의 정도로서만 타자와의 관계에 진입한다. 형이상학의 고착된 관점과 마찬가지로 라캉이 만약 동물의 심리작용과 인간의 심리작용 사이, 인간과 동물 질서들 사이 연속성을 설정한다면 그것은 오직 악마의, 실수의 결함에 한정한다. 정신분석학에서 라캉은 최소한 동물과 인간이라는 두 심리학 사이 불연속성이 있음을 주장하는 그의 견해를 접지 않는다. 데리다는 이것이 의미하는 바를 동물과 인간의 원론적 불연속성으로, 절대적이며 나눌 수 없는 불연속성으로 본다. 라캉은 이를 확정하고 심화시키며, 그것은 정신분석학 그 자체와는 더 이상 관계가 없고 또 다른 질서의 외양과 관계한다.

이 인간/동물 사이의 자취(tracks)와 흔적(traces)을 만들고 지우는 것 사이의 대립구조는 라캉에게는 가장 결정적인 문제로 남는다. 데리다에 따르면 동물은 자취나 흔적을 남기거나 새길 수 있지만, 라캉에게 동물은 "자취들을 지우는 것이 아닌데, 자취를 지우는 것은 이미 기표의 주체가 된다는 것을 의미"하기 때문이다(AT, 120). 흔적을 지우는 것은 기표의 주체 그 자체를 만드는 것에 상당하는 것으로 동물은 그 흔적을 덮어서 지우는 것이 아니다. 라캉은 동물이 일반적으로 흔적을 덮어 지우지 않는다는 동물행동학적 지식을 참조하며, 그 것과 차이가 나는 다른 일반 증거는 제외할 뿐만 아니라 자신의 전제로 채택하지도 않는다.

라캉과는 달리 데리다에게 흔적의 구조는 모든 종류의 동물적 수 행들에 해당하며, 흔적이라는 것은 구조상 흔적을 남기는 것과 지우는 것(항상 현존-부재)이 함께 가는 것으로, 관례적인 동물적 수행들이 바로 거기에 해당한다고 전제한다. 예를 들면, 인간(인간 동물)의 장례와 애도는 흔적의 경험과 그것의 삭제에 연관한다. 그리고 이는 동물에게도 마찬가지다. 나아가 속이기(pretense)는 인지 불가능하거나 읽을 수 없는 또 다른 가능한 허위의 흔적을 그려 내는 것에 해당한다. 라캉은 동물에게 새기기(inscribe)의 종류인 동물의 마킹(mark-ing, 흔적 남기기)을 허용했다. 동물의 이 흔적 남기기로서의 마킹은 판별할 수 있는 차이로, 하나의 흔적을 또 다른 흔적으로 대치하는 것 이상이다. 거기에는 새기기와 새기기만큼 많은 지우기의 개념이 내포된다. 즉 라캉이 허용하지 않은 흔적에 대한 동물의 무능력은 이런 점에서 모순을 보인다. 새기기는 할 수 있는 동물이, 흔적에 대해서는 무능하다는 점은 라캉에게 어떻게 동물의 흔적 지우기가 허용되지 않는지에 대해 질문하게 한다. 데리다에 따르면, 라캉이 말하는 속이기 위해 속이는(feingned feint, pretense of pretense, 이중의 거짓말 혹은 위장, 척하는 척) 경우 그 이중의 거짓말 사이의 경계를 정하는 것은 인간에게조차도 불가능하거나 어려운 일이다. 왜냐하면, 그것은 흔적의 새기기와 지우기 사이에 하나의 선을 위치시키는 것과 같기 때문이다(AT, 135). 동물들이 흔적을 다른 흔적으로 대치함으로써 흔적을 지우는 것과 마찬가지로 인간 역시 거짓말을 통해 자신의 흔적을 삭제한다고 생각하지만, 동물처럼 인간에게도 흔적을 지우거나 완전히 삭제하는 것은 불가능하다.

데리다는 이처럼 동물에게는 허용되지 않고 인간에게만 허용된 많은 실례를 검토한다. 그리고 과연 인간이 그것들을 동물에게 허용하지 않을 권리가 있는지 묻는다. 그러한 경우로는 말, 말의 권리, 이성, 죽음의 경험, 애도, 문화, 제도, 기술, 의복, 거짓말, 거짓말의 거짓말, 흔적을 덮어 지우기, 선물, 웃음, 울음, 존경 등이 해당하며 이 목록에는 경계가 없다. 이 모든 것들은 인간은 그 안에서 살고 사용하며, 동물에게는 허용되지 않은 강력한 철학적 전통이다. 이는 힘의 권리로서 동물이 그것을 가지느냐 마느냐의 문제가 아니다. 인간에게만 기여된 이 권리를 가진다는 것 자체가 무엇을 의미하는지 묻는 것은 동시에 순수하며 엄격한, 분리불가한 개념을 인간이 설정할 수 있는지, 그런 권한이 있는지를 또한 물어보는 것을 의미한다.

기표의 주체인 인간에게, 이런 것들을 인정하도록 할 권리의 힘을 줌으로써 우리는 동물이 흔적을 남기거나 그 남긴 흔적을 덮을 능력이 없다는 것을 전제해야만 한다. 특히 정신분석학적 관점에서 심오하게 인간중심주의적인 이런 논리는 데리다에게는 모순적으로 보인다. 왜냐하면 인간조차도 정신분석적 관점에서 자신의 흔적을 삭제하거나 덮을 능력이 없어 보이기 때문이다. 그는 라캉과는 달리 기표가 소실되거나 사라지지 않고 반드시 실재나 또 다른 형태로 귀환한다는 견해에 반대한다. 예를 들면, 에드거 앨런 포의 '도둑맞은 편지'에 대한 논쟁에서 라캉은 잃어버린 기표는 반드시 실재로 귀환한다고 말한다. 하지만 데리다는 기표는 소실될 수도 있고 따라서 주체에게 반드시 그것이 돌아온다거나 기표의 행방을 찾을 수 있다고도 생각하지 않는다. 인간조차도 자신의 의견이 산발해 있는 현상의 공간에서 자신의 흔적을 모조리 찾거나 그 흔적들을 완전히 지우는 것은 불가능하다. 누가 과연 그런 태도/행위의 결과나 효과를 판단하고 입증할 수 있을 것인가(AT, 135)?

모든 지워진 흔적이, 이를테면 개인적·사회적·역사적·정치적 증상이 항상 분명히 돌아올 수 있을 거라는, 역으로 그 흔적을 지울 수 있을 거라는 생각은 그 지움의 흔적을 남길 수 있다는 것을 상기함으로써 다시 전환해 생각해 봐야 하지 않을까? 특히 정신분석자들에게 모든 지워진 흔적이 어쨌든 또 다른 흔적으로 남을 수 있다는 것을 상기시킬 필요가 있지 않은가(AT, 136)?

인간이 흔적을 삭제하고 지울 수 있는 능력이 있다는 모든 참조들은 인간이 의식의 언어를 말한다는 것을 소환하는데, 심지어 자아에서조차 상상적으로 우리는 자신과 의식을 일치시키고 투명한 것으로 간주해 왔다. 데카르트적 주체란 바로 이런 가상의 전제를 통해 만들어진다. 우리의 주체가 존재하는 문제, 이런 의문 앞에서 우리는 이 모든 가상의 결과들이 과연 합당한 것인지 묻지 않을 수 없다. 데리다는 흔적은 지워질 수 없다는 것을 말하는 것이 아니라, 오히려 흔적이란 항상 자연히 스스로 지워지고 항상 지워질 수 있는 것으로만 드러난다는 점을 강조한다. 흔적이란 그 안에 이미 부재와 현존을 가지고 있는 것으로, 새겨질 수 있다는 것은 없어질 수 있다는 것을 이미 가지고 있는 것이기 때문이다(AT, 136). 따라서 흔적이란 본래 항상 지워질 수 있는 것이자 지워질 수 있음으로 존재하며, 그것은 의도에 의해서 완전히 삭제된다기보다는 우연을 따른다. 어떤 새김의 압력이 주어지자마자 그 첫 순간부터 흔적은 지워질 수 있거나 그 자체로 자연스럽게 스스로 지워지는 본성을 가지며, 이는 신, 인간, 동물이 어떤 이는 그것의 주체가 될 수 있고, 어떤 이는 아니라는 전제를 이미 넘어서는 어떤 것이다. 신, 인간, 혹은 동물 사이에서 인간만이 그 주체가 되고, 될 수 있고, 지울 능력을 소유한다는 것을 의미하는 것은 아니다. 반대로, 이런 의미에서 인간이 자신이 남긴 흔적의 자취, 트랙들을 덮을 능력을 가지지 않는다는 것은 이른바 동물이 자신이 남긴 트랙들을 덮을 능력을 가지지 않는다는 것과 다름없다. 살아 있는 모든 생명은 흔적을 남기며, 그 흔적은 그 자체로 거기에 있다. 결론적으로 다른 모든 것처럼 흔적들은 스스로 지워지지만, 흔적의 구조는 그것을 지우는 누군가의 힘 안에서 존재할 수도 없는 그런 것이다. 특히 그 지움을 라캉처럼 '판단'할 수는 없는 것이다.

흔적들을 지우고 그 지움을 판단하는 차이는 미묘하고 유약한 것으로 드러나지만, 그 미묘한 유약함은 상징계와 상상계 사이에서 시작하는 역추적(de-pister)의 과정에서 존재하는 모든 견고한 대립들에 영향을 미친다. 이는 전적으로 인간중심주의의 재제도화를 보증하는 것에 동의하는 것이다. 데리다는 라캉의 말을 빌려 이 인간중심주의가 상처를 받은 세 가지 실례들을 다음과 같이 제시한다. 인본주의의 첫 번째 외상은 코페르니쿠스의 발견(지구가 태양을 돈다)이고 두 번째 외상은 다윈주의(인간은 동물로부터 발생·발전됐다)이며 세 번째 외상은 무의식의 시야 아래 의식의 비중심화라는 프로이트주의이다. 라캉은 바로 이 프로이트를 변형함으로써 인간중심의 재제도화를 행하고 있다(AT, 136).

3. 나(I)와 결핍, 근원적 결함의 승계

데카르트 계열의 코기토는 의식할 수 있는 것만으로 구성된 자아이기 때문에, 달리 말해 분명하지 않은 것은 모두 떼어 냈기 때문에, 인식에는 본질적으로 실패하지 않는다. 데리다는 데카르트 코기토의 이정표가 동물과 인간 구분, 즉 동물의 비허위의식과 인간의 허위의식(흔적을 지울 수 있다고 주장하고 믿는) 사이의 차이에 대한 단락을 따른다고 말한다. 데카르트의 계보가 주장하는 바는 인간과는 달리 동물은 어떤 것을 '결핍'한다는 것으로, 이 '결핍'으로 인해 동물은 자아를 획득할 수 없다는 확언이다. 그러나 데카르트적 형이상학 계보의 이 동물 '결핍'에 대한 확언은 사실 인간에게도 해당한다. 데카르트의 코기토 증명 방법이 따르는, 내가 확신할 수 없는 모든 것을 떼어 내고 내가 확신할 수 있는 것만으로 구성된 I 그 자체는 결핍의 조망에 해당한다(AT, 137). 마찬가지로 라캉의 에고는 존재의 유희이자 위엄의 기능이며, 구성된 경쟁의식의 기능이다. 초월적 에고 그 자체는 상대화되며, 에고의 식별이 뿌리내리는 의식 속에 존재한다. 그러나 한편으로, 에고 코기토는 중심적 주체로서의 그의 위치로부터 벗어난다. 에고 코기토는 모든 것을 조절할 수 있는 지배의 중심적 힘을 잃음으로써 기표의 주체가 된다. 라캉의 주체는 데카르트의 투명성을 잃음으로써 에고의 주체되기로 이행해 간다는 것을 보여 주며, 기표, 언술, 진리의 방식에 의해 자신을 스스로와 동일시하는 의식이 아니라는 것을 알게 됨으로써 비로소 주체가 된다. 이는 데카르트 코기토와의 뚜렷한 단절이다(AT, 137).

인간 주체의 인간성은 기표, 언어, 위장의 법칙인 무의식의 일면

위에 존재한다. 이렇게 볼 때, 나(I)를 결정하는 데카르트적 코기토는 기표의 불투명도를 희생시키면서 행동하는 나(I)의 투명성을 기만적으로 강조한 것에 지나지 않는다. 데카르트적 나(I)의 투명성의 강조는 이처럼 소위 거짓된 것이다. 이는 자신에게 속임수·거짓말을 믿게 함으로써, 자신의 투명성을 "믿게 하는 것"의 속임수를 의미한다. 이로부터 코기토 자체의 핵심에 있는 거짓, 속임수 및 기만적 투명성은 데카르트에게 중심적이며 이것에 기인한 코기토에 대한 라캉의 논리 전개 역시 기만적인 것으로 볼 수 있다.

결함·결핍에 대한 논리는 전통적이며 본래적인 근원적 결함(original fault)의 역사, 원죄의 역사로서, 오이디푸스 신화를 승계하는 프로이트의 "거세 콤플렉스"에 이르기까지 형이상학의 전체 관점에서 그것들을 형성하는 기원의 기원으로 작동하는 전통적 논리이다. 데리다는 이 근원적 결함, 근원적 결핍을 동물 타자, 동물성에서뿐만 아니라 인간 의식 내부와 인간의 원역사에서도 발견한다. 그는 이 결핍과 결함을 형이상학적 궤적의 모든 단계들·장면들에서 발견한다. suivre(쫓아가다)와 suis(etre, ~이다)라는 동음이의어를 사용함으로써 『동물 그러므로 나인 동물』과 『동물, 내가 쫓아가는(추적하는) 동물』이라는 두 가지의 결정 불가능한 제목을 지닌 『동물 그러므로 나인 동물』은 창세기 뱀과 나(I)에 대한 의문 그리고 "나는 무엇을 쫓아가는가?" 혹은 "나는 누구인가(누구를 따르고 있는가)?"(etre와 suivre의 뜻 모두)에 해당하는 의문으로부터 발레리의 「뱀의 시초」라는 시와 연결된다. 그 시에서 뱀은 "비-존재의 순수 안에서 우주는 하나의 결함이다"라고 외친다. 이는 이후의 장에서 좀 더 상세히 설명하고자 한다.

5. 지젝의 데리다적 동물 타자[45]

지젝은 데카르트의 코기토는 몸과 다른 분리된 요소가 아니라고 지적한다. 데카르트는 사유와 사유하는 것을 분리하는 그의 잘못된 사고 때문에 결과적으로 코기토를 오해했다. 지젝이 이해한 바에 따르면 나는 오직 I인, 동물일 뿐이다. 나를 '인간'으로 만드는 것은 인간과 동물을 차이화해 구분한 그 형식, 그 형식적 선언이다. 지젝은 다음과 같이 데리다의 주장을 요약한다. 우리에게 진정으로 권위를 부여하는 것은 이 형식적 선언으로 그 구분은 오직 인간만이 말을 하는 반면에 동물은 단순히 기호를 흉내 내며, 인간은 대답하는 반면에 동물은 단순히 반응하고, 혹은 인간은 이른바 as such를 경험하는 반면에 동물은 단지 그들의 생활세계에 사로잡혀 있다는 구분이다. 또한 오직 인간만이 이중의 거짓말을 할 수 있는 반면 동물들은 단순히 속이기만 한다고 구분한다(AI, 408). 오직 인간만이 죽으며, 죽음을 경험하지만, 동물은 그냥 소멸할 뿐이다. 어떤 확실한 데이터나 논쟁을 제공하지 않은 채 데카르트 계보의 철학자들은 순진하게 이런 구분을 따라 왔다. 여기에는 데카르트, 레비나스, 라캉, 하이데거 등이 속한다. 데리다가 강조하듯이, 이 다시 사유하기와 다시 질문하기의 요점은 인간과 동물 사이의 차이나 간격을 취소하는 것이라기보다는 동물들이 영혼의 존재가 되도록 기여하는 것이다. 이런 방법은 에고 신비주의자들의 주장처럼, 동물뿐만 아니라 심지어 식물조차도 그

---

45 Slavoj Zizek, "The Animal that I am", *Less than Nothing: Hegel and the Shadow of Dialectical Materialism*, London: Verso Books, 2013. 이후 "The Animal that I am"은 본문과 각주에서 AI로 표기.

들 자신만의 언어로 소통한다는 사유의 방식을 따른다. 그리고 요점은 이런 모든 인간과 동물 사이의 차이가 재사유되어 다양화되고 그 경계가 구분할 수 없이 두껍고 깊어져야 한다는 것이다.

지젝이 논의하는 바에 따르면 유럽 중심적 인류학은 다른 종족의 타자들을 원시적이며 비이성적인 형상으로 왜곡한다. 이는 재폭력적 단순화, 즉 환원과 삭제의 과정을 통해서 이루어진다(AI, 409). 지젝은 데리다가 자신의 동물론에서 이런 환원과 삭제를 반복하는 오류를 범한다고 본다. 이로 인해 철학사의 전체 과거는 남근이성중심주의나 현존의 형이상학으로 총체화된다는 것이다. 지젝은 데리다가 사건을 단순화하고 총체화한다고 비난하지만, 그는 전반적으로 데리다의 논의를 충실히 따른다.

데리다가 고양이를 통해 자신을 반영하고 사유했듯이 지젝은 이 시선을 인간이 동물을 바라보는 것으로부터 동물이 인간을 바라보는 시선으로 전환하기를 제안한다. 그리고 동물의 응시에 반영된 인간의 모습으로부터 사유를 시작하기를 촉구한다. 여기서 핵심은 동물을 말 없음으로, 인간을 이성적이고 말하는 존재로 결정하는 것이 옳다는 주장은 '허위'이며 이러한 구분만으로는 존재의 실체를 밝히는 방법으로 충분치 않다는 것이다. 이 허위는 존재되기와 존재하기(becoming and being)로 다시 사유되어야 한다. 인간에게만 권한과 책임, 능력이 부여된 인간/동물과의 표준적 대립항은 허위이자 픽션이다. 이 픽션이 인간 수행들을 조직하는 인간 자신의 실체를 갖게 할지라도 이것은 동물적 우주 안에 인간의 파열을 초래한다. 다시 고양이의 시선으로 돌아가 데리다의 경험에서 고양이의 응시를 자각한 것은 타자의 응시와의 깊은 심연 사이의 조우이며 동물에게 보여지는 자신을 보는 것이다. 철학사 전체는 이 조우의 부인에 근거한다. 아도르노의 선언처럼 "철학은 동물의 응시에서 우리가 보는 것을 되찾기 위해 존재한다".[46]

지젝은 데리다가 자신의 고양이를 통해 타자로부터 시작하는 응시의 자각을 깨닫는 것처럼 또 다른 고양이의 응시를 소개한다(AI, 411). 이 고양이는 실험실의 실험 대상이 되어 원심분리기 안에서 돌려져 파편화되고 털이 찢겨진 채 분리기 밖 인간을 고통스럽게 응시하는 고양이이다. 이 고양이의 눈으로 바라보는 인간은 어떤 모습일까? 이 고양이의 얼굴에는 레비나스조차 부인하고 거절한 동물의 얼굴로부터 나오는 표정이나 느낌의 기능이 수행하는 바가 있다. 그러나 철학사 전체는 이를 부인해 왔다. 이 때문에 우리는 온갖 산업적 착취의 구도 속에서 동물을 실험하고 착취할 수 있었다. 예를 들면 알 낳는 기계가 된 작은 닭장 속 닭의 고통스러운 모습, 눈이 가려진 채 걸을 수도 없는 곳에서 지속적으로 도살되기 위해 빠르게 살이 찌워지는 돼지, 실험실의 고양이 혹은 다른 동물들. 동물이 착취되는 이런 현장들을 방문하면 결코 고기를 먹을 수 없다고 지젝은 말한다(AI, 411).

이 무지를 촉진하는 것은 데카르트의 동물 기계론이다. 동물이 고통의 소리를 내지르는 것을 들을 때 데카르트가 우리에게 경고하는 것은 동물에 대해 동정을 가지는 것에 반대하라는 것이다. 우리는 항시 이 소리가 진짜 내적 감정을 표현하는 것이 아니라는 것을 마음

---

46 Theodor Adorno and Max Horkheimer, *Towards a New Manifesto*, London: Verso Books, 2011, p. 71.

속에 지니고 있어야 한다. 왜냐하면 동물들은 기계일 뿐 영혼이 없기 때문이다. 데카르트에 의하면 이 비명들은 단지 근육, 뼈, 혈액의 복합적 메커니즘에 의해 기인한 소리일 뿐이다. 문제는 동물 기계론의 지침이 라 메트리의 인간 기계론[47]으로 개진되었다는 점이다. 고통 속의 인간도 동일한 비명을 만들며 결론적으로 고통은 '정말로 느껴지는' 영혼의 내적 영역과는 결코 분리될 수 없다. 달리 말해 인간과 동물은 내적 고통으로 비명을 지르는 것이며 이는 영혼의 내적 영역과 분리될 수 없다는 것이다. 지젝에 의하면 데리다는 셸링적·벤야민적·하이데거적 자연의 슬픔에 대한 모티브를 거절한다(AT, 19; AI, 412). 데리다가 생각하기에 그들의 사유는 자연을 말 없음과 무감각으로 제한함으로써 무한한 고통을 단순히 기호화하는 울림으로 만드는데, 이는 목적론적으로 로고스중심적인 존재론이다. 언어는 자연의 목적이며, 자연은 그 슬픔에서 벗어나 구원되기 위해 말을 향해 분투한다. 그러나 이 신비주의적 토포스는 그럼에도 불구하고 표준적 조망을 바꿈으로써 다시 올바른 질문을 일으킨다. "언어에서 본성/자연이란 무엇인가?" 그리고 "우리는 자연을 언어 안에서 혹은 언어를 통해 적절하게 이해할 수 있는가?" 같은 물음이 그것이

---

47 데리다는 『촉각, 장뤽 낭시』(Le toucher, Jean-Luc Nancy)에서 라 메트리의 이론을 다루고 있다. 라 메트리의 인간 기계론은 데카르트의 동물 기계론을 인간에게도 그대로 적용한 것이다. 즉 영혼 없는 자동기계인 동물처럼 인간의 영혼은 '공허한 언어'에 불과하며 인간의 모든 지식은 뇌의 기능에 의한 상상력의 산물이라는 것이다. 데카르트처럼 생리학으로 생명을 설명하려고 한 이 이론은 그러나 오히려 인간과 동물이 다르지 않다는 것을 결과적으로 주장한다. 다만 뇌조직의 우월에 의해 인간이 우수한 뇌수를 지닌 동물이라고 말한다. 따라서 극단적 생리학에 의한 두 이론은 완전히 다른 양상과 결과로 나타난다. 왜냐하면 라 메트리의 인간 기계론은 모든 생명에 존재론적으로 동일한 권리를 부여하고 있기 때문이다.

다. 데리다는 동물이 어떻게 슬픈지 묘사한다. 그것은 말 없음, 말의 결핍, 얼빠짐에서 연원하는 것이 아니다. 만약 자연이 비탄에 잠긴다면, 그것은 아마도 그 어휘들이 역전되어야 하기 때문이다. 벤야민은 자연의 본질 속에는 어떤 전도가 존재해야만 한다고 제안한다. 역전된 사유로 응시해 보면, 자연 안의 동물성은 슬프지 않다. 왜냐하면 자연은 본래 말이 없기 때문이다. 반대로 자연을 말 없음과 실어증으로 계측하고 간주하는 것, 그것이 거꾸로 자연의 슬픔이거나 애도이다. 지젝은 이처럼 데리다의 논의를 그대로 수용하며 동의한다. 살아 있는 생명을 언어로 고착시키는 것은 인간으로부터 이름 받는 존재에게 메멘토 모리(죽음을 기억하라)로 기능하도록, 즉 죽은 상태로 기억되도록 만드는 것이며, 인간은 언어 안에서는 살아 있는 실체를 이미 죽거나 상실된 상태로 취급하게 된다. 지젝은 데리다가 라캉의 모순이라 사유한 부분을 옮긴다. 즉 라캉은 어딘가에서 동물들은 말하지 않지만, 가축은 그럼에도 불구하고 언어의 범주 안에서 거주한다고 쓴 적 있다. 가축들은 그들의 이름을 불렀을 때 반응하며 명령에 복종하고 그들의 주인에게 달려간다(AI, 413).

다시 실험실의 고양이로 돌아와서, 고양이가 표현하는 바는 아마도 우리 자신인 인간들, 즉 고양이에게는 짐승인 인간들을 마주하고 있는 고양이의 공포라고 지젝은 말한다. 이 원심분리기 안에서 찢겨지고 있는 고양이가 응시하는 것은 바로 인간이라는 괴물성 안에 있는 우리 자신이다. 고양이의 고통스러운 응시 안에서 우리가 보는 것은 역으로 우리 자신의 괴물성이다. 지젝은 이런 의미에서 이미 불쌍한 고양이에게는 대타자, 즉 상징적 질서가 존재한다고 말한다(AI, 413). 카프카의『유형지에서』의 죄수와 같이 그 고양이는 상징적 정체 상태에 붙들린 존재의 물리적 결과로 고통스러워한다. 고양이의 상징적 연결망 안에 내포된 명명됨의 결과들로 고통스러워하는 것이다. 지젝은 여기에서 두 종류의 다른 자연의 슬픔을 말한다. 그것은 언어에 독립적이며 동시에 언어를 앞서는 자연의 삶·생명의 슬픔과 명명됨, 즉 이름을 받음이라는, 언어에 복종하게 된 슬픔이다. 전자는 자연 그 자체의 슬픔이며 후자는 인간의 법에 갇히게 되어서 벌어진 슬픔이다(AI, 413). 언어에 복종하게 된 자연의 슬픔에는 우선 말이 말해졌을 때 풀리는 고통이나 긴장인 '모든 살아 있는 것들의 무한한 우울'이 존재하며 또한 단어의 발음 그 자체가 자신의 슬픔을 산출한다. 지젝은 리처드 로티의 인간에 대한 정의를 언급한다. 로티는 고통을 겪으면서 그 고통을 서술할 수 있는 존재로 인간을 정의했다. 이처럼 언어와 고통 사이에는 밀접한 관계가 있지 않은가? 로티가 생각하지 못한 점은 언어 그 자체에 의해 산출되는 부가적인 고통이다(AI, 413).

지젝은 헤겔의 어떤 출구를 제시하는데 "자연은 자신의 외부에 중심을 가지기 때문에 끝없이 스스로 그 중심을 향해 분투하도록 선고"받는 반면에, "영혼은 그 중심이 자신 안에 존재하기 때문에 자신의 구체화이자 객관화인 실제로부터 자신에게로 끝없이 귀환"할 수밖에 없다(AI, 413). 그러나 영혼은 단지 인간 사유 안에서 활동하며, 인간 사유의 매개는 언어이다. 그리고 언어는 심지어 더욱 근본적인 객관화와 구체화를 내포한다. 셸링이 설정했듯이, 언어 안에서야 주체는 스스로 외부 그 자체와 계약을 맺는다. 인간의 영역에서 모든 말하는 자는 이름을 부여받아야만 하며 지명의 연쇄 속에 내포되어야만 한다는 중요한 필수성이 여기서 작동하고 있다. 그러나 종교에서 신의 이름은 비밀이다. 우리는 신을 발음하는 것을 금지당한다. 지명에 앞서는 어떤 주체도 없으며, 한번 이름을 받을 때 이미 그것은 기표 속에서 사라진다. 이름을 받은 주체는 결코 이미 항상 있어왔던 식으로는 존재하지 않는다.

지젝은 인간을 형상화하는 것이 근원적 타자의 심연에로의 열림일 수 있을 때, 우리는 우리를 둘러싼 조망을 거꾸로 돌려야 할 필요가 있으며, 그렇다면 동물과 자연의 응시 안에서 인간 존재는 얼마나 혼란스럽고 당혹스러울 수 있는지 묻는다(AI, 414). 즉 '그의 눈에서 보이는 나의 눈'은 어떤 모습인지 그리고 헤겔주의자에게 실체가 주체에게 무엇인지 묻는 대신에, 주체가 실체를 어떻게 이해하는지 물어야 한다고 본다. 즉 동물이 인간에게 무엇인지 묻는 대신에, 우리의 경험 안에서 인간이 동물들에게 무엇인지 물어야만 한다. 동물과 인간의 전도된 관점에서 인간의 자연 안에서의 형상을 우리는 거꾸로 볼 수 있다. 그랬을 때 체스터턴의 다음 서술은 매우 설득력 있게 보인다. 이는 인간을 둘러싼 그저 자연인 동물에게 처음 보여졌을 만한 인간의 그 기이한 이미지를 담고 있다.

인간에 관한 가장 단순한 진리는 그가 매우 이상한 존재라는 것이다. 즉 거의 어떤 의미에서 지구상 가장 낯선 존재이다. 모든 절제 속에서, 인간은 이 땅에서 단순히 성장한 습관들보다 다른 토양으로부터 가져온 이상한 습관들의 외부적 양상을 훨씬 더 많이 가진다. 인간은 부당한 이점과 부당한 불이익을 모두 가진다. 인간은 자신의 살 속에서 잘 수 없으며; 스스로의 본능들/직관들을 신뢰할 수도 없다. 인간은 놀라운 기술들을 움직이는 창조자이자 동시에 절름발이다. 인간은 의상이라는 인공적인 붕대들에 감겨 있으며, 가구라 불리는 인공적인 목발로 이동한다. 인간의 마음은 의심스러운 자유들을 가지며 그와 같은 동일한 야생적 한계들을 가진다. 동물들 사이에서 홀로, 마치 인간이 우주 그 자체로부터 숨겨 놓은 우주의 바로 그 형상 속 어떤 비밀의 광경을 인식한 듯이, 인간은 웃음이라 불리는 아름다운 광기로 흔들린다. 다른 동물들 사이에서 홀로 부끄러움의 신비를 창조하는 더 높은 가능성의 현전 속에 자신을 숨기면서. 인간은 그 자신의 신체적 존재의 근원 실제들로부터 그의 사유로 피해야 할 필요를 느낀다. 우리가 이것을 사람의 본성으로 찬양하든지 혹은 그것들을 자연의 인공물로 남용하더라도, 그것들은 같은 의미에서 유일무이하게 남아 있다.[48]

이는 자연에게 너무나도 낯설며 이질적인 인간의 형상을 인간의 입장에서가 아닌 자연의 입장에서 거꾸로 인간에게 보여 주고 있다. 이것을 체스터턴은 "사유의 뒤편"이라 불렀다. 지젝은 자연으로부터 인간에게가 아닌, 인간으로부터 자연에게 그 주체적 관점이 전도된 어떤 시야를 사유할 수 있기를 권고하며 그 시야에서 인간이 얼마나 괴물적이고 짐승적으로 보일 수 있는지 실험실의 고양이를 제시해 다시 설명한다. 이는 마치 기독교가 처음 나타나기 이전 유대교의 시대에 돌아갔을 때의 유대교적 입장에서 본 기독교의 모습, 그 순간의 재구성된 경험과 일치한다. 즉 "유대 이데올로기의 눈에 그리스

---

48 AI, 415에서 재인용한 G. K. Chesterton, *Everlasting Man*, Mineola: Dover, 2007, pp. 30~31.

도가 얼마나 이상한 짐승, 얼마나 추악한 괴물로 나타났는지에 초점을 맞춰야 한다"(AI, 415). 그랬을 때 원시적 자연으로 남아 있는 원시 부족에게 현대의 '문명'이 또한 얼마나 기이하고 공포스러우며 동시에 위협적일 수 있는지, 우리는 이러한 경험을 반영해 전도된 상황으로 생각해 볼 수 있어야 한다. 이 공포스러우며 위협적인 느낌은 말 그대로 문명이 아직 닿지 않은 원시 부족에게 그들이 느낀 공격적이며 폭력적 결과로 돌아갈 수 있는 것이다. 달리 말해 문명에 처음 노출된 원시 부족의 공포는 잘못된 느낌이 아닌데, 그들에게 문명이란 그들 고유의 삶을 완전히 망치거나 소멸시킬 수 있는 것으로 더 이상 문명이 아닌 다른 폭력으로 작용된다. 접촉한 적이 없는 부족의 경우, 우리의 문명은 마치 우리에게 더 발달한 세계에서 온 외계인이 처음 우리와 만났을 때, 우리 자신에게 주는 공포처럼 그것과 전혀 다르지 않다. 즉 우리는 그들에게 비인간 타자인 우리를 예민하게 관찰하는 공포에 사로잡힌 원주민들을 생각해 볼 수 있다. 이때 과연 우리 인간이 자연에게 미치는 영향이란 어떤 것인가? 인간의 형태, 그러나 자연의 왜곡된 모습으로 인간의 기괴함을 자연 속에 그의 어색한 위치로 새기는 것은 바로 그와 같다. 인간은 자연의 다중적 관점에서의 왜곡, 생성과 부패의 '자연스러운' 리듬의 동요이다.

3장 동물이란 무엇인가?

다양한 매체에서 동물을 보는 건 이제 흔한 일상이다. 지옥 같은 불법 개 농장의 행태가 등산로 주변의 악취와 소음에 대한 신고로 밝혀지거나 농장의 위치가 대기업이나 기획재정부의 땅이라는 논란은 어쩌다 한 번 등장하는 뉴스가 아니다. 공영방송의 대하드라마 제작 중, 발에 와이어를 묶어 달리는 말이 억지로 앞으로 쓰러지도록 해 죽음으로 내몬 사건은 엄청난 공분을 샀다. 엽기적인 방식으로 길고양이를 학대한 사건이나 행정 당국의 무관심으로 개들이 끝없이 죽어 나가는, 지옥이 된 유기견 보호소에 대한 고발 뉴스도 잊을 만하면 나온다. 뉴스는 때로 사육장에서 탈출한 곰이나 농장에서 탈출하여 도로에서 발견된 사슴, 먹을 것이 없어 도시까지 내려왔다 사살된 멧돼지의 장면들을 다루기도 한다. 동물 바이러스의 출현으로 공무원들이 방역을 위해 수천수만의 살아 있는 오리, 닭, 돼지, 소를 생매장하는 장면도 어김없이 뉴스의 한 장면을 채운다. 혹은 동물원 호랑이가 다섯 마리의 생명을 '성공적으로' 출산한 뉴스가 밝은 분위기에서 보도되거나 돼지의 심장을 인간에게 이식한 외과 수술의 뒷이야기가 다루어지기도 한다.

　미디어에서 동물을 보는 것은 이처럼 일상에 가깝도록 흔한 일이다. 이런 뉴스를 볼 때마다 마음이 불편해 회피하고 싶은 기분이 들거나, 동물들의 귀여운 모습에 즐거워지거나, 그들의 비참한 모습에 마음이 무거워지는 것은 필자만의 특별한 경험은 아닐 것이다. 동물은 어디에나 있고 인간의 삶에 필수 불가결하게 개입되어 있다. 동물들을 다루는 인간은 그들에게 인간에게는 금지된 어떤 종류의 실험이나 도살도 허용한다. 동시에 그들로부터 위안을 받고 친구가 되거나 혹은 깊은 동정심을 느끼기도 한다. 이 극단적으로 반대되는 행동과 감정을 고려할 때, 우리는 그 뼈와 살, 기관과 내장까지 착취하는 동물을 하나의 존재로서 정말 안다고 할 수 있을까? 항상 마주치면서도 그리고 우리 주위 어디에나 있으며 인간과 더불어 세계를 구성하면서도 인간이 혹은 철학이 존재로서 취급하지 않는 동물을 무엇으로 이해하면 좋을까?

　인간에게 동물은 산업의 근간이 되는 물질적 재료이자 주어진 자연의 소산물로 취급된다. 인간의 발전이라 부를 만한 근대의 체계와 제도는 종교부터 사회적 일상까지 동물이 없었다면 불가능했을 궤적을 그려 왔다. 동물은 인간이 근대와 현대의 자화상을 그리는 데 결정적인 요인으로 축출되어 유용되었지만, 그럼에도 불구하고 인간에게 동물은 존재론적으로 중요한 위치에 있어 오지 않았다. 오히려 최근 인간 자신의 생태학적·환경적 불안과 더불어 동물 타자는 환경·생태 보호의 일부로서 그 중요성으로 각인되지만, 그것은 오직 인간을 위한 인간중심주의적 목적에 의한 것이다. 그래서 여전히 인간은 구성요소로서의 동물에 대해, 존재로서의 동물 타자에 관해 배려하거나 사유하지 않고 그것을 거절한다. 우리가 알고 있는 '동물의 왕국'의 동물, 짐승성이나 괴물성으로 요약되는 부정적 상징으로서의 동물성, 그것이 동물의 존재 본질인가? 동물원의 구성체로서 즐거움의 대상이거나 고기가 되기 위해 키워지는 가축, 실험실의 대상, 혹은 반려동물로서 인간 삶에 기여되기 위해 사용되는 동물, 그것이 동물의 존재 본질일까? 혹은 자연에서 야생적으로 겨우 살아남은, 여전히 미래가 약속되지 않은 야생적 속성을 가진 동물, 그것이 동물이라는 존재의 본질일까? 실제로 인간이 그들을 제압하고 억압하며 실험하도록 하는, 물질에 하는 전부를 동물 생명에게 가하는 것을 허용하는 폭력적인 현실의 법 앞에서 우리는 동물을 어떻게 정의할 수 있을까? 동물이란 무엇인가? 필자는 이러한 질문에 대한 해명을 철학적 관점에서 규명해 보고자 한다.

레너드 롤러는 동물의 존재 본질인, 이른바 동물성을 코라라 불리는 우주 만물의 기원에 유비해 설명한다. 코라는 우주가 창조될 수 있는 바탕이 되는 공간의 개념으로 이에 대해서는 철학자들, 이론가들에 따라 다양한 속성으로 분석된다. 어떤 이유에서 동물성과 코라는 연결되며 코라란 무엇이고 동물성이란 무엇일까? 본 장에서는 이에 대해 살펴본다.

1. 생성으로서의 코라와
   생성으로서의 동물 타자·동물성

데리다에게 동물 타자는 인간 주체를 구성하는 절대적 타자성으로 나타난다. 그리고 그는 절대적 타자성을 코라에 대한 아포리아와 연계해 설명한다.[1] 코라 개념은 데리다에게 매우 중요한 요소로 그는 코라를 상징적 기원이자 현전하는 작동 근원으로, 드러나지 않은 다양한 것들의 작동 방식을 코라의 성격을 통해 설명한다. 코라는 현대의 이론가들에게 끝없이 소환되는 주제기도 하다. 지젝, 줄리아 크리스테바, 켈리 올리버, 커니 같은 이론가들은 코라의 어둡고 모호한, 규정될 수 없는 특징들을 기호학, 신학, 정신분석학에 개입시켜 여성성, 타자성, 신성과 결부해 설명한다.

코라는 플라톤의 『티마이오스』의 세계 창조의 역사에서 공간 개념으로 처음 등장했으며, 우주 생성 이전부터 존재하는 세계의 '외부'이자 세계 이전의 '기원'으로 설명되었다. 데리다 자신은 코라와 동물성을 연결해 설명하지 않았지만 롤러는 『이것으로는 충분하지 않다: 데리다의 동물성과 인간 본성에 대한 에세이』에서 '되기', '과정'으로서의 코라와 동물성을 유비적으로 연결해 설명한다.[2] 데리다는 타자성 혹은 신의 타자성을 일컫는 절대적 타자성을 코라와 연결해 설명하며, 동물성은 신의 타자성과 유비될 수 있다. 코라는 데리다의 연구자들에 의해 담론의 중심 지점으로서 신, 종교, 메시아주의, 타자 등 여러 가지 다른 것들과 유비해 자주 설명된다. 코라가 상징하는 바와 동물성, 동물의 타자성, 절대적 타자성이 코라의 성향과 연결되는 지점들을 알아본다.

---

1 자크 데리다의 코라에 대해서는 Jacques Derrida, "Khora", *On the Name*, ed. Thomas Dutoit, Stanford University Press, 1995, pp. 89~127 참조.

2 Leonard Lawlor, "Introduction: Khora", *This is Not Sufficient: An Essay on Animality and Human Nature in Derrida*, New York: Columbia University Press, 2007, pp. 40~46.

1. 플라톤의 코라

플라톤이 저술한 『티마이오스』[3]는 소크라테스가 티마이오스에게 세계 생성 이전 우주 창조의 원리와 기원에 관해 질문하는 이야기이며, 코라는 48e~53b에서 특히 자세히 설명된다. 고대 그리스에서 코라는 일반적으로 폴리스를 둘러싼 외곽을 가리키는 것으로 중심을 벗어난 탈중심 지역, 도시의 변두리를 일컫는 말이었다. 플라톤에게 우주는 존재하는 원형의 모상으로 물, 불, 공기, 흙에 어떤 질서가 부여됨으로써 형성된 것이다. 이 질서란 수학적·기하학적 비례와 비율이라는 지성적 가치에 의해 설명될 수 있다. 즉 플라톤은 세계를 원형인 이데아와 이데아의 지성적 질서에 따라 형성된 모방인 현상계로 인식한다. 따라서 세계는 첫째, 지성에 의해 알 수 있는 것과 둘째, 원본의 모방물인 현상계와 셋째, 이 모든 것의 전제가 되는 생성의 기원으로 설명할 수 있었다. 이 세 번째, 생성의 기원은 앞의 두 가지로부터 추론하여 설명할 수밖에 없는 것으로, 플라톤은 이 불투명한 세계 기원으로서의 세 번째 것[4]에 코라를 등장시킨다.

그렇지만 우주에 관한 이야기의 새로운 시작은 앞엣것보다 더 여럿으로 분류되는 것이게 하죠. 그때는 우리가 두 가지 종류만을 구분

---

3 본문의 『티마이오스』는 다음의 저작을 참조·인용하였으며, 문맥에 따라 필자가 부분 수정하였음을 밝힌다. 플라톤, 『플라톤의 티마이오스』, 박종현·김영균 옮김, 서광사, 2000; 김윤동, 「플라톤의 공간 문제」, 『철학연구』 145권, 대한철학회, 2018.
4 세 번째 것(triton eidos)은 한국어 번역어로 세 번째 종, 세 번째 종류, 세 번째 것, 세 번째 유 등이 혼용되고 있다. 이 책에서는 '세 번째 것'으로 표기하고자 한다.

했지만, 이번에는 다른 셋째 종류를 명시해야만 하기 때문입니다. 앞서 한 언급들의 경우에는 두 가지로 충분했기 때문이죠. 그 첫 번째는 본(paradeigma)의 종류로 전제된 것으로서, '지성에 의해서[라야] 알 수 있는 것'(noēton)이며 '언제나 같은 상태로 있는 것'인 반면, 두 번째 것은 본의 모방물(minēma)로서 생성을 가지며 눈에 보이는 것입니다. 그때 우리는 세 번째 것을 구분하지 않았는데, 그 두 가지로 족할 것이라 생각해서였습니다. 그러나 이제 우리의 이야기가 어렵고 분명치 않은 종류의 것을 논의를 통해 밝히도록 강요하는 것 같습니다(48e~49a).

이 세 번째 것은 가시적이고 운동하는 것의 생성과 소멸이라는 감각적 세계의 토대가 되는 것이다. 플라톤은 이 세 번째 것을 모든 생성의 수용자(hypodochē), 혹은 유모(tithēnē)와 같은 것으로 언급한다. 그는 이것을 온갖 형태를 만들 수 있는 금, 향유의 기초제, 새김바탕(ekmageion), 어머니 등에 비유하고 최종적으로 공간으로 언급한다(52e 참조). 원래 그리스어로 공간을 의미하는 코라는 어떤 것이 그 안에 있는 장소 혹은 공간, 영역, 나라, 나라가 차지하는 영토 등을 내포하는 개념으로, 그 안에 아무것도 없는 '빈 공간'(kenon)을 의미하는 것은 아니다. 코라는 '생성의 유모'로서, 유모가 아기를 흔들어 영양을 주고 키우듯이 양분을 받고 생성을 만들며 키우는 곳이다. 코라는 그 안에 온갖 방향으로 흔들리며 가득 찬 힘들에 의해 운동하고, 그 운동으로 내용물들을 흔들어 변화시키고 생성시킨다(52e). 유모가 아기를 팔에 안고 흔들 때 자신도 움직이듯이 세 번째 것도 스스로 움직인다(53a). 플라톤은 온갖 방향으로 흔들리는 '방황하는 운동'을 영혼의 무질서한 운동으로 표현하기도 하며 이 운동은 질서 있는 세계가 구성되기 이전의 상태에 나타나는 운동이다(48a 참조). 플라톤에 따르면 운동이란 언제나 동질적이지 않은 것, 즉 반대되는 것 사이의 흐름과 이행이다. 세 번째 것의 운동은 공간적 구성으로 이해될 수 있다. 또한 세 번째 것은 공간적 일면만이 아니라 구성적 일면에서 '영양을 제공하는 측면'을 함께 지닌다. 세 번째 것은 이처럼 생성을 만든다는 점에서는 공간적 측면으로 인지되고, 영양을 제공하면서 생성을 일으킨다는 점에서는 구성적 측면으로도 이해된다.

• 코라의 존재론적 특성

코라는 형태가 없어 모든 것을 수용할 수 있는 빈 공간이나 순수한 연장 등의 의미로 쉽게 접근될 수 있긴 하지만, 빈 공간 또는 연장의 개념으로는 한정해서 볼 수 없다. 왜냐하면 빈 공간이나 순수한 연장은 무한성을 함축하는데, 이는 플라톤이 말하는 『티마이오스』의 설명과 일치하지 않기 때문이다. 플라톤은 코라를 무한한 공간이 아니라, 그 안에서 생성·소멸하는 어떤 것들이 나타나고 사라지는 유한한 공간의 개념으로 설명한다. 이 '생성의 수용자', 코라는 공간일 뿐만 아니라 영양분을 갖고 소산물을 먹이고 키우는 구성적 측면을 가진 것이다. 플라톤은 세 번째 것을 일체 생성의 수용자로 규정한 뒤 다음과 같이 언급한다.

> 그 안에 이것들 각각이 언제나 생성되어 나타났다가 다시 거기에서 사라지게 되는 것, 단지 '저것'(tuoto) 혹은 '이것'(tode)이라는 말을 사용해서만 부를 수 있겠지만, 반면에 그게 뜨거운 것이거나 흰

것 혹은 대립하는 것들 가운데 어떤 것이건, 무슨 성질의 것이든지 간에, 우리는 어느 것으로도 그것을 그 말로 부르지 말아야 합니다 (49e~50a).

플라톤은 불 혹은 물의 예를 들어 코라를 '저것' 혹은 '이것'이란 말로 부를 수 없다고 설명하는데, 이는 만물이 불이나 물 같은 원소들로 구성되었다고 생각했던 플라톤이 만물의 원소들, 원리들을 실체가 아닌 단지 '수용자' 속에 나타났다 사라지는 속성으로 사유하고 있기 때문이다. 그는 이 생성의 수용자를 비유에 의한 언급이나 '비가시적', '형태가 없는' 등의 부정적 형식으로 언명하거나 불, 물 등에 의해 수용자가 결정되는 방식으로 표현한다. 플라톤은 이후에 수용자 속에서 들어오고 나가는 것들을 "언제나 존재하는 것들의 모방물들"(50c5) 또는 "언제나 존재하는 것들의 모상"(51a1~2)으로 언급한다. 다시 말해, 플라톤은 형상을 현상들에 있어 그 안정성을 가지고 지속하는 것으로 설명하며 모든 현상적 세계를 반복적이며 안정된, 한정된 특성들이 나타나는 것으로 이해하고 있다.[5] 이 한정된 특성들이 나타나는 토대 혹은 기반, 바로 이것을 플라톤은 생성의 수용자로 부르며, 코라(공간)로 이해한다. 따라서 코라는 생성의 토대로서의 자기 동일성을 언제나 잃지 않는 것이다. 그러나 이것이 전부가 아니다. 플라톤은 생성의 수용자인 코라를 금과 비유해 설명하는데, 이는 금으로 만들어진 온갖 형태가 언제나 변천할 수 있지만, 그럼에

---

5 E. N. Lee, "On Plato's *Timaeus* 49d4-e7", *American Journal of Philology*, 1960, p. 27.

도 불구하고 질료적 측면에서는 자기 동일성을 유지하고 있다는 면에서 금과 코라를 유비해 설명하고 있다.[6]

플라톤은 이 외에도 코라를 "그것으로 인해 그때마다 다른 것으로 나타나는 것"(50c), 모든 형태에서 벗어나 있어야 하면서도 그 안에 온갖 형태가 새겨질 수 있는 부드러운 어떤 것으로 설명하고 있다 (50e). 이는 현상이 그것으로 구성되는 것으로 제시되고 있지만, 모든 형태에서 벗어나 있어야 하며, 결론적으로 "언제나 모든 것을 받아들이면서도 자기 속으로 들어오는 것들 중 어떤 것과도, 결코 어떤 식으로든 닮은 형태(morphe)를 갖지 않는 것"(50b8~c2)이다. 또한 "본성상 모든 형태에서 벗어나 있는 것"(51a3)이자, "눈에 보이지 않고", "형태도 없는 것"(amorphon)이다(51a7). 이후에 플라톤은 "받아들이는 것을 어머니에, 본받게 되는 대상인 것을 아버지에 그리고 이들 사이의 창조물(physis)을 자식에 비유"(50d)하고 있다.

• 생성의 공간, 코라

이처럼 편의상 공간으로 번역하는 코라는 아무것도 없이 무한히 펼쳐져 있는 허공이 아니라 마치 어머니의 자궁이 태아의 발생과 성장에 터를 제공하는 것처럼, 그 안에서 생성·소멸하는 것이 나타나는 자리(hedra) 또는 장소(topos)의 뜻으로 볼 수 있다.

세 번째 것은 언제나 존재하는 공간의 종류로서, [자기의] 소멸은

---

6   R. Mohr, *The Platonic Cosmology*, Leiden: E. J. Brill, 1985, p. 94.

허용하지 않으면서도 생성을 갖는 모든 것에 자리를 제공하는 것이지만, 이것 자체는 감각적 지각을 동반하지 않는 '일종의 서출적 추론'(logismos tis nothos)에 의해서나 포착될 수 있는 것으로 거의 믿음의 대상으로는 될 수 없습니다(52a~b).

결론적으로 말하자면, 플라톤의 코라는 아리스토텔레스의 질료나 연장 개념들을 가지고는 파악될 수 없는 복합적인 성격을 갖는 것으로, 플라톤은 코라에 대한 다양한 비유를 통해 아주 불투명한 실재의 어떤 모습이 존재함을 보여 주려 시도한 것이다. 코라는 생성의 자리 또는 터를 제공하는 공간적 측면을 지칭하는 동시에 생성·소멸하는 것들에 영양, 즉 힘을 제공하는 것이다. 그리고 더 나아가 지성의 힘에 따라 완전히 설득되지 않는 무질서한 운동이 존재함을 인지하는 것이다. 플라톤은 감각에 따라 지각되는 다양한 세계를 드러내기 위해서는 이처럼 다양한 비유와 불투명하고 복합적인 힘의 원천에 대해 상정하지 않을 수 없었다. 그리고 이러한 특징들은 생성의 토대로 설정되며, 이 코라의 전제는 지성의 설득이 그 한계에 부딪히는 것을 지칭함과 동시에 또한 그것을 넘어서는 어떤 것이 생성의 역할로 받아들여지고 있다는 것을 인정하는 것이다. 달리 말하면, 이 세계의 토대에는 지성이 부여하는 질서를 넘어서는, 그 자체에 생성을 부여하는 어떤 다른 불투명한 힘이 있다는 것을 인식해야 한다는 것이다.

2. 데리다의 코라

데리다에 의해 중요성이 더해진 코라의 현대적 개념, 달리 말해 그가 해석하며 확장한 코라의 개념은 어떤 것일까?[7] 그는 1995년 출판된 『이름에 관하여』에서 40여 페이지에 걸쳐 코라에 관해 설명한다. 이 외에도 코라는 자주 등장한다. 그는 플라톤의 코라를 어떤 의미성의 규정과도 거리가 멀고, 오히려 의미의 확정 불가능성이나 의미 부재의 장으로 지칭한다. 이 공간은 "절대적 밤"과 같은 공간이며, 모든 인간화와 의미화(언어화)를 거부하는 공간이다.[8] 그는 코라를 인간의 의미 부여의 가능성이 불가능한, 이질적이며 초연한 공간으로 본다. 동시에 모든 규정과 의미성을 거부한다는 점에서 코라는 '침묵의 공간'이기도 하다.[9] 빛의 부재 속에서 코라는 의미 있는 부름과 언어가 정지된 침묵의 공간이다. 또한 '절대적 타자'라는 독특한 타자의 성향을 그는 코라를 통해 설명한다. 데리다가 말하는 절대적 타자는 신과 같은 존재로, 코라의 상태로부터 출현할 수 있는데, 코라가 빛과 의미의 부재이기에 절대적 타자는 이상화하거나 최고의 선으로 규정할 수 없다. 그는 코라에 이름을 붙이는 것 그리고 코라의 연대/시대/나이를 측정하는 것을 의문으로 귀결시킨다. 코라/그녀는 이 연대 측정 불가능([비]시대성)의 '이름 붙일 수 없는', '명칭의 패러독스'로 남을 수밖에 없는 어떤 불가능성으로 시사된다.[10] 그는 코라를 비장소이자 시간으로 정체화시킬 수 없는 어떤 것으로 설명하는데, 이 연대/나이 측정 불가능한, (비)시대성의 코라는 우리 주위의 모든

---

7   데리다는 「플라톤의 약국」, 『불량배들』, 『신앙과 지식』, 「말하는 것을 피하는 방법」(How to avoid speaking), 「코라」 등 다수의 텍스트에서 코라에 대해 설명한다.

8   Jacques Derrida, *Foi et savoir*, Paris: Seuil, 2001, p. 31.

9   손영창, 「데리다의 절대적 타자론: 윤리적 입장과 부정의 입장 사이에서」, 『대동철학회지』 69권, 대동철학회, 2014, 147쪽.

10 Derrida, "Khora", p. 116.

장소에 있다고 본다.

이러한 데리다의 논의를 바탕으로 롤러는 우리가 그것을 일종의 동물이라 생각할 수 있다고 주장한다.[11] 형이상학은 동물 타자를 '결핍'으로 상정하며, 형이상학 범주의 외부로 배제한다. 그러나 동물 타자는 인간/동물이라는 대립구조 내부에 이미 발생하는 틈, (빈) 공간으로 드러난다. 인간 철학 안에서 어떤 언어로도 환원되지 않아 잉여물로 남은 동물 타자는 그것의 외부이자 대응항으로서, 오히려 철학, 주체, 인간의 역사를 만드는 '생성'의 기원이 된다. 동물은 어떤 장소도 부여받지 못하는 형이상학 내부의 비 공간(non-place)이자 존재로서 부재하면서도 실제 분명히 있는 장소라 할 수 없는 장소(place without place)로 드러난다. 이런 이유로 생성으로서의 코라와 동물은 상통한다. 동물 타자는 이 때문에 절대적 타자 혹은 신과 연관하는 생성·창조의 공간인 코라와 유비된다. 코라는 절대적 타자성이 출현하는 장소다. 데리다는 코라를 '공간 내기', '공간 만들기'(espacement)로 번역하는데,[12] 코라는 모든 존재의 창조 이전의 창조를 만드는 생성의 공간이기 때문이다. 데리다에게 코라는 로서 구조로 불릴 수 없는 존재이자 심지어 세 번째 것을 통해서도 그것이 무엇인지 하는 질문에 답할 수 없는 것이다. 코라는 다시 어떤 의미로도 환원되지 않는, 언어화·의미화할 수 없는 동물을 닮는다.

11 Lawlor, "Introduction: Khora", p. 41.
12 Jacques Derrida, "Comment ne pas parler: Dénégation", *Psyché 2: Inventions del'autre*, Paris: Galilée, 2003, p. 54.

• 생성이자 과정으로서의 코라

코라는 데리다뿐만 아니라 크리스테바, 카푸토, 지젝 등의 현대 이론가들의 텍스트에 자주 등장한다. 커니는 이 코라의 개념을 신과 동일한 것도 아니고 동시에 신과 양립 불가능한 것도 아니라고 언급한다.[13] 그는 코라를 신성이 거주하고 치료하는 열린 영역으로 해석한다. 크리스테바는 코라를 무의식의 최초의 자궁으로 '낯선 공간'이자 '본능이 지배하는 곳', 모든 이해 가능한 것 이전의, 모든 형식적인 것 이전의 공간으로 생각한다. 코라는 언어의 의미화 과정에 "불안정성"을 불어넣는데, 이 때문에 언어로 환원되는 의식적 에고를 '혐오스러운 한계 내부의 원천'으로 위협적으로 회귀시킨다.[14] 코라는 언어의 '상징적' 기능 그 자체보다 먼저 존재하며 혼란·생성의 장소 아닌 장소로서 명명의 기능인 아버지 로고스를 침식한다. 코라는 이런 성향 때문에 생각과 말하기의 한계까지 몰아세우는 어떤 공간이다. 자아(에고)는 자아가 되기 위해, 주체가 되기 위해 이 생성의 혼란스러운 장소인 어머니·코라를 금기시하며 그것을 앱젝트(혐오)의 세계로 폐기한다. 그러나 코라는 "증거, 진실성, 공간성, 일시성"의 모든 규범이나 기준에 선행하기 때문에 배제와 부정 속에서 주체의 분열된 틈에 언캐니한 것으로 나타난다.[15]

니체에게도 코라를 연상시키는 공간이 존재한다. 그것은 언어의

---

13 리처드 커니, 『이방인, 신, 괴물: 타자성 개념에 대한 도전적 고찰』, 이지영 옮김, 개마고원, 2010, 346쪽.

14 Maria Margaroni, "The Lost Foundation: Kristeva's Semiotic Chora and Its Ambiguous Legacy", *Hypatia*, vol. 20, Indiana University Press, 2005, pp. 78~98.

15 줄리아 크리스테바, 『시적 언어의 혁명』, 동문선, 2000, 25~32쪽 참조.

3장 · 동물이란 무엇인가?　127

근원이 되는 언어 이전의 공간으로 인간과 동물이 공유하는 지대이다. 이 지대는 언어의 기능을 창조하는 지대로서 인간과 동물이 공유하는 능력을 만들어 낸다. 니체는 그것을 '형상화'와 '직관적 은유'의 능력으로 지칭한다. 이 능력들은 니체가 말했던 동물에서의 침묵의 진리와 관련한다. 동물은 생각하지 않는 것이 아니라 형상화와 직관적 은유의 방법으로 생각하고 소통한다.[16] 인간과 동물은 동일하게 형상화와 직관적 은유의 능력을 공유하지만, 인간만이 가진 추상화의 능력에 의해 양자는 분리된다. 추상화 능력은 영상과 이미지를 규정적이며 명령적인 법칙에 따라 개념화하고 의미화하는 능력을 일컫는다. 이 추상화 능력에 따라, 인간은 의미화(언어화)할 수 있는 능력을 갖게 되고 이로써 동물과 구분된다. 인간의 추상화 능력은 각종 개념들과 이론들을 만들고 저장할 수 있는 능력이자 잠재성이다. 그러나 또한 이것은 형상화 과정 이전의 지대, 침묵의 진리로 가는 길을 막는 방해자이기도 하다. 인간과 동물은 형상화 과정과 직관적 은유를 만드는 그 지대를 함께 가짐으로써 공속성을 유지하지만 추상화시키는 의미화 능력에 따라 구분되며, 의미화 능력은 동물이 가지는 침묵적 진리에 인간이 다가가는 것을 방해한다. 인간이 갖는 각종 지식과 지식의 저장, 그것을 기반으로 하는 제도화와 교육, 문화는 이 추상화 능력 때문에 가능하다. 니체는 추상화 능력이 인간에게 역사를 저장하고 유지 및 계승하며 '발전'을 가능하도록 만들지만 동시

---

16 Vanessa Lemm, *Nietzsche's Animal Philosophy: Culture, Politics, and the Animality of the Human Being*, New York: Fordham University Press, 2019. 본문에 서술되는 니체의 진리에 대한 개념들은 렘의 저작을 참조한다.

에 이 추상화의 능력 때문에 동물과의 공속성이 깨지고 소통할 수 없게 되며, 결정적으로 침묵의 진리에 접근하는 방법을 잊어버린다고 본다.

플라톤은 『티마이오스』에서 코라를 그릇을 양육하는 것, 모성적인 것, 유모, '허공'에 반하는 속성 없는 질료라 부르면서 신성이 결여되었기 때문에, 조화로운 전체 속에 통합되지 못한다고 설명했다. 플라톤에 따르면 코라는 속성을 가지지 않는데, 속성이란 동일성을 통해 드러나기 때문이며, 그래서 코라는 정체성, 통일성, 신성 등 아버지의 속성을 결여하고 있다. 코라는 고유한 언어와 법칙, 인식 이전의 '장소 없는 장소'이다. 지젝은 플라톤의 코라에 대해 "이 기괴한 선-존재론적인, 아직 상징화되지 않은 관계에 최초로 접근한 사람은 플라톤이며, 플라톤은 자체의 우발적 규칙에 지배되는, 모든 한정된 형식들을 담아내는 그릇과 같은 일종의 자궁을 전제할 수밖에 없었다"라고 설명한다. 그리고 코라가 윤곽이 그려진 것은 독일 관념론에 의해서라고 언급한다.[17]

• 언어 이전의 코라, 동물성

데리다가 관심을 가지는 것은 코라가 로고스중심주의적인 형이상학의 언어로 어떻게 말해지고 있는가가 아니다. 오히려 그가 관심을 가지는 것은 코라가 어떻게 이 같은 언어 전통에서 탈주하는가에 있다. 코라는 어떻게 언어의 절대적 이방인으로 나타나는가. 코라는 주

---

17 커니, 『이방인, 신, 괴물』, 351~352쪽.

는 것이 아니다. 그렇다고 증여의 의미도 아니다. 아무것도 주지 않지만, 거기에 있으면서도, 있지 않은 어떤 것이다. 따라서 존재 너머에 있는 일자-신-선의 이데아에 대한 신플라톤주의/기독교/형이상학적 전통과 하이데거주의적 존재의 몸짓들과는 대조적으로 코라는 반신학적이고 반증여적이다. 코라는 초월성과 신비의 복원을 회피한다. 코라는 심지어 존재와 비존재 너머의 세 번째 것도 아니다. 코라는 오히려 "네 이름은 뭐냐"라고 질문을 받는 근본적인 독특성이다.[18] 그럼에도 불구하고 그것을 말하는 것은 매우 필요하다.

바타유는 코라를 우리가 잃어버린 동물성과 관련시킨다. "코라는 우리가 잃어버린 동물성과 밀접한 것이다. 이 잃어버린 상실 속에서 우리는 사물이 유용되는 세계 내 늘 달라지는 의미에 있는 우리 자신을 창조한다."[19] 『종교이론』에서 바타유는 형이상학에서 제시하는 동물성으로의 회귀 혹은 동물성의 귀환에서 폭력이 발생한다는 순진한 관점에 의문을 제기한다.[20] 그는 오히려 인간과 동물을 구분하는 형이상학의 대립구조가 인간의 소위 동물성이라 불리는 폭력적 일면을 증명한다고 생각한다. 바타유가 생각하는 동물성은 인간을 동물보다 더 높은 의미에서 그 우위성을 점거하고 세워 주는 형이상학적 대립구조의 대응항이 아니다. 동물성은 우리 자신이 내부에서 그것과 소통함으로써 오히려 내재성의 경험에 닿게 되는 중요한 통로이자, 서구 문명을 비판적으로 바라보는 강한 근원이다. 그는 내재

---

18 앞의 책, 358쪽.

19 Roland Faber, *The Divine Manifold: Contemporary Whitehead Study*, Lexington Books, 2014, p. 510.

20 Zeynep Direk, "Bataille on Immanent and Transcendent Violence", *Bulletin de la Société Américaine de Philosophie de Langue Francais*, vol. 14, no. 2, 2004, p. 29.

성이란 결코 주체와 객체 사이의 대립구조로 이해될 수 없으며, 주체성의 심오한 진리는 결코 초월성에 의해 드러나는 것이 아니라고 설명한다.[21] 바타유는 내재성을 객체나 주체에서의 내재성의 의미로 이해하는 것이 아닌 총체적 존재 혹은 일자/하나의 의미로 이해한다. 형이상학이 다루는 초월성에 대한 접근에서 동물의 결핍은 결코 존재가 내적 세계에 닫혀 있다는 것을 의미하는 것이 아니다. 왜냐하면 동물은 스스로 둘러싸여진(닫힌) 내적 세계를 갖고 있지 않으면서, 동물이 사는 환경에 내재적이기 때문에 그것을 초월할 능력을 가질 필요가 없기 때문이다. 그런 점에서 동물은 초월성에 닫혀 있는 것도 아니며 인간의 주장대로 내재적 세계가 없거나 거기에 접근 불가능한 것도 아니다. 오히려 동물은 항상 내재적이어서 그것을 초월하거나 인간처럼 초월론에 경도될 필요가 없다.

데리다가 설명했던 문맥으로 코라에 대해 더 살펴보자면, 「플라톤의 약국」에서 그는 비교의 맥락으로 코라를 소개한 바 있으며,[22] 코라의 "(비)시대성"(anachronism)을 명시하기 위해 다른 지면에서 『티마이오스』를 설명한 바 있다.[23] 코라의 (비)시대성을 우리는 어떻게 이해해야 할까? 데리다가 강조하는 것은 코라/그녀는 그녀가 생산하는 모든 것보다 즉시 더 늙거나 더 젊어진다는 것이다.[24] 왜냐하면 코라/그녀는 감각 지각하는 것들이 그녀의 "아이"이기 때문에(감각 지각하는 것들을 낳기 때문에) 감각 지각하는 것들보다 더 나이가 많으

---

21 Ibid., p. 32.
22 Jacques Derrida, *Dissemination*, trans, Barbara Jhonson, Chicago University Press, 1981, p. 159, 184.
23 Derrida, "Khora", p. 94.
24 Ibid., p. 116.

며, 동시에 코라는 그들보다 더 어린데, 왜냐하면 그들의 형식들이 그녀에게 어떤 것을 정말로 만드는 것이 아니기 때문이다. 그 때문에 그녀는 "처녀성"으로 남는다.[25] 이 "(비)시대성", 즉 동시에 더 늙거나 더 젊어지는, 코라는 모든 것의 그릇이지만 내용이 전혀 없다. 그럼에도 불구하고 그녀는 중요한 어떤 것으로 불려야만 한다. 그리고 코라에 이름이 부여되어야만 한다. 보통 이름이란 지각 가능하거나 감각 가능한 것들 중 하나이자 사물, 즉 어떤 '것'의 이름이다. 즉 사물의 이름은 지각 가능하거나 감각 가능한 것이어야 한다. 그러나 그 이외에 다음과 같은 이름도 존재한다. "어머니"이자 "간호사", "금" 혹은 "밀랍"(데카르트의 연장 개념) 같은 이름이다. 그런 이름들은 코라 내에 담길 수 있다. 그러므로 (비)시대성의 연대 측정 불가능한 이름일지라도 코라라 불리는 것, 그 명칭을 우리는 사용해야만 한다. 그러나 만약 어머니, 간호사, 금 혹은 밀랍처럼 사물이 아니라, 그 '내용'에 붙여진 이름을 사용해야만 한다면, 데리다가 말하기를 그 내용의 상태는 비결정적인 것이 된다. 코라 내부에 이름이 있는가? 혹은 코라 외부에 이름이 있는가? 그 이름은 코라보다 더 늙었는가 혹은 더 젊은가? 우리가 살펴보듯이 그 (비)시대성(시대·연대의 측정 불가능성)은 이름 붙이는 것의 패러독스로 귀결된다.[26] 우리는 이 코라의 패러독스를 다른 방식으로 볼 수 있다. 이런 경우에 그것은 시간적인 것이 아니라 공간적인 것이 된다.

여기서 데리다는 (비)시대성을 '공간 내기'와 '경계·한계에 대한

---

25 Ibid.
26 Lawlor, "Introduction: Khora", p. 42.

질문'으로 사유한다. 시간을 예로 들어서 시간의 각 모멘트들을 공간으로 지각하고자 한다면, 그것은 다음과 같은 패러독스에 놓이게 된다. 즉 각각의 시간에서 우리가 그 내용/그릇을 에워싸려면 전체가 되어야 하고, 그 전체의 경계를 가로지를 필요가 있으며, 전체 경계의 외부를 점거해야만 한다. 그러나 그 전체는 또 다른 공간을 열기 때문에, 더 이상 전체가 아니게 된다. 왜냐하면 그것은 더 이상 외부의 위치에 속하지 않기 때문이다. 그럼에도 전체가 되기 위해서, 그 전체라는 것은 온전히 전체여야만 한다. 그리고 그것은 모든 것을 내포해야만 한다. 그러므로 우리는 그것이 점한 위치가 내부도 외부도 아니지만, 전체의 부분이라고도 아니라고도 말할 수 있다. 이 내부와 외부 사이의 차이는 더 이상 확실하지도, 결정적이지도 않다. 데리다가 말하듯이 "순환은 그 자체로 전체화되지 않아서 결국 절대 전체가 아니게 된다(le tour ne se totalise donc jamais)".[27] 데리다가 말하는 코라는 이런 식으로 '비장소'가 된다.

• 동물 타자의 절대적 타자성과 코라

롤러는 『이것으로는 충분하지 않다』에서 코라의 공간 내기와 (비)시대성 개념을 세 가지 의미로 구분한다. 첫째는 이 코라의 공간 내기와 (비)시대성이 모든 연대들의 질서를 방해한다는 것이다. 코라, 그것은 시작점이지만 정말로 시작점은 아닌데 왜냐하면 우리는 코라가 그것이 발생시키는 것들 이전에 존재하는지 이후에 존재하는지

---

27 Derrida, "Khora", p. 107.

결정할 수 없기 때문이다. 우리는 코라를 우리 이전이나 이후라 말할 수 있다. 코라는 우리 주위의 모든 장소에 있다. 따라서 코라는 일종의 동물이라고 생각하도록 만든다.[28] 그러나 코라는 인간도 아니고 동물도 아니며, 심지어 어떤 신성도 아니다. 데리다는 그것은 "여성"이지만 신이 아니라고 강조하며 코라에 관한 부정신학적 담화와 기독교적 부정신학의 담화를 구분할 것을 주장했다. 기독교적 의미에서의 부정신학은 부정적 방식을 통해 신을 인식하고자 하는 의미와 형식을 말한다. 그러한 부정신학은 위 디오니시오스 아레오파기테스에 의해 정립되어 중세 그리스도교로 전해졌다. 중세의 부정신학은 주로 토마스 아퀴나스에 의해 언어 논리학적으로 분석되고 체계화되었으며, 이때 신에 대한 이성적이고도 논리적 인식 가능성을 모색하는 신학의 필연적 요소로 성립하게 된다. 부정신학이 필요한 이유는 신/하느님의 무한성은 인간이라는 피조물의 존재 방식을 초월하기 때문에 불완전한 피조물로서 인간은 그것을 긍정의 방식으로는 완전하게 이해할 수 없다는 것에 기인한다. 인간은 단지 그 무한성을 간접적으로, 다시 말해 부정의 방법을 통해 표현할 수 있을 뿐이다.

데리다는 부정신학을 이런 기독교적 방식에서 거리를 두며 이해하고자 한다. 데리다가 말하는 부정신학이란, 부정을 통해 언어의 불완전성을 메꾸고자 하는 시도다. 그는 흔적 개념과 연결해 그 자체 무한한 것은 아니지만, 무한한 존재에 대해 암시할 수 있는 코라의

---

28 Lawlor, "Introduction: Khora", p. 43.

개념을 통해 자신만의 부정신학적 관점을 제시한다. 데리다는 코라에 대해 설명하면서 무한한 가능성을 말하는 더 나은 방법을 부정신학적 방법을 통해 추구하고 있다. 즉 데리다의 강조는 코라를 기독교와 같은 종교의 메시아적인 것과 구분할 것을 요청한다.

두 번째, 로서 구조(언어화·의미화의 전제구조)로 불릴 수 없는 존재, 코라는 자기 자체를 통해서도, 세 번째 것을 통해서도 그것이 무엇인지 하는 질문에 답할 수 없다. 코라는 다시 동물을 닮는다. 코라는 항상 비교에 의해서만 나타나며 타자로서 나타나지만, 결코 그 자체로는 나타날 수 없다. 롤러가 말하는 코라는 우회의 순간에서만 세번째 것으로 나타나며 종이나 범주 너머에 있으며, 범주의 모든 대립적인 것들 너머에 있다. 그렇게만 그것은 접근하거나 말해질 수 있다. 코라는 단지 X이다. 코라는 존재하지 않기 때문에 더 이상 고유하거나 제한되지 않는다. 그것은 그것 혹은 그녀로 존재하지 않는다. 왜냐하면 그것 혹은 그녀는 나타나기 때문이다. 짧게 말하자면 코라는 현상적으로 나타나지는 않는다.

그러나 거기에는 코라의 세 번째 의미가 있다. 코라는 그것이 모든 것을 함유하는 모든 것의 장소 혹은 그릇이다. 그래야만 한다. 모든 것을 담는 그릇이기 때문에 코라는 특정한 내용이 없다. 코라/그녀는 필수적으로 인간이 아니다(a-human이다). 그녀는 동물도 신도 아닌 동시에, 동물이며 신이다. 그러나 코라는 항상 해당하는 이름들 중 하나이며 그 내용 중 하나를 의미한다. 이런 개념을 다른 방식으로 설정하자면, 코라는 모든 것의 제3의 종/세 번째 것(genus, genre)이자, 우리를 포함하는 종이라고 말할 수 있다. 우리가 코라 혹은 동물이라 부르는 독특한 방식에 따라 어쩔 수 없이 이름의 한 종류로 이름에 기대서 말할 수는 있지만, 그것은 이름에 한정되지 않으며, 그것을 미끄러져 나간다. 코라/그녀가 낳았다면, 우리는 분명하게 우리가 누구인지 질문해야만 한다. 아리스토텔레스에 따르면 우리는 이성적 동물로 정의되므로, 우리가 자신이 누구인지 하는 질문을 던진다면, 이미 거기에서 우리는 동물에 관한 문제를 묵과할 수 없다는 것을 의미한다. 동물 타자는 의미화할 수 없어서, 어떤 범주에 의해 길들여지지 않은 채 남아 있다. 실제하고 있지만 부정되고, 존재하지만 거절되는 동물 타자가 인간 세계에서 더 이상 거절할 수 없는 것으로 다가오는 이유는 존재 생성의 근거 안에 이미 그것이 기입되어 있기 때문이다. 어떤 장소도 부여받지 못하는 비공간이자 '장소라고 할 수 없는 장소'로 남아 있는 동물 타자는 코라처럼 긍정/부정의 대립 자체를 부정하는 '부정의 부정'의 장소로 남는다.

인간이 가장 천한 것이자, 가장 초월성에서 이질적이고 외부적인 것으로 남기고, 거절하며 배제하는, 그래서 먹고 삼키는 잉여물인 동물 타자는 오히려 인간이 이상화하는 신 이전의, 원-근원적인 것이다. 데리다가 말하는 절대적 타자성이 부여되는 코라의 공간은 어두운 빛, 세 번째 장소, 무근원적이고 보존 가치가 없는 장소 아닌 장소다. 데리다는 이 장소가 사막 내의 사막이며, 침묵의 공간으로 오히려 타자를 가능하게 하고 열어 주며, 무한하게 만드는 장소라 주장한다.[29] 이상화되거나 최고의 선으로 절대 환원되지 않기 때문에 오히려 동물 타자·동물성은 코라와 유비할 수 있다. 동물성이란 그 모호

---

29 Derrida, *Foi et savoir*, p. 29.

함과 지대의 심연, 추측 불가능한 어떤 것과 항상 피할 수 없이 연계되기 때문에 코라와 한 범주에 불가피하게 놓인다. 그리고 이 모호성의 수많은 단층들 때문에 언어로 불충분하게만 해석될 수 있다.

이는 우리의 세계 내에 의미화(언어화)할 수 없는 것들이 근원적으로 놓여 있음을 의미한다. 또한 의미화할 수 없는 애매하며 모호한 자리만이 어쩌면 역설적으로 더 많은 풍부한 것을 내포할 수 있다는 것을 뜻한다. 우리는 이성이라는 이름으로 이것을 재단하거나 간과할 수 없으며, 이런 모호한, 설명할 수 없는 것들을 주체의 본질이나 존재의 본질로부터 더 이상 축출해 제거해 낼 수도 없다. 왜냐하면 생태의 원천은 본질상 이런 근원 위에서 형성되기 때문이다. 의미화할 수 없다는 것, 언어를 넘어선 것이라는 점 때문에 역설적으로 생태 본질은 철학에서 적절하게 고유한 자리를 부여받지 못한다. 이런 동물성, 코라, 여성, 배제된 것들, 탈중심 지대, 로고스 외부의 것들은 데리다의 전체 철학에서 항상 핵심으로 자리하며 그의 철학 후반에 이를수록 더 명확히 드러난다.

3. 동물 타자의 희생구조와 절대적 타자성

신에 대한 절대적 믿음을 시험한 아브라함의 사건에서 결과적으로 유일하게 희생되는 자는 이삭도 아브라함도 아닌, 희생물 숫양이다. 『구약성서』(「창세기」 22:1~12)에 기록되어 있는 '아브라함과 이삭' 또는 '이삭을 제물로 바치는 아브라함'의 주제에는 어떤 인간의 명령도 넘어서는 신의 명령에 복종하는 아브라함의 광기가 등장한다. 아버지 아브라함은 늦은 나이에 얻어 애지중지 키운 아들 이삭을, 인간의 합리성으로는 도저히 이해할 수 없는 신의 명령에 따라 죽여서 희생물로 바쳐야 한다. 그러나 결국 신의 비밀을 지키며 그의 명령에 복종한 아브라함에게는 이삭 대신에 숫양을 제물로 바쳐도 된다는 천사의 말이 들린다. 희생의 희생물이 되는 자는 이삭도 아브라함도 아닌 동물 타자다. 동물 타자는 늘 희생물의 중심에 있다. 동물 타자는 타자의 타자며, 희생당하는 자를 대신해 희생물의 책임을 떠안는다. 데리다에게 희생은 빗장을 지른 것으로 배제, 분리, 고립, 외부에 놓임을 의미하며 돌아갈 수도 없고 죽어야만 하는 것이다.[30] 희생양은 죽음을 기다리거나 추방된다. 그들은 절대적 이방인처럼 도시의 내부에서는 의식적으로 조용히 자신의 신원을 규정할 수밖에 없다. 우리는 그 절대적 이방인을 소유하고 도용하고 타자인 그들을 전용해 주체인 우리와 동일화시키고자 한다. 이런 점 때문에 희생은 비극을 만든다.

데리다는 희생양이 등장하는 그리스 비극에 대한 메스귀치의 이론을 통해 극장/연극과 철학 사이의 희생에 대한 유사성을 비교한다.[31] 메스귀치에 따르면, 희생이 등장하는 비극은 극장에서 결코 실제로는 일어나지 않고 오직 상연될 뿐인데, 왜냐하면 이는 단지 연극일 뿐 실제가 아니기 때문이다. 극장은 마치 이론화에 근거하는 대학과 같이 비극을 상연하면서 그에 대한 담론을 만들고, 그 논의를 끝없이 보류시킨다. 그러나 대학과는 달리 담론에 고착되지도, 고정되

30 Jacques Derrida, "Sacrifice", trans. Rick Elmore and Perry Zurn, Chicago: Depaul University, 2006, pp. 143~154.
31 Jacques Derrida and Daniel Mesguich, "Le Sacrifice", L'éternel éphémère, Paris: Verdier, 2006.

지도 않으며 오직 일시적으로만 담론을 고수할 뿐이다. 재현할 수 없는 것을 보이도록 하는 연극에서의 몇 가지 방식이 존재하는데, 이는 재현할 수 없는 것에 가시성을 부여하도록 만듦으로써 가능하다. 보이지 않는 것을 보이도록 하는 것은 밤에 그것을 태워 불꽃을 일으켜 우리가 볼 수 있도록 만드는 것이다. 즉 태움은 현재에는 존재하지 않는 것을 재현 가능하도록 만들지만, 그것은 또한 영원히 이 불태움의 방법으로 인해 배제되고, 주변화되고 검열되며, 억압되거나 진압되는 것이기도 하다. 반복되며 바뀌는 연극의 화제 전환은 전치되어 정치적 억압 또는 무의식적 의미에서의 검열이라는 기억을 변이시킨다. 기억은 한 곳에서 다른 곳으로 옮겨지고, 은유되고 환유되지만 근원적으로 파괴되는 것은 아니고, 비축되면서 단지 국부적 변위만을 겪도록 만든다. 이제 비극·희생에 대한 기억의 근본적인 파괴나 그것을 태워 버릴 불은 존재하지 않는다. 왜냐하면 그것은 이미 완전히 타 버려서 더 이상 표현할 수 없는 것이 되었으며, 그곳에 있는 것이 배제되거나 보류되며 이미 추방되었기 때문이다. 비극에서 일어나는 퍼포먼스, 사건으로서의 희생은 이처럼 환영이나 시뮬라크럼으로 남는다. 연속적이고 반복적인 상연을 통해 희생은 그것이 가지는 근본적 파괴를 잃고 다른 곳으로 그 의미가 전이되어 버린다. 그리하여 희생이 발생시키는 잔인함이란 더 이상 존재하지 않는다. 이것은 비극이나 비극 안의 희생을 오히려 극복하게 만든다.

철학 역시 극장 내 상연되는 비극처럼 희생을 극복하도록 만든다. 우리는 철학 담론이 희생을 희생시키거나 변이와 보충적인 내재화를 겪게 함으로써 이 비극을 종식하거나 억압할 수 있을지 모른다고 믿지만(왜냐하면, 이론은 반복 원칙을 통해 불쾌한 경험을 사라지도록 극복하는 것이기 때문이다. 이를테면 프로이트의 실패 놀이처럼 저리로 [fort] 사라졌다 여기서[da] 나타나는 반복을 경험함으로써 극복할 수 없는 감정을 점점 더 극복하도록 만드는 것이다)[32] 희생을 종식시키는 것은 그렇게 간단하지 않다. 동물 타자에 대한 형이상학 내 배제의 담론이 드러내듯, 인간 주체가 동물 타자에 요구하는 희생은 구조를 바꾸며, 철학 전통의 가장 지배적인 것으로 남는다.

그러나 형이상학, 철학의 반복 원칙을 통한 동물 타자에 대한 이론화는 실패한다. 왜냐하면 이론은 타자를 알지 못하기 때문이다. 타자성은 지식으로 만들어질 수 없으며, 이론이 지배할 수 없는 것이다.[33] 인간 주체는 동물 타자를 극복하기 위해, 그 타자를 먹음으로써, 타자의 이질성을 주체의 자기 동일성으로 동화시키고자 한다. 인간 주체는 전유와 배제의 원칙에 따라 동물 타자를 소유하고 동일화시키며, 주체 내부에 적용되도록 길들인다. 주체는 타자를 대상의 위치에 놓음으로써 타자에 대한 우위성을 획득하고 그것을 '바라봄'으로써 지배하려 한다. 그러나 타자를 먹는 행위가 타자를 길들일 수 있도록 만들지 않는다. 소화되지 않고 합체되지 않은 타자는 주체 내부에서 조화될 수 없는 잉여물로 남는다.[34] 그 잉여물은 주체는 접근할 수 없는 장소(crypt)에 남아 완전히 죽은 것도 산 것도 아닌 유령의 형태로 다시 돌아온다. 동물 타자는 인간 주체 안에서 결코 전유되지 않은 채 인간 주체의 고유한 공간을 침범하고 절개해 틈을 만든다. 이렇게

32 Denis Hollier, *Against Architecture: The Writings of Georges Bataille*, trans. Betsy Wing, Cambridge, MA: The MIT Press, 1989, pp. 87~88.

33 *Ibid.*

34 민승기, 「데리다와 타자」, 경희대학교박사논문, 1999.

출몰하는 타자는 프로이트가 말하는 친숙한 낯섦·친숙한 섬뜩함으로 돌아온다. 동물 타자의 타자성을 길들이기 위해 철학은 희생구조 아래 결핍이라는 배제의 논리를 세우지만, 이는 그 섬뜩함을 이론 정립을 통해 길들임으로써 타자와의 만남을 회피하기 위한 방어기제일 뿐이다. 결핍으로서 배제된 동물 타자는 철학의 이론이 지배할 수 없는 방식으로 철학 전체를 지탱하며 철학 그 자체를 생성하도록 만드는 대응 주체이자 타자로 존재한다.

앞서 언급했던 아브라함의 이야기는 신이라는 절대적 존재의 모든 은폐성에도 불구하고 명령에 귀 기울이고 복종해야 하는 절대적 초월성이 요구하는 광기와 비밀성을 보여 준다. 데리다는 아브라함의 이야기를 통해 절대적 타자성을 설명한다.[35] 절대적 타자는 인간이 이성으로 사유할 수 있는 합리성과 일반적인 도덕법칙의 범주를 넘어선다. 절대적 타자는 인간이 사유하는 것과는 완전히 다르다. 절대자의 절대적 요구는 합리적으로 이해할 수 없기 때문에 가장 독특하며 가장 강한 윤리적 명령으로 다가온다. 이성으로 이해될 수 없어서 오히려 그것은 절대적인 의미를 가지며 절대자의 요구는 따라서 무한한 의무이자 요구가 된다. 거기에는 어떤 이유도 변론도 근거도 지식도 앎도 확보할 수 없다. 아브라함에게 신의 명령은 은폐되어 정확히 알려지지도 않고, 그 명령을 다른 이에게 누설할 수도 없는 비밀이 되며, 오직 기다림과 절대복종으로만 존재하며, 복종하는 것 외에는 선택할 수 없는 어떤 것이다. 그것은 은폐되어 있고 나의 모든

---

35 Jacques Derrida, *Donner la mort*, Paris: Galilée, 1999, p. 97.

일반적 판단을 초월해 있으며, 스스로 비밀스러우면서도, 다른 이에게 비밀을 지킬 것을 집요하게 요구한다.

이 합리적 판단과는 단절되어 있어 일반화로 환원되지 않는 타자의 요구는 무의미성 혹은 애매성으로 드러난다. 주체의 계산이나 판단을 거절한 후에야 수용되는 절대자의 무한한 요구는 오히려 인간의 일반적이며 상식적인 윤리적 의무가 중지되고 희생되어야 발생할 수 있다. 이런 까닭에 데리다는 윤리적 의무와 절대적 의무를 구분한다. 그리고 타자에 대한 진정한 태도는 이런 절대성의 광기와 무의미성에 열려야만 가능하다고 그는 설명한다.[36] 신이 주는 절대적 명령은 주체가 자기 속에서 자기 동일적 자아, 폐쇄적 자아로 돌아가서는 결코 지킬 수 없는 것이다. 하나의 수수께끼 같은 명령과 부름 앞에서, 명령을 받은 주체는 파열되고 분열되어 동일성을 지킬 수 없게 된다. 이런 분열적 주체 안에서 자기를 열어야 비로소 타자에게 다가갈 수 있다. 이 절대적 의무의 타자성은 동일성으로 회귀되지 않는 열림의 차원에 이르러서야 비로소 보인다.

응답 이전의 응답, 나의 결단 이전에 이미 있는 타자의 결단. 타자의 부름에 대한 주체의 응답은 이런 절대적 열림 안에서만 가능하다. 나의 깊은 곳에 나보다 먼저 있는 타자가 나에게 요구한다. 때문에 여기서의 결단은 근본적으로 수동적이다. "내 속의 절대적 타자[의 결정이며], 내 속에서 나를 결단케 하는 절대자로서 타자[의 결정]이다. 결단은 나에게 예외를 만든다. 그리고 내 속에서. 나는 결단한다,

---

36 손영창, 「데리다의 절대적 타자론」 참조.

나는 나를 결단한다."[37] 절대적 타자는 주체가 타인들과의 관계를 단절시킨 그 자리에 나타나며, 자신만을 집중하도록 강제하고, 내가 알고 있는 것을 타자에게는 비밀로 해야만 유지되는 관계이다. 주체는 이런 독특한 관계 속에서 자기 분열 안에, 자기 의식의 동일성을 포기하고 파괴해야만 절대적 타자의 부름에 응답할 수 있으며, 이렇게 독특한 관계 속에서 이해된 타자는 합리적이며 이성적인 지식과 앎의 능력 너머에 있는 존재로 규정된다.

이런 앎에서 벗어난 절대적 타자에 대한 논의를 데리다는 코라라는 공간이자 비공간(장소 없는 장소)을 통해 설명한다. 코라처럼 인간 주체에게 동물 타자는 미규정적 성격을 가지며, 주체의 질서에 혼란으로 들어오고, 주체가 통제할 수 없는 그곳에 이미 있어 주체의 붕괴를 가져온다. 만약 우리가 이런 타자에게 열리고자 한다면, 이처럼 나를 붕괴시키고 분열시키는 타자를 통제하는 것의 불가능성을 받아들여야 한다. 이런 위험과 의미의 부재성을 데리다는 코라를 통해 설명한다. 코라는 의미가 부재하고 모든 인간적인 요소들이 은폐된 특별한 공간이다. 주체가 무의미와 직면할 수 있는 빈 공간 없이는 내가 책임지고 응답할 수 있는 어떤 타자도 없다. 사막과 같은 빈 공간·비공간(장소 없는 장소)인 코라는 근대 주체인 동일자의 논리가 왜 한계에 부딪힐 수밖에 없는지를 드러낸다. 절대적 타자에 대한 진정한 열림은 의미의 부재에 대한 열림일 때에만 가능하다. 데리다는 "그 자체로서 그 자신을 현시하지 않는" "코라는 존재도 선도 신

---

37 앞의 글, 141쪽에서 재인용한 Jacques Derrida and Elisabeth Roudinesco, *De quoi demain... Dialogue?*, Paris: Flammarion, 2003, p. 59.

도 인간도, 역사도 아니다. 그것은 이런 것들을 언제나 거부하며 …
무한한 거부의 장소이며 무한히 초연하게 잔여의 장소로 있을 것"이
라고 말한다.[38] 코라는 "얼굴이 없는 완전히 다른 것/완전히 다른 타
자(un tout autre sans visage)"[39]로 나타난다. 이처럼 코라로 유비되는 데
리다의 절대적 타자는 얼굴이 존재하지 않는다. 데리다의 절대적 타
자는 얼굴을 보여 주지 않는다. 절대적 타자는 얼굴 없이 나타나며,
초월적이면서도 그 초월성의 틈 안에 이미 발생하고 있다. 코라처럼
얼굴이 없는 완전히 다른 것/완전히 다른 타자, 그는 동물이 된다. 데
리다에게 완전히 다른 타자의 타자성은 계산과 판단, 지배권 너머,
절대적 외재성으로 존재한다.

2. 레비나스의 얼굴을 가진 타자와
   데리다의 얼굴 없는 타자

타자철학을 처음으로 형이상학사에서 논했던 레비나스의 동물에 관
한 사유는 데리다의 동물 타자에 관한 사유와 필수적으로 비교해 볼
이유가 있다. 왜냐하면 레비나스의 타자철학은 데리다의 타자철학
과 일면 상통하지만, 동물 타자에 관해서는 완전히 다른 방향으로 나
타나기 때문이다. 레비나스의 윤리학은 얼굴에 대한 윤리학의 범주
와 경계 그리고 윤리적 언어로 요약된다. 그는 동물 타자를 타자의

---

38 Derrida, *Foi et savoir*, p. 35.
39 *Ibid.*

범주에서 배제하는데, 그 이유는 타자의 타자성을 얼굴에 기대 설명하기 때문이며 인간의 얼굴과 같은 얼굴이 없는 동물 타자는 윤리적 범주에서 허용될 수 없었다. 이는 데리다의 비판을 받게 되는 가장 결정적 차이를 만들게 된다. 레비나스의 윤리적 범주의 조건은 이런 이유로 동물 타자를 포섭할 수 없었고 오직 인간 타자에게만 한정되었다. 그러나 이것이 전부는 아니다. 레비나스는 비천하고 고통받는 타자를 가장 타자다운 타자로 규정하면서 동물 타자에게 열릴 수 있는 철학의 가능성에 대한 기반을 만들었다. 그러나 여전히 그 자신은 동물 타자의 고통이나 타자성은 인정하려 하지 않았다. 이 점은 데리다를 가장 실망하게 만들고 그를 비판하게 만든 지점이 된다. 이어지는 장에서는 레비나스의 타자철학이 지칭하는 것들을 요약해 살펴보고 그것을 동물 타자에 한정해 비판적으로 격자화해 분석해 본다. 여기에서 데리다와 레비나스는 서로 강력한 영향 속에서도 많은 차이가 있음을 명확히 드러낸다. 데리다와 레비나스가 말하는 타자성의 차이를 통해 데리다 사유 내 동물 타자에 대한 열림이 왜 레비나스에게서는 불가능했는지를 알아본다.

1. 레비나스의 타자철학에서 얼굴

유대인으로서 2차 세계대전의 비참한 현실을 뼛속 깊이 겪어야 했던 레비나스는 그가 알고 있는 철학, 현전의 형이상학에 대해 문제가 있다고 생각하게 되었다. 레비나스는 기존의 주체 중심의 형이상학에 모순을 느끼고 타자에 방점을 찍는 윤리학과 존재론을 구성하고자 시도했다. 그는 개념적으로 규정되거나, 인식론이나 지식화로 한정할 수 없는 절대적 타자성의 이론을 말하고자 했다. 그가 타자성을 인식론과 지식화에서 떨어뜨리고자 한 이유는 기존의 인식론이나 지식화를 통한 철학의 개념적 규정은 타자를 대상화하여 개념적 대상물로 만들기 때문에 주체에 의해 전용되고 주체성에 함몰될 위험에 늘 처해 있기 때문이었다. 이 때문에 그는 타자를 말함으로써 타자를 자기 동일적으로 주체성에 흡수하는 동일자의 원리에서 벗어난 다른 철학을 구상하길 열망한다. 그는 타자와 자아를 분리하여 생각하는데, 그가 생각하기에 타자는 나의 이해와 인식 너머의 무한자와 관계한다.[40] 레비나스가 말하는 타자는 절대적으로 다른 외재성과 규정하는 것들 너머의 초월성으로부터 나오며, 주체보다 더 근원적이고 오히려 주체는 타자에서 나오게 되는 구성물이다.[41] 그리하여 그는 주체성을 중심으로 하는 것이 아닌 타자성에 방점을 찍는 철학을 구체화하며, 이 타자성이 드러나는 장소로 얼굴이라는 영역을 규정한다. 타자는 얼굴을 통해 드러나며, 신은 타자로서 나타난다.[42] 그가 특히 얼굴의 중요성을 강조한 이유는 얼굴이 가진 표현과 특히 소통이 가능한 말을 할 수 있는 입을 구조적으로 내포하기 때문이었다.

기존의 형이상학과 존재론을 포함하는 내재성의 철학은 자아의 성립을 위해 이론적 인식과 재현적 관계를 특권화하며 타자를 대상화하여 동일자에 의해 포섭되도록 해왔다. 레비나스는 이처럼 관계와 관념의 대상으로서가 아닌, 데카르트적 논증의 증명 너머 실존의

---

40 에마뉘엘 레비나스, 『전체성과 무한: 외재성에 대한 에세이』, 김도형·문성원·손영창 옮김, 그린비, 2018, 51~59쪽.
41 앞의 책.
42 앞의 책, 285~290쪽.

문제들에 앞선 무한의 초월성으로부터 타자를 설명하고자 했다.[43] 레비나스는 타자의 이런 문제로부터 주체성을 다시 세우고자 했다.[44] 이 때문에 그의 철학에서 타자는 대상화를 통한 타자와의 분리 없이 외재적 존재의 절대적 외재성으로 현현하여, 얼굴 속에서 스스로를 계시하는 낯선 이의 무한한 거리, 초월성으로 표현된다.[45] 이런 타자는 동일자의 권력과 인식을 벗어나기 때문에 권력과 인식과는 다른 윤리적 관계를 통해 자신을 드러낸다. 타자는 나와 다르지만 나를 부름을 통해 자신을 드러내며 나에게 요청하는 자다. 주체 역시 타자의 요청, 부름, 차이 없이는 나타날 수 없으며, 타자와의 대면을 통해서야 비로소 주체로 구성된다. 그러나 전통 철학 내 동일자로서 주체는 타자를 자신의 고유한 영역 안으로 그 이질성을 최소화하고 자기화하려 한다. 이런 외적 이질성을 자기의 것으로 전유해 가는 과정이 바로 주체가 되는 과정이다. 스스로를 유지하고 자기화하려는 자아는 세계의 낯선 것을 나의 통제와 지배에 따라 소유물로 바꾼다. 자아는 타자를 통해 자신의 정체성을 받고 만든다. 레비나스는 타자를 자아의 대립물이나 부정태가 아니라 오히려 동일자의 외부에서 자아가 영원히 욕망하는 존재로 이야기한다. "오직 타인에 접근함으로써만, 나는 나-자신에 참여한다(나는 나 자신으로 존재한다)."[46] 의미작용 또는 이해 가능성은 동일자의 정체성에서 유래하는 것이 아니

---

43 앞의 책, 51~59쪽.
44 강영안, 「레비나스 철학에서 주체성과 타자: 후설의 자아론적 철학에 대한 레비나스의 대응」, 『철학과 현상학 연구』 4권, 한국현상학회, 1990, 248쪽.
45 앞의 글, 288쪽.
46 레비나스, 『전체성과 무한』, 265쪽. 필자가 부분적으로 재번역.

라, 동일자에 호소하는 타자의 얼굴에서 유래한다. "의미작용은 동일자에 대한 타자의 절대적 잉여 속에 있다."[47]

레비나스에 따르면, 동일자는 타자에게 자신으로부터 결핍된 것을 욕망한다. 이 결핍에 대한 욕망이 동일자를 타자로부터 정체화시켜 스스로 자아로, 주체로 만든다. 개체적인 것과 개인적인 것은 무한이 무한으로 생산될 수 있기 위해 필요하다. 레비나스는 주체가 자신의 결핍을 무한으로서의 타자를 통해 채우게 되므로, 세계의 의미작용은 주체가 아니라 세계를 이해하는 타자에게 속한다고 사유한다. 욕망이나 욕구는 이 무한의 타자로부터 끝없이 가져와 주체의 결핍을 채워 주체를 주체가 되도록 만드는 필수적이며 중요한 작용원리다. 여기에서 중요한 것은 언어로서, 타자의 언어가 세계를 주제화한다. 타자와의 관계에서 주체성을 분리하는 것, 얼굴의 의미작용이 최초로 일어나는 것, 이것이 바로 합리적인 것, 이성의 출현을 가져온다.[48] 이성의 작업은 이처럼 새로운 것을 사유에 도입하는 것, 무한 관념이다.

레비나스 철학에서는 타자의 얼굴로부터 초월성과 윤리성이 계시되기 때문에 얼굴과 초월성, 윤리성은 근본적으로 분리될 수 없었다. 대면 관계로부터 시작하는 타자와의 관계는 이런 까닭에 얼굴의 의미를 떠나서는 사유될 수 없게 된다. 그러나 데리다는 「폭력과 형이상학」에서 타자의 얼굴을 비현전성으로 말하는 레비나스를 의문시하며, 얼굴을 통해 만나는 타자성이 여전히 레비나스가 회피하고 싶

---

47 앞의 책, 135쪽.
48 앞의 책, 328쪽.

었던 현전의 형이상학 내 현전(présence)과 근원(ousia)을 지시하고 있는 것이 아닌지 질문한다.[49] 데리다는 얼굴이라는 명확한 영역을 통해서는 레비나스가 반대하는 현전의 형이상학을 피할 수 없으며, 레비나스가 주장하는 신으로부터의 무한한 타자성은 얼굴로서의 타자의 논리와는 맞지 않는다고 생각했다. 왜냐하면 얼굴이란 자기성(égoïté)을 가질 수밖에 없으며, 자기성이란 다른 자아로 규정될 수 있을 뿐이기 때문이다.[50] 만약 타자가 다른 자아로 치환될 수 있다면, 이는 신과 같은 무한한 타자일 수 없다.

2. 얼굴과 동물 타자

데리다가 보기에 레비나스는 그의 철학 안에서 한 번도 동물을 소환한 적이 없다(AT, 106). 이 동물에 대한 침묵은 데리다에게 매우 의미심장한 점으로 여겨진다. 왜냐하면 최소한 주체에 대한 문제에서 레비나스는 데카르트, 칸트와 분리할 만한 모든 차이들을 가졌지만, 이 지점에서 레비나스는 데카르트 계보의 철학적 유산을 계승하며 그들과 같아지기 때문이다. 그는 레비나스가 데카르트, 칸트와 마찬가지로 그들 윤리학의 핵심에 동물 타자에 대한 희생의 필수성과 가능성을 위치시킨다고 여겼으며, 이로써 인간 주체를 사유함에서의 공리를 최소한도도 전치하지 않은 것으로 본다(AT, 106). 그리하여 레비나스는 인간 주체를 사유함에서의 공리를 전망하는 것에서도 실

---

49 자크 데리다, 「폭력과 형이상학」, 『글쓰기와 차이』, 남수인 옮김, 동문선, 2001, 163쪽.
50 앞의 글, 202쪽.

패하며, 인간 얼굴에 기여되는 행동 중 어느 것도 동물에게는 전치시키지 않는 것으로 드러난다.

레비나스가 아무리 그가 물려받은 주체성에 대한 것들을 강하고 근원적인 태도로 굴절시키며, 주체에 대한 전통적이며 존재론적 경향들을 전복시키고자 노력했더라도, 윤리학의 주체, 얼굴의 주체를 설정하는 데 이것은 여전히 문제가 남는다. 나아가 비록 그가 엄격한 타율성에 주체를 따르게 하고, 주체를 보완된 법에 주체화된 주체로 만들지라도, 이 윤리학의 주체, 얼굴의 주체는 무엇보다도 인간의, 인간 남성 형제의, 남성의 얼굴로 남는다고 본다. 남성성에 부여된 이 가치의 문제는 레비나스의 얼굴에 대한 해석에서의 중심적이며 결정적인 가치가 무엇보다도 나의 형제, 인간이라는 종적 이웃에 한정해서만 우선 존재한다는 것을 보여 주고 있다(AT, 106). 데리다는 이 문제가 동물을 윤리적 회로의 외부로 설정하는 것이자, 동물을 철학의 주체나 타자의 범주에서 배제하는 문제로 여겼다. 그는 왜, 어떻게 윤리학의 범주에서 동물을 사유하지 않았을까? 더 정확히는 윤리학의 범주에서 왜 동물을 배제했을까?

• 얼굴의 타자성 vs 얼굴 없는 타자성

데리다와 레비나스 사이의 이 의미심장한 차이들은 얼굴과 언어에 대해 레비나스가 규정한 중요성을 통해 발생한다. 레비나스에 의하면 얼굴은 타자성이 드러나는 장소다.『전체성과 무한』에서 레비나스는 타자의 얼굴을 무한의 타자로도 말하고 있다. 그러나 데리다는 만약 타자가 무한한 타자성을 가진다면 결코 얼굴이라는 현전의 방식으로 드러날 수 없다는 점을 지적한다. 왜냐하면 얼굴이 구현하는 것은 규정적이며 '타자의 자기성'을 가진다고 볼 수밖에 없기 때문에 무한한 타자와 연결할 수 없기 때문이다.[51] '자기성'이라는 것은 인격에 해당하며, 인간만을 타자에 한정시킨다는 개념을 내포한다.[52] 얼굴의 표정·표현을 통해, 얼굴과 얼굴이 대면하는 사검과 관계를 통해 윤리의 현시를 보는 레비나스에게 인간과 같은 얼굴이 없는 동물은 윤리적 관점에 포용되지 않는 존재다. 이런 이유로 동물은 레비나스 철학과 윤리학에서 배제된다. 절대적 타자에 대한 규정도 마찬가지다. 레비나스에게 타자는 절대적 타자이며, 절대적 타자는 동일자의 체계 외부에 머무는 외재성을 가짐과 동시에 동일자에 포섭될 수 없는 무한한 존재이다. 그러나 데리다가 보기에 절대적 타자성, 절대적 타자의 현현은 얼굴이라는 한정된 범주로는 내포할 수 없는 어떤 것이다. 레비나스는 여전히 전통 철학인 동일자의 담론에 포섭될 수밖에 없는 규정적인 자기성으로서의 얼굴을 유지하며 무한한 절대적 타자를 말하는데, 데리다는 얼굴의 현전성과 규정된 한정적인 것으로는 무한한 절대적 타자성을 연결할 수 없다고 말한다. 그의 이런 사유는 하이데거의 존재 신학과 연관하는데,[53] 그가 보기에 절대적

---

51 앞의 글, 230쪽.
52 데리다는 "다른 자아로서의 타자, 이것은 나의 자아로 환원될 수 없는, 타자로서의 타자를 의미하는데, 그것은 정확히 타자가 자아이기 때문이고, 타자가 자아의 형태를 가지고 있기 때문이다"라고 말한다. 앞의 글, 229쪽.
53 손영창은 다음과 같이 설명하고 있다. "데리다가 주장하는 외재성과 현상성 사이의 이런 상관적 관계는 일차적으로 하이데거의 존재-신학적 관점을 재해석하면서 발전시킨 해체론적 관점에 기반하고 있다. 먼저 하이데거의 존재-신학에서 보자면, 존재는 존재자 속에 자신을 숨기고 은폐하면서 자신을 간직하고 있다. 이 때문에 존재사유에서 존재는 현상성이나 개념적 존재와 동일시될 수 없다. 서구 형이상학의 역사에서 존재라고 불린 여러 이름들, 즉 신, 최초의 원인, 초월적 자아 등은 실상에 있어 존재를 은폐하는 역할을 한다. 존재는 이런 은폐 속에서 존재론적 차이를 간직하고 있다. 이 때문에 존재의 사유에서 존재는 있는 바 그대로 자신을 드러내는

타자가 가지는 절대적 차이는 지속적으로 차이를 만드는 은폐 속에서 차이를 유지한다. 데리다의 관점에서 레비나스는 무한 존재인 절대적 타자의 탈현전성과 은폐성을 제대로 보지 않았다. 얼굴을 절대적 타자의 현현으로 규정한다면, 이것은 절대적 타자의 타자성을 한정적으로 만드는 것을 피할 수 없다. 그러나 레비나스는 자기 동일적이지 않으며, 대상화될 수 없고, 지식화될 수도 없는 타자에 대해 말한다. 그리고 그것을 절대적 타자성, 무한한 타자로 연결하면서, 여전히 얼굴로 규정된 타자를 말한다. 이는 데리다에게는 모순으로 남는다.

데리다는 절대적 타자의 무한성, 외재성, 타자성은 얼굴의 에피파니(현현)가 가지는 자기성과 현전성으로는 결코 서로 치환될 수 없다고 본다. 그는 레비나스가 절대적 타자성으로 이야기하는 순수한 윤리적 언어에 대해서도 비판적이다. 레비나스가 제시하는 타자의 현전인 타자의 얼굴은 '인간의 얼굴'로서 타자를 보는 눈이나 타자의 말을 듣는 귀가 있는 '얼굴'을 통해 표현하며, 말을 통해 드러난다. 레비나스가 말하는 얼굴이 표현하는 윤리적 말은 그의 주장에 따르면, 하이데거가 진리의 형식으로 규정하는 문장이나 명제로 환원될 수 없는 타자의 언어다. 타자의 얼굴에서 나오는 타자의 언어, 순수한 윤리적 언어는 어떤 명제로 고착될 수 없는 지속적인 윤리적 요구이자 요청이다. 그러나 레비나스가 말하는 윤리적 언어는 동일자의 담론과 근본적인 단절을 전제로 하며, 이 순수한 윤리적 언어는 전통

것이 아니라 차이의 흔적 속에서 자신을 드러낸다." 손영창, 「타자성에 대한 해석과 언어의 역할: 레비나스와 데리다 비교연구」, 『대동철학회지』 57권, 대동철학회, 2011, 98쪽.

적인 담론 속의 말인, 하이데거나 데카르트가 이야기하는 존재론적인 언어로는 환원될 수 없는 절대적으로 다른 것이어야 한다. 그러나 그럼에도 불구하고 그것이 동일자나 타자 모두 기술되기 위해서는 어쩔 수 없이 명제적인 것, 술어적인 언명 안 언어에 기대 말할 수밖에 없다. 즉 레비나스가 말하는 타자의 순수한 윤리적 언어는 결국 전통적 담론 속 술어적이며 명제적 언어 안에서야 말해질 수 있다. 그러므로 결국 그것은 절대적으로 다른 것이 될 수는 없다고 데리다는 지적한다. 오히려 레비나스가 말하는 윤리적 언어의 다름·단절은 종교적 언어, 기원이나 찬양과 같은 언어로 설명할 수 있다고 생각했다.[54] 얼굴의 표현과 얼굴의 현현으로 드러나는 타자, 존재론적 언어의 외부에 있는 윤리적 언어를 사용하는 레비나스의 절대적 타자성은 이런 이유로 결코 동물로는 치환될 수 없었다. 동물이라는 인간이 규정할 수 없는, 얼굴이 없는, 혹은 얼굴이 모호한 그리고 어떤 언어로도 환원할 수 없는 이 타자는 레비나스와 데리다가 극단적으로 다른 입장을 취하게 만든다. 데리다는 이에 대해 "만약, 그의 새로운 타율적 윤리학의 정의에 있어 인간 주체가 얼굴이라면, 타자의 얼굴에서 인식된 정념들, 가능성들, 행태들, 권리들, 의무들에 대한 개별적 독특한 동물은 문제에서 배제"되는 것이라고 분석한다. 그리고 "이것이 타자에 대한 강박, 타자성으로부터 강박화된 그의 사유에서 나온다는 점이 놀랍다"고 지적한다(AT, 106).

데리다가 보기에 타자에 대한 문제를 소환하는 것, 타자에 대한 책

---

54 데리다, 「폭력과 형이상학」, 236쪽.

임의 문제를 제기하는 것에서 동물이야말로 "타자 이전에, 타자의 자리 이전에, 타자에 앞서서, 타자 앞에서, 가장 중요"하기 때문이다 (AT, 107). 동물이야말로 데리다의 관점에서는 가장 타자적 입장의 타자이기 때문이다. 레비나스가 구성하는 타자의 의미란 가장 취약하며 고통받는 존재로, 주체의 근간이 되어 온 존재로 여겨지지만, 주체의 전유물로 취급되어 온 자인데 정말로 이런 자리에 존재해 왔던 동물은 타자에서 배제되고 있다. 그러나 데리다에게는 그 어떤 존재보다 타자의 자리에서 타자의 입장으로 인간 주체로부터 전유되어 온 자는 바로 동물 타자이다. 레비나스의 철학과 윤리학 안에는 이 부분은 누락되고 삭제되어 있거나 혹은 모호하게 비어 있다. 이 점은 레비나스의 영향을 강하게 받은 데리다에게 가장 충격적인 사유의 일면이자 모순으로 비추어진다. 레비나스의 타자는 어떤 존재로 그려지고 있을까?

• 비천함, 고통의 타자

전쟁의 시대에 유대인으로서 모욕과 고통을 감내해야 했던 레비나스는 타자에 대한 전유를 당연시해 온 주체로부터 타자의 의미를 확장하고 규정하며 타자를 취약함으로부터 끌어내 중요한 존재로 의미화하고자 했다. 그는 타자를 비천함과 약함으로 인해 오히려 더 높은 곳에 있는 비대칭적 존재로 규정한다.[55] 그에게 타자는 내가 가늠할 수 없는 곳에서 나에게 오며, 자아와 타자는 더 이상 동일한 주체

---

55 레비나스, 『전체성과 무한』, 294~296쪽.

성의 형태를 갖지 않는다. 타자는 나와 무한히 다른 자이고, 윤리적 차이로 인해 주체가 구성할 수 없는 전혀 새로운 의미의 차원을 주체에게 주는 자다.

타자가 가지는 이런 윤리적 차이를 레비나스는 높음(hauteur)이라는 개념을 통해 설명한다. 이는 권력의 높음과 대비되는 '윤리적' 높음으로, 비천함과 헐벗음 같은 '낮음'에서 기인한다. 타자가 연약하고 비천하지만, 오히려 그 비천함을 통해 나에게는 윤리적으로 높은 위치에 있다. 타자는 자신의 비천함을 통해 윤리적 높음을 획득한다. 타자의 이 높음은 권력이 아니라, 벌거벗음과 무방어성(sans-defense), 비천함과 같은 연약함으로부터 나온다. 타자는 이 비대칭성을 통해 주체에게 요구하는 자이며, 주체의 내적 중심을 무너뜨리는 자다. 타자는 그의 외재성으로 인해 비가시적이며, 전체화할 수 없지만, 얼굴을 통해 표현하며 얼굴로서 자아에게 윤리의 영역과 초월성을 열어 준다. 주체는 타자의 부름 속에서 나오고, 타자는 주체를 부름과 간청 앞에 세운다. 그러나 레비나스의 타자 개념에서 가장 취약한 존재인 동물과 여성은 배제되며, 타자에 대한 윤리적 회로는 오직 남자 형제와 인간 동료, 인간과 유사한 이웃에 속하는 이들만 취급된다. 이 점은 역설로 남는다.

• 데리다와 동물의 얼굴

레비나스의 절대적 타자성이 얼굴의 타자로 명명되는 것과는 달리 데리다의 절대적 타자성은 동물 타자와 연결된다. 데리다는 "만약 내가 타자를 향한 의무가 있다면, 어떤 권리에 앞선, 빚에 앞서서 빚진, 중요한 것으로서의 의무가 있다면, 이는 내 남형제나 이웃, 인간

보다도 더욱더 동물을 향한 것이어야만 하지 않은가?"라고 되묻는
다(AT, 107). 그는 절대적 타자성이 출현하는 곳을 코라로 설명하는
데, 코라와 같이 타자는 미규정적 성격을 가지며, 주체의 질서에 혼
란으로 들어오고 주체가 통제할 수 없는 곳에서 주체의 붕괴를 가져
올 수도 있는 존재다. 데리다의 타자는 초월성의 타자로서 나를 만들
고 가르치는 타자라기보다는 내가 그 타자에 대해, 타자와의 만남에
대해, 절대적으로 열려 있어야만 하는 존재이다. 타자는 나를 붕괴시
키고 분열시킬 수도 있는 존재로, 타자를 통제하는 것의 불가능성을
받아들일 때에야 비로소 나는 진정으로 타자에게 열릴 수 있다. 의미
의 부재성 속, 모든 인간적인 요소들이 은폐된 특별한 공간인 코라는
동물 타자와 유비된다. 그것은 어떤 것으로도 환원될 수 없는 잉여물
이자, (빈) 공간이다. 빈 공간, 공간 아닌 공간인 코라는 어디에나 있
는 동물 타자와 개념적으로 치환된다.

데리다는 주체에게 언어를 중지시키고, 변론을 정지시키는, 의미
의 부재 속 이 심연으로서의 (빈) 공간 없이는 책임지고 응답할 수 있
는 어떤 타자도 없다고 말한다. 의미의 부재에 대해 열릴 때에서야
우리도 타자에 대해서 열릴 수 있고 타자와 만나는 것이 가능해진다.
타자는 규정될 수도 없고, 추측하거나 예상할 수도 없는 존재다. 데
리다의 타자가 드러나는 코라는 "그 자체로서 그 자신을 현시하지
않는", "존재도 선도 신도 인간도, 역사도 아닌", "언제나 그런 것들
을 거부"하는 "무한히 초연하게 잔여의 장소로 있을 것"이다.[56] 그의

---

56 Derrida, *Foi et savoir*, p. 35.

절대적 타자성은 이처럼 무엇으로 환원되지 않으면서도 여전히 잉여물로 남아, 코라와 같은 공간으로 유비되는 것으로 이는 동물 타자로 바뀔 수 있다. 동물 타자처럼 코라 역시 "얼굴이 없는 완전히 다른 것/완전히 다른 타자"이자, 레비나스의 타자와는 다르게 얼굴이 존재하지 않는, 예측할 수 없는 것이다. 계산과 판단, 지배권 너머, 나의 법을 초과해 있는 데리다의 타자성은 절대적 외재성으로 존재한다. 이 절대적 외재성은 코라와 같이 이미 주체 내부의 핵심, 그 틈 안에 기입되어 있다. 따라서 타자와 주체는 분리할 수 없다. 동물 타자와 인간 주체는 애초에 형이상학의 전통처럼은 분리할 수 없는데, 왜냐하면 인간 주체 내부에 이미 동물 타자는 인간의 틈인 바깥으로 거주하고 있기 때문이다. 인간 주체는 동물 타자로 인해 자신의 정체성을 만드는, 만들어진 구성물일 뿐이다.

레비나스와 동물 주제를 연결하는 아주 드문 예시로 "바비 이야기"를 들 수 있다.[57] 바비는 전쟁터, 포로수용소에서 레비나스가 만났던 개의 이름이다. 이 개는 당시 레비나스에게 가장 인간적인 따뜻함을 전한 개체이기도 했다. 레비나스는 개 바비를 두고 '마지막 칸트주의자'라고 말하기도 했지만, 그럼에도 불구하고 이 이야기에서 개 바비는 인격으로, 타자로 개진되어 사유된 것은 아니다. 데리다는 이 사건이 레비나스의 시점에서 동물을 결코 벌거벗고 연약한 얼굴로 개진시킨 것이 아니라고 단언한다(AT, 107). 레비나스가 사유한 동물에게는 얼굴이 없으며, 벌거벗은 얼굴을 가지지 않는다. 이 '벌거

---

57 Emmanuel Levinas, *Difficult Freedom: Essays on Judaism*, trans. Seán Hand, Baltimore: Johns Hopkins University Press, 1990, pp. 151~153.

벗음'이라는 단어는 레비나스에게 타자와 나와의 관계에서 얼굴, 살, 취약함을 묘사하며 존재, 즉 '나는 여기 있다'라고 드러내는 요인으로 중요한 개념이다. 그러나 이는 결코 동물과 자아의 관계 영역에서는 나타나지 않는다. 데리다에게 "레비나스는 동물의 얼굴, 동물의 응시, 동물의 피부를 결코 느껴 본 적이 없는, 거기에 한 번도 신중하게 주의가 부여된 적이 없는 자로 보인다"(AT, 108).

• 레비나스와 동물의 얼굴

동물을 주제로 한 루엘린과 레비나스의 유명한 인터뷰가 있다. 여기에서 레비나스에게 동물은 마치 지나가는 차와 같이 인지적 불가능의 존재로 여겨진다.[58] 루엘린은 1986년, "동물도 얼굴을 가집니까?", "동물의 눈에서 우리가 '살해하지 말라'를 읽을 수 있습니까?"라는 유명한 질문을 레비나스에게 던진 적이 있다. 그의 기록에 따르면, 레비나스는 "나는 당신이 '얼굴'이라 부를 권리를 가진 어떤 순간이 동물에게 존재한다고 말할 수 없습니다. 동물은 인간 얼굴과는 완전히 다르다는 것을 발견하게 됩니다. 나는 뱀이 얼굴을 가지는지 알지 못합니다. 나는 그 질문에 대답할 수 없습니다. 좀 더 특정한 분석이 요구됩니다"라고 대답한다.

1988년 루엘린과 레비나스의 또 다른 인터뷰에서 역시 레비나스의 대답은 공통된 관점을 가진다. 그는 윤리학을 살아 있는 모든 다른 존재로 확장시키는 것과 "불필요한" 동물의 고통을 만들지 말아

---

58 John Llewelyn, *The Middle Voice of Ecological Conscience: A Chiasmic Reading of Responsibility in the Neighborhood of Levinas, Heidegger and Others*, London: Macmillan, 1991.

야 한다는 것을 지적하면서도, 윤리학이란 본래 인간으로 원형화된 것이자 패러다임화된 것임을 말한다. 달리 말해 윤리학이란 오직 인간 사이 관계들의 공간, 인간들의 것이라는 점이다.

명확한 것은 동물을 인간 존재처럼 고려하지 않고는, 윤리적 확장은 모든 살아 있는 존재에게 향하지 않는다는 것입니다. 우리는 불필요하게 동물 고통을 만들고 싶지 않습니다. 그러나 이것의 원형은 인간 윤리학이라는 것입니다. 예를 들어 채식주의는 고통의 개념에서 동물에게 그것이 이행되도록 일어나는 것입니다. 동물은 고통을 받습니다. 이는 우리가 인간처럼 고통이라는 것을 동물이 가질 수 있다는 것을 알기 때문입니다.[59]

이 인터뷰에서 레비나스의 태도는 양가적인데, 한편으로 레비나스가 윤리학의 원형을 인간만의 것으로 고려하지만, 다른 한편으로는 동물의 불필요한 고통의 무용성과 동물에 대한 윤리적 확장의 필수성을 분명히 인지하고 있기 때문이다. 이로 인해 레비나스의 이 유명한 인터뷰는 그의 사유를 통해 윤리학의 확장을 원하는 환경주의자들과 데리다처럼 레비나스의 인간중심주의적 윤리학에 비판을 가하는 사유자 모두에게 그들의 입장을 옹호하는 인터뷰가 된다. 그러나 사실상 이 인터뷰에서 명확해지는 것은 레비나스의 사유에서 윤

---

59 Emmanuel Levinas, "The Pardox of Morality: An Interview with Emmanuel Levinas", eds. Robert Bernasconi and David Wood, *The Provocation of Levinas: Rethinking the Other*, London: Routledge, 1988, pp. 171~172.

리적 대상은 얼굴을 가진 자, 즉 인간에게만 허락되는 것으로 윤리적 대상에 동물을 전혀 속하지 않게 한다는 점이다. 데리다는 이를 휴머니즘의 역설이라 지칭한다. 그는 이를 "오직 유비적 전위에 의해서만 우리는 동물 고통에 민감"하다고 설명한다(AT, 108). 은유나 알레고리를 통한 전이의 방법에서만, 그 고통은 우리에게 명령한다. 그는 인간 타자와 인간 타자의 얼굴에 한정한 타자의 고통에 대한 사유를 다음처럼 비판한다.

> 확실히, 인간 얼굴은 '나는 존재한다'에 존재하고 말하고 있으며, 결국, 타자의 앞에서만, 타자 이후에서만, 인간 얼굴은 존재하지만, 이는 항상 인간 타자 앞에서만이다. '살해하지 말지어다'라고 그에게 말하는 것은 결코 동물을 바라보고 하는 것이 아니며, '나는 고통받고 있으니, 도와줘'라고 말하는 것조차, 동물에게는 해당하지 않는다(AT, 108).

데리다의 이런 비판은 레비나스 철학에서 고통이 매우 중요한 자리를 차지하기 때문에 가능하다. 레비나스에게 고통은 주체의 주체성에 핵심적인 요소로 자리 잡고 있는데, 타자에 대한 응답으로 구성되는 주체는 "상처받을 가능성", "외상에 열려 있음", "타자에 대한 노출", 타자에 대한 "대리자", 타자를 위한 "볼모"로서 서술되고 있다.[60] 그는 주체의 모습을 타인에 대해 열려 있고 타인을 위해 고통받

---

60 강영안, 『타인의 얼굴: 레비나스의 철학』, 문학과지성사, 2005, 209~211쪽.

을 수 있는, 고통받는 '사람'으로 그리고 있다. 레비나스에게 고통의 경험은 현상학적으로 의식에 '주어진' 것으로, 레비나스의 철학은 자기에 대한 관심이 거부되고 고통받는 타인에 대한 대가 없는 책임을 강조하는 일종의 '고통의 윤리'로 제안되기도 한다. 레비나스는 '사회적 유용성', '생물학적 합목적성', '정치적 목적론'이라는 유용성을 통해 고통을 합리적으로 정당화하고자 하는 것에 매우 부정적이다. 이런 정당화는 고통 자체가 지닌 애매성을 전혀 고려하지 않고 있기 때문이다. 그는 칸트적 종합이 불가능한 감각 작용, 애매함으로 규정되는 고통에 대해 감성적으로 경험하는 고통은 '악'이고 동시에 '상해'인, 의미 없는 부조리의 폭발이자 가장 심원한 부조리의 표현이라고 말한다. 고통의 본질은 만약 그것이 있다면 부조리, 무의미, 반의미 또는 반이성이다. 고통은 의미 없고, 아무것도 아닌 것을 위한 것이다. 이처럼 타자의 윤리학을 고통의 윤리학과 치환할 수 있다고 생각한 레비나스가 동물 타자의 고통에 대한 사유를 윤리학의 범주에 놓지 못한 것은 데리다에게는 역설일 뿐이다.

데리다는 동물에 관한 레비나스의 대답에서 그의 응답의 무능함을 비판한다. 뱀의 얼굴에 관한 질문에서 레비나스는 비응답으로 응답한 것이다. 이 응답의 무능함, 이것은 데리다에게 동물의 응답을 무응답으로 간주하는 데카르트 분파의 사례들과 교차한다. 동물처럼 인간 역시 비응답의 형식으로 응답하고 있다. 얼굴을 가짐과 응답할 수 있음은 레비나스에게 동일하게 사유되고 얼굴도 응답도 인간 주체와 인간 타자에게만 해당하며, 동물·동물 타자에게는 "얼굴"이라 불릴 권리가 위치한 곳을 알지 못한다. 데리다는 이 선언에 대해 얼굴이란 응답과 마찬가지로, 그의 철학 내에서 "나는 여기 있다/나는 존재한다"라고 타자 앞에서 표명하는 수단으로, 그 자체가 바로 책임으로 이어지는 통치의 권한을 의미한다고 본다(AT, 109).

레비나스가 무응답으로 응답한 동물의 얼굴 없음에 관한 단언은 결과적으로 타자의 이타성에 관한 모든 제안의 의미인 타자의 얼굴의 윤리학과 얼굴에 대한 담론 전체의 유산을 오직 인간 남자 형제와 인간 동종의 이웃에 한정해 소환시키는 것에 해당한다. 이런 태도 전체는 레비나스가 타자에게 간신히 열어 놓은 미래를 그 자신이 다시 거절하는 것이다. 이 거절과 부인은 레비나스 전체 철학 안에서 동물의 책임감 여부와 동물의 타자성 여부에 대한 가설에 강하게 포진해 있다. 레비나스의 이 "아니요"라는 부인은 비응답의 형식인 응답으로, 그가 계승하는 데카르트 계보의 전체 철학 안 모든 동물에 관한 곳에서 울리는 거절이다.

• 철학과 뱀의 얼굴

위의 질문에서 예시되었듯이 뱀으로 대표되는 동물의 얼굴과 철학의 거절은 철학사 전체와 종교사와 관련한 거대한 범주에 자리하고 있다. 이런 이유로 데리다에게 '뱀이 얼굴을 가지는지 알지 못한다'라는 레비나스의 대답은 우연히 선택된 것이 아니다. 뱀의 얼굴은 악을 상징하는 대표적 예시다. 악이 존재하는 곳에 얼굴이 존재한다. 악마, 악마의 얼굴을 닮은 염소, 악마를 대신하는 뱀 등 동물의 얼굴이나 몸은 악의 상징이자 악 그 자체로 여겨지곤 했다. 선과 악에 무관한 순수는 '얼굴 없음'으로 남는다. 특히 뱀을 선택해 던진 레비나스와 데리다의 앞선 질문의 사례는 고양이, 개, 말, 원숭이, 오랑우탄, 침팬지 같은 모든 다른 동물의 얼굴로 그 선택이 확장될 수 있는 어떤 유형이 되고 있다.

이제 레비나스는 뱀으로부터 다른 모든 동물에 이르기까지 얼굴과 응시를 거절하기가 더욱 어렵다. 왜냐하면 뱀의 얼굴은 동물의 얼굴 전체로 확장될 수 있으며, 동물에 대한 살해 금지 여부와 관련하기 때문이다. 이런 이유로 레비나스에게 인간에서 이 모든 동물 실례들로 "죽이지 말지어다"의 확장을 거절했던 것은 "그 얼굴이 인간 대 인간의 얼굴이라는 점을, 혹은 인간 얼굴의 벌거벗음을 제도화하는 데 존재하는 신의 명령임을" 더욱 확실히 보여 주는 문제적 지점이 된다(AT, 110). 달리 말해 레비나스가 강조한 얼굴에 대한 윤리학 전체는 인간 얼굴 하나로 소급되거나 아니면 동물 얼굴 전체로 확장되는 문제적 지점과 연결된다. 이것은 윤리학 전체를 인간에게만 부여할 것인지 동물에게 타자의 권리를 주며 확장할 것인지의 여부에 열려 있는 질문이 된다. 결론적으로 레비나스의 무응답과 애매한 태도는 사실상 오직 내 형제, 이웃, 인간 타자의 얼굴, 인간 얼굴에 대한 살해의 금지만을 의미한 것이다. 동물을 죽음에 이르도록 착취하는 것은 이 논리 안에서는 사실상 살해로 구성되지 않는다. 데리다는 이런 점 때문에 레비나스 역시 심오한 하이데거주의자라고 본다. 데카르트, 칸트, 하이데거, 레비나스는 생명, 살아 있는 창조물의 존재에까지는 자아에 대한 확정 혹은 '나는 여기 존재한다'에 대한 확정에 부차적인 중요성을 부여한다. 하이데거의 현존재뿐만 아니라, 데카르트의 '나는 생각한다. 그러므로 나는 존재한다'의 경우에서처럼, 이는 아무리 생명이 우선적으로 죽음을 향한 존재로 드러날지라도, 비인간 생명은 살아 있는 것으로 존재하지 않는다고 선언하는 관점이다. 이 지점에서 데리다는 레비나스뿐만 아니라 철학 내 어떤 사유자와도 그 입장을 달리하게 된다. 데리다에게는 역설적으로 생명에서 생명의 존재함 안, '나는 존재한다'는 본질적으로 '살아 있는 것'으로, 현존재나 사유하는 주체, 얼굴을 가진 타자, '나는 존재한다'라 말하는 언어화할 수 있는 주체 등 어떤 철학적 설정과 관계하는 것이 아니기 때문이다. 모든 창조물은 죽음이 도래할 때 죽는 것으로 착취로 인한 죽음, 삶/생명과 죽음의 착취야말로 무엇보다 윤리의 작동이 시작되는 지점이다. 그는 철학 전체에 뿌리내리고 있는 생명에 대한 비사유의 모순을 다음과 같이 비판한다.

모든 이 어려움의 핵심에는 항상 생명에 대한 사유에 대해 사유하지 않은 일면이 존재한다. 살아 있는 현존에서 에고의 자서전인, "살아 있는 현존"의 삶의 문제라는 후설로부터 나의 해체적 읽기는 시작됐는데, 그뿐만 아니라, 그 이후에 나온 모든 것이 사실상 거기(데카르트의 "나는 존재한다"에서 생명을 생각하지 않은 점)에서 나온다. 만약 동물이 죽지 않는다면, 만약 우리가 "죽이는 것" 없이 죽음으로 이르게 할 수 있다면 혹은 살해를 저지르지 않고 살해를 한다면, "죽이지 말지어다"가 그 문맥에서 자아를 고려하거나 살해를 고려하지 않는다면, 그것은 동물이 신성과 존엄을 정의하는 모든 것에 이방인으로 남기 때문으로, 얼굴에 의한 인간의 윤리학에서 분리되어, 외부적으로 남기 때문이다(AT, 111).

하이데거, 후설이 유지하고 있는 데카르트의 전통은 살아 있는 현존에서 삶과 생명을 떼어 내 생명 그 자체를 제대로 보고 사유하지 않은 점이다. 이는 데카르트의 "나는 사유한다. 그러므로 존재한다"

라는 사유 주체에 오직 의존하는 방식의 결과로, 모든 삶과 생명, 살아 있음과 관련한 것들이 삭제되고 제거된 채 유지되어 온 탓이다. 그것은 인간 삶을 분석하는 데뿐만 아니라 동물 삶에 대한 처우, 특히 죽어도 죽지 않는 것으로 인식하는 무자비한 비윤리적 결과를 초래하며 그에 대한 무책임으로 남는다. 이 의도적이면서도 무신경한 후설, 하이데거가 계승하는 데카르트 계보는 동물을 인간 삶으로부터 제거하면서도 속박시킨다. 이는 동물 살해를 금지하지 않을 뿐만 아니라, 동물을 윤리학으로부터 배제하고 외부적인 것으로 남게 만든다. 동물은 형이상학의 역사, 데카르트 계보에서 항상 이방적인 것으로 남는데, 데카르트 전통은 이미 그 형이상학 내부에 존재하는 동물 타자를 제거하고 배제함으로써 사실은 그 타자성을 통해 주체성을 전유하고 승계한다. 인간/동물의 허구적 구분에 의존하는 데카르트의 계보는 배제를 통해 이론화·의미화·개념화할 수 없는 철학 내 잉여물인 존재, 동물 타자를 그들의 역사에 지속적으로 소환하면서 배제한다.

3. 귀향을 기다리는
   이방인, 인간과 뱀

우리는 성서에 나오는 뱀의 이야기를 잘 알고 있다. 그림 2는 히에로니무스 보스가 재현한 천국에서 추방되는 아담과 이브의 이야기이다. 그림의 가운데 우측 부분에서 나무에 감겨 선악과를 먹도록 유혹하는 이는 다름 아닌 뱀이다. 뱀은 순수했던 아담과 이브에게 선악과

그림 2 히에로니무스 보스, 「건초마차 삼면화」(왼쪽 패널), 1510~1516.

를 먹게 함으로써 비밀을 알게 하고 그로 인해 신의 토양인 천국으로부터 추방되도록 만든 근본 '악'으로 등장하지만, 동시에 뱀은 동물의 한 종류일 뿐이며 성경에서 나타난 부정적 근거 이외 역사적으로 다양한 상징적 존재이다. 예를 들면 뱀은 지혜의 상징으로 세계보건기구의 엠블럼에 등장하며, 그리스·로마 신화에서는 죽음의 강을 지키며 삶과 죽음 사이의 경계를 드러내는 존재이기도 하다. 뱀은 생명·삶을 지키는 의술의 신이면서 동시에 고대 신들의 예언을 전하는 전언자였다. 성경에서조차 뱀은 단순히 사탄의 상징으로 머물지 않고 모세가 왕 앞에서 보인 이적에 등장하기도 한다. 모세의 이적은 지팡이를 뱀으로 탈바꿈시키는 것이었으며, 이 이적은 이스라엘 백성을 애굽에서 탈출하도록 만든다. 이후 그 이스라엘 백성이 광야에 떨어져 모세와 신을 원망할 때 신은 뱀을 풀어 그들을 물리게 해 죽음으로 벌하고 또한 그들이 구리 뱀을 볼 때는 그 벌에서 풀어져 낫게 하도록 했다. 뱀에 관한 기적의 이야기는 창조주의 은혜이자 심판을 동시에 나타낸다. 뱀은 죽음과 지혜라는 양면적 의미로 읽힌다.

그러나 「창세기」에서 근본 악으로 등장하기 때문에 뱀은 보스의 그림에서뿐만 아니라 다양한 작품에서 사탄의 이미지로 자주 표현된다. 성경은 뱀을 악의 상징으로 부각했으며 이런 이유로 뱀은 서구 기독교 역사에서는 단지 동물 이상의 혐오의 대상이자 부정적 상징, 사탄, 악의 근원, 최초의 죄악이자 위반의 근거가 되었다. 혹은 뱀 그 자체가 동물 전체를 대표하는 것으로 혐오와 부정의 대상이자 동물에 대한 근거 없는 거부의 대표자가 되었다.

1. 데리다의 뱀

데리다의 사유는 종교에서 금지 혹은 문제적 대상인 뱀이라는 동물의 상징적 위치에 재인식을 부여하고 있다. 뱀은 데리다가 다수의 저작에서 자주 언급하고 사유를 끌어내는 대표적인 동물 타자이자, 종교와 인간 사회 내 동물에 대한 거부의 문맥을 극대화해 보여 주는 예시이다. 나아가 데리다는 뱀을 통해 종교 내 동물의 거부와 폭력의 문제, 동물 살해의 문제를 제기한다.

『동물 그러므로 나인 동물』에서 데리다는 폴 발레리의 시「뱀의 시초」[61]를 발췌해서 설명한다. 여기서 그는 우리가 상식적으로 알고 있는 동물과 동물의 정체성 그리고 그 동물이 우리의 예상 밖에서 숨기고 있는 것, 드러내지 않고 있는 것들을 추적해 통념과 고정관념에서 벗어나 동물의 잃어버린, 빼앗긴 정체성을 재구성한다. 기독교라는 종교적 기반에서 아담과 이브를 천국으로부터 지상으로 떨어뜨려 유혹의 주체가 된 "뱀"은 발레리의 시에서 완전히 다른 존재로 인식된다.「창세기」의 역사가 서술하는 것과 다른 차원, 다른 관점의 사유로 이 시는 서술되고 있다. 데리다는「창세기」에 나오는 뱀이 "말하고 있다는 점" 때문에 흥미를 느꼈고 뱀이 그 자신을 "나"라고 지칭하는 것에 주목한다.

---

61 Paul Valéry, "Ébauche d'un serpent", *Charmes*, Paris: Gallimard, 1957; *L'animal que donc Je suis*, pp. 94~97; AT, 64~69 참조. 프랑스어 ébauche는 시초, 기원, 실루엣, 초벌, 초안, 밑그림, 흔적, 불완전한 것, 미완성 등의 의미를 지니는데, 시의 문맥상 뱀의 기원, 뱀의 은밀한 의도 등 중의적 의미로 읽을 수 있어서 제목을「뱀의 시초」로 번역했다. 본문의 시는 필자가 직접 번역했다.

산들바람이 부는 나무 사이로

내가 변한 저 독사

(…)

나는 짐승, 그러나, 첨예한 짐승으로,

나의 독은 고급스러운 독은 아니지만

독미나리를 훨씬 능가한다.[62]

발레리의 시 「뱀의 시초」에서 동물은 신의 세계 창조가 단지 하나
의 실수, 하나의 작은 얼룩임을 인간이 알아채지 못하고 보이지 않도
록 만드는 '심연'이자 현기증이다.

내 공범 중에서도 가장 자신감 넘치는 너,

나의 덫 중 가장 최고의 것이여

너는 지켜라, 지식의 심장들을

비존재의 순수함 안에서

우주가 단지 하나의 결함일 뿐이라는 것을.[63]

종교나 철학에서 결점으로 창조된 것처럼 보이는 동물의 자리는,
상징주의 시인들의 관점에서는 아무것도 아닌 것이 아니라 오히려
신이 창조한 세계의 결핍을 채워 주는, 창조의 밑바닥을 지탱하는 중

---

62 프랑스어 원문은 다음과 같다. "Parmi l'arbre, la brise berce/La vipère que je vêtis; …/Bête que je suis, mais bête aiguë/De qui le venin quoique vil/Laisse loin la sage ciguë!"

63 "Toi, le plus fier de mes complices/Et de mes pièges le plus haut/Tu gardes le coeur de connaître/Que l'univers n'est qu'un défaut/Dans la pureté du Non-être!"

요한 존재이다. 감각할 수 있는, 고통을 느끼는 동물 존재를 존재이면서 동시에 먹이로, 수단으로 만듦으로써 신은 결코 완전할 수 없는 세상을 창조했다. 동물들은 고통 속에서 살도록 만들어졌다. 이 때문에 창조는 무너짐을, 즉 결핍을 세계의 근본 축으로 갖는다. 동물의 존재는 심연으로 그 심연은 신 앞에 입을 벌리고 있다. 그것은 신 앞에 존재함으로써 저항하고, 자신의 희생으로 신이 만들어 낸 결핍을 지탱하는, 없어서는 안 될 세계의 축이 된다. 시인 발레리에게는 동물, 즉 뱀은 그 결핍을 고통과 희생으로 막게 함으로써, 전체 우주의 자리에서 존재로서 가장 반짝거리게 된다(AT, 65~66).

창공의 광채가
동물의 단순성으로 변장한 나,
기브르[64]를 예민하게 한다.[65]

하늘, 그의 실수! 시간, 그의 폐허!
그리고 동물적 심연이 입을 벌리고 있다!
이런 기원에서부터의 무너짐이라니,
무의 자리에서 섬광이 빛난다!
무의 자리에서 섬광이 빛난다!
그러나 그의 언어의 최초의 단어는

---

64 기브르는 밀라노시의 문장에 그려져 있는 용으로, 입에 사람을 물고 왕관을 쓴 구불구불한 뱀의 모습으로 그려져 있다. 밀라노시 근처의 늪지대에 살았다고 전해지는 환상의 동물이다.

65 "La spendeur de l'azur aiguise/Cette guivre qui me déguise/D'animale simplicité."

나! … 별들 중에서도 가장 아름다운…

취해 버린 자에 의해 발음된,

나는! … 되리라!… 반짝이는 내가

모든 유혹자의 화염들에 의해 신성은 얼마나 작아졌는가![66]

데리다의 관점에서 뱀은 '자신에 기대 자기를 돌아보거나 똬리를
트는' 존재로, 신에게 기대지 않고 스스로 있는 독립적 존재다. 뱀은
신이 만든 원형적이며 순환적인 삶을 연동시키고 작동시키는 (신의
결핍을 채우기 때문에 어쩌면 신보다 더 위대하며, 신·인간의 바닥을 짊
어지는) 가장 중요한 존재다. 공허, 결핍, 실수, '심연'의 동물의 자리
는 혼돈·어지러움으로 있으면서 무엇보다 신과 인간의 과오를 떠받
친다. 그 자리는 무로서 아무것도 아닌 것이 아니라 무이자 심연이기
때문에 분명히 있는 자리, 중요한 존재의 자리다. "존재의 끝(각), 그
러므로 내 자신인 존재는 동물 심연이라 불리는 것이 구멍이라고 보
기에는 너무 많은 존재이기 때문에, 그것은 무존재가 아니라 사실상
거기에 존재가 있다"(AT, 78). "나는 너희 인간들에게 이렇게 말한
다"의 화법 속 뱀인 "나"(Moi)는 신의 '나'(Moi)를 표현하는 대문자
'나'(Moi, God)를 사용한다(AT, 67). 시에서 뱀은 자신을 창조주인 신
으로, '짐은'(Moi, God), '나는'이라 칭한다. 비존재의 자리에 있으면
서, 동시에 존재인 뱀은 '무존재로부터' 이어받은 '나(신)' 곧 창조주

---

66 "Cieux, son erreur! Temps, sa ruine!/Et l'abîme animal, béant!…/Quelle chute dans l'origine/Étin-
celle au lieu de néant!/Mais, le premier mot de son Verbe/MOI!… Des astres le plus superbe/Qu'ait
parlés le fou créateur/Je suis!… Je serai!… J'illumine/La diminution divine/De tous les feux du Sé-
ducteur!"

이며, 오히려 창조주의 과오를 떠받치는 또 다른 창조주로 등장한다. 그 뱀은 동물로서, 과오를 저지르는 인간과 겹치고, 창조주인 신과 겹친다.

2. 뱀의 환대

데리다는 뱀이라는 특정 동물을 선택해 문학 내 전환된 사유를 보여주고 분석함으로써 전통 철학과는 다른 시각에서 그 문제에 다가간다. 뱀과 동물 타자에 대한 철학과 종교의 근원적인 거부를 어떻게 타자의 환대로 전환할 수 있는가의 문제는 뱀이라는 동물을 악으로 만드는 타자의 개념화를 우선 인식해야 가능하다. 데리다는 이 타자의 개념화를 벗어나 타자성 자체로 접근할 수 있는 길을 열어야 한다고 본다. 그가 주장하는 동물 타자에 대한 환대란 무엇인가?

데리다는 D. H. 로렌스의 시 「뱀」을 통해 뱀에 대한 환대를 언급하고 있다(BS 1, 236). 뱀의 얼굴에 대한 레비나스의 잘 알려진 일화는 그의 뱀에 관한 사유가 왜 필수적이었는지를 알게 해준다. 레비나스에게 동물은 이중적이며 모순적으로 나타난다. 앞서 살펴봤듯이, 레비나스는 개인 바비를 마지막 칸트주의자로 부르면서도 "격률과 욕망을 보편화하는 데 필수적인 뇌가 없다"고 주장했다. 레비나스 사상에서 동물은 아직 환대의 대상이 아니었다. 반면에 인간은 동물보다 우월하다고 여겨지지만, 그러면서도 경우에 따라서는 구제할 수 없이 퇴락할 수도 있는 존재였다. 그와 데리다 사이의 간극은 뱀의 얼굴에 대한 부분에서 가장 차이가 난다. 세미나에서 데리다는 대담자들에게 종종 "동물도 얼굴이 있나요?", "당신은 뱀이 얼굴이 있다고 말하고 싶은가요?"라고 대답과 질문을 동시에 던지면서 물었다. 이 질문은 그가 종종 그러하듯 동물에서의 잠재적인 경계들에 대해 떠올리도록 했다. 데리다는 이 사례가 우연히 일어난 것이 아니라는 점을 지적한다. 레비나스 사유에서 윤리적 책임감은 '얼굴로부터 얼굴로' 표명되는 것으로, 얼굴이 없는 자는 윤리적 책임감을 표명할 수도, 받을 수도 없다. 얼굴은 의무를 받는 곳(장소)이기 때문이며, "살인하지 말라/죽이지 말라"라는 의무가 머물고 결정되는 곳이다. 뱀의 얼굴과 관련된 문제는 그러므로 결국 뱀에 관한 살해, 즉 동물 살해를 윤리학의 범주로 확대할 것인가 여부의 문제로 나아간다. 뱀이 얼굴이 있는가 아닌가에 대한 질문은 또한 뱀을 죽이는 것이 허락되는가 아닌가에 대한 질문일 수 있다. 로렌스의 다음 시에 대한 데리다의 분석은 이러한 뱀이라는 동물 타자에의 환대에 대한 문제의 예시이다.[67]

그는 물을 마시다 그의 머리를 들어 올렸다, 마치 소들이 그러듯이
그리고 나를 모호하게 바라보았다, 마치 소들이 그러듯이.[68]

로렌스의 시에서 화자는 물을 마시려고 온 뱀을 발견한다. "뜨거운 뜨거운 날에" 물을 제공하는 것은 환대의 근본적 행위이며 이 장면은 아브라함의 특사가 도착할 때 우물로부터 물을 긷는 레베카를

<hr>

67 데리다는 『짐승과 통치자』 1권에서 로렌스의 시를 분석한다. BS 1, 237; *Séminaire: La bête et le souverain*, vol. 1, p. 317.

68 원문은 다음과 같다. "He lifted his head from his drinking, as cattle do/And looked at me vaguely, as drinking cattle do."

떠오르게 한다.[69] 레베카는 그 특사인 신하에게 물을 제공할 뿐만 아니라, 낙타들에게 물을 줌으로써 그녀의 가치를 보여 준다. 뱀이 그의 머리를 드는 방식에 대한 로렌스의 언급은 "소들이 그러듯이"라는 직유를 사용해 인간 가족에 속해 평화롭게 길들여 온 소와 그렇지 않은 뱀 사이의 격차를 우리에게 상기시킨다. 로렌스는 이를 통해 길들여 온 소와 그의 물을 마시도록 허락된 외부자이자 적일 수도 있는 뱀을 함께 사유하도록 만든다. 그는 이 장면을 명확하게 적대적인 장면으로 표현하지만, 이 시에 대한 분석에서 데리다는 오히려 뱀이라는 손님을 첫 번째로 받아들임의 중요성을 지적한다. 이는 레비나스와 데리다가 언급한 타자의 우선성과 선행성(시간상의)과 관련한 철학적 의미를 떠올리게 한다. 뱀은 '나보다 먼저 와 있는 손님'으로, 최초로 오는 자이고, 인간은 그다음에 오는 자이다. 여기에는 공손함과 공통 호의에 관한 일상적 의미가 동시에 존재한다. 데리다는 다음과 같이 말한다.

그는 첫 번째로 오는 자이다. 그가 나를 죽일지도 모른다거나 죽이고 싶어 하건 아니건, 나는 그를 죽이지 말아야만 하며, 나는 그를 존경해야만 한다. 그는 그러므로 손님이다. 이것은 고전적 장면이며, 고전적 성경의 장면이자, 고대 동방의 장면이다: 환대의 장면은 물의 근원 근처, 오아시스나 우물 근처에서 일어나며, 환대에 대한 질문은 물과 관련하여 설정되어 있다. 즉 이는 물의 근원의 배치에

---

69 「창세기」 24장의 이삭과 레베카(우물가에 나타난 레베카)의 혼인을 의미한다.

관한다.[70]

죽음에 대한 잠재적 적을 설정하고 환대를 해야 할지 아닐지에 대해 묻는 것과는 별도로, 물을 마시는 것 자체는 사막에서 삶과 죽음을 가르는 차이를 의미한다. 로렌스에 의하면 시실리 지역에서 검은색 뱀은 순수를, 금색 뱀은 위험한 독을 가지고 있다. 이 외양적 판단을 따르는 클리셰는 금빛 뱀이 독을 가진다면 잠재적으로 치명적임을 암시한다. 시 속 화자는 그(뱀)를 죽이라고 했던 교육의 목소리와 뱀을 쫓을 막대기를 가지라고 말하는 내부의 목소리에 의해 시달린다. 내 안에서 교육의 목소리는 금색의 뱀이 독을 품고 있으므로 지금 무언가를 들고 그를 쳐 쫓아야 한다고 소리친다. 화자는 볼품없는 나무토막을 집어던졌고 뱀은 서둘러 사라졌다. 뱀이 사라진 틈을 "매혹된 채 응시하고" 있던 화자는 곧 후회했고[71] 자신이 왜 그것을 원하는지 모르는 채 뱀이 다시 돌아오기를 바란다.

데리다가 말하는 타자는 '나'의, 나라는 존재의 영속성이나 의미를 중지시키는 '틈'에서 온다. 예측할 수 없는 손님인 뱀 자체가 틈이다. 이 뱀과의 '실패한 만남'은 타자와의 만남을 가능하게 하는 것이 구조적 불가능성임을 증거하고 있다. 화자인 나 그리고 우리는 아무것도 알지 못한 채 타자를 기다리고, 타자가 그인 줄 모른 채 그 만남에 실수하며, 그 실패 이후에야 다시 후회하며 기다린다.

70 BS 1, 240~241; *Séminaire: La bête et le souverain*, vol. 1, p. 326.
71 Kalpana Rahita Seshadri, "The Time of Hospitality-Again", eds. Richard Kearney and Kascha Se-monovitch, *Phenomenologies of the Stranger*, New York: Fordham University Press, 2011, pp. 134~136.

3. 언캐니한 존재들에 대한 무조건적 환대

이 뱀의 환대와 관련해 데리다와 레비나스의 사유는 만난다. 『파롤에 대하여』에서 데리다는 레비나스에 대한 자신의 작업을 떠올리면서 다음과 같이 요약한다.

타자 앞의 자신에 대한 가장 중요한 태도는 환대에 관한 사유로부터 시작해야 합니다. 또한 볼모에 대한 사유 역시 환대에 관한 사유에서 시작해야 합니다. 그러한 상황에서라면 나는 이미 타자의 볼모입니다. 즉 내 집에서 만약 내가 타자를 환대하는 자라면, 나는 이미 타자의 볼모라는 것입니다. 여기에서 나는 나의 집에서 타자의 볼모가 되며, 그 볼모의 상황은 나의 책임감을 규정해 줍니다. [72]

주인(host)은 이미 타자의 볼모(hostage)이다. 그 둘은 어원상 서로 안에 '기입'되어 있으며, 그런 점에서 타자를 맞이하는 주인은 타자의 볼모가 되고, 타자는 오히려 주인이 된다. 시 속에서 결과적으로 보여 주듯이 화자인 인간은 뱀을 환대했을 때, 이미 그의 타자이자 손님인 뱀의 볼모가 된다. 그리고 이는 환대의 상황 속에서 항상 발생하고 있는 문제가 아닌가? 뱀이 인간의 물이 있는 장소의 예기치 않은 방문객이 될 때, 뱀은 인간의 손님이자 타자가 된다. 또한 만약 뱀에게 그 장소를 허락했다면, 그 순간, 이미 인간은 손님인 뱀의

---

72   Jacques Derrida, *Sur parole*, Paris: Editions de l'Aube, 2003, p. 66.

볼모가 된다. 무조건적 환대는 법의 테두리 밖에 있는 타자를 경계의 안으로 들임으로써, 자신의 집을 선물로 준 것과 다름없어지며, 오히려 초대한 자신은 볼모로서 손님이 되고, 초대받은 손님은 오히려 주인이 된다. 환대는 이처럼 자신을 구성시키는 모든 개념을 와해시킬 때에만 그리고 그렇게 타자성을 환대할 때에서야 비로소 가능해지며 이 환대 이후에야, 주인은 주인으로 존재할 수 있다. 타자가 질문으로 오는 이유는 바로 이 때문이다. 데리다는 이렇게 말한다. 타자는 '질문의 질문'으로 모습을 드러내는데, 그 이유는 그가 '나'에게 행하는 질문이 이미 '나'의 내부에서 '나'를 흔들어 놓기 때문이며, 내가 그에게 행하는 질문은 어쩌면 이런 점에서 방어에 불과하다. 이 절대적 타자성을 환대할 때에서야 '나'는 '나'로 구성되며, 타자 역시 자신의 절대성이 손상될 때 존재할 수 있다. 데리다는 로렌스의 뱀에 대한 시를 통해 우선, 우리와 닮은 인간에게만 윤리와 도덕의 범주를 한정할 것인가 아니면 동물 일반이라는 살아 있는 창조물, 생명 그 자체로 그 범주를 해당하게 할 것인가의 문제를 제기한다. 더 나아가 주권의 문제를 제기하는데, 주권을 타자에게 양도하는 것과 주권이라는 것 그 자체가 보편적으로 여기에서 시험되고 있다(BS 1, 244~245).

데리다는 프로이트의 『토템과 터부』에서의 도덕법의 출현을 통해 로렌스의 시 속 화자의 입장을 설명한다. 프로이트는 윤리의 기원을 설명하면서, 아버지에 대한 살해를 도덕적 초자아의 근원으로 본다. 여기서 아들은 아버지의 살해 이후에서야 그들 사이의 동일성에 동의한다. 즉 도덕성이 태어나는 것은 아버지의 살해 이후이며 아들과 형제들이 회한을 느끼는 때도 아버지의 살해 이후이다.[73] 달리 말해, 도덕법은 친부 살해로 인한 회한으로부터 태어난다. 그리고 회한이 있기 위해서는 도덕법이 이미 그 자리에 있어야만 한다. 이는 거꾸로, 살해의 순간이 없으면 절대 회한이 있을 수도 없다는 것을 의미한다. 아마도 로렌스 시의 화자는 뱀을 회한 없이 죽이게 될 것이다. 거기에 회한이 있기 위해, 도덕법은 이미 거기에 있다. 그러나 속죄의 순간 속에, 혹은 회한의 순간 속에 죄책감의 순간이 있으며 도덕법은 그렇게 나타난다.

데리다가 분석한 로렌스는 이 시에서 소환한 뱀과 알바트로스, 신을 통해 대지라는 가장 낮은 곳과 알바트로스라는 가장 높은 곳의 존재, 신이라는 가장 높은 곳의 존재를 뱀이라는 대상 속에 일치시킨다.[74] 데리다는 이것을 주권의 탄생으로 설명하는데, 주권이란 가장 높은 곳과 가장 낮은 곳 사이에서 비로소 태어난다. 즉 주권이란 원리상 최고의 존재, 가장 강한 존재, 세움의 존재, 최상의 높음이다(BS 1, 245). 로렌스는 여기에서 뱀을 왕은 아닌, 인간 정치 안에서 왕과 닮은 유사한 존재로 설정하는데 이는 무슨 까닭일까? 데리다는 뱀과 고향을 잃은, 고향에 있는 인간을 동일선상에서 논하고, 환대의 문제를 거기에 둔다. 즉 이 시처럼 동물 타자인 뱀은 추방된 자이고, 힘을 잃은, 힘을 실행하지 않는, 못하는 왕이며, 어떤 의미에서는 권좌에서 물러난 왕이기 때문이다. 그리고 성서에서 소환되는 이 물러난 왕

---

73 Sigmund Freud, *Totem and Taboo*, trans. A. A. Brill, Las Vegas: Lits, 2009, pp. 1~89.

74 "And I thought of the albatross/And I wished he would come back, my snake/For he seemed to me again like a king/Like a king in exile, uncrowned in the underworld/Now due to be crowned again."

으로서의 뱀의 장면은 자연스럽게 또한 환대의 문제와 연결된다. 데리다는 고향에 있지만, 고향을 잃은 인간과 권좌에서 쫓겨나 추방당한 뱀을 동일선상에 놓을 것을 주장한다. 그것은 뱀에 대한 환대가 곧 인간에 대한 환대와 동일선상에서 논의되어야 함을 말한다.

그것은 고향(home)의 장면이며, 고향에 거주하지 않고 고향에 있는 장면, 즉 이는 언캐니(unheimlich)이며, 이 모든 것은 전부 언캐니에 대한 것이다. 가장 친숙한 것이 가장 낯선 것이며, 가장 두려움을 주는 것이며, 가장 문제를 일으키는 것이며, 그것은 완전히 전적으로 언캐니에 관한 것이다(하이데거는 소포클레스 속의 그리스 단어 데논 [deinon]을 언캐니로 번역하는데 데논이란 '두려움을 주는'[terrifying] 이란 뜻으로, 하이데거가 말하는 가장 언캐니한 것은 바로 인간이다. 즉 가장 방향을 잃은/혼란스러운[disoriented]자이며, 가장 방향을 잃고 있는 자이며, 고향에 있지만, 고향에 있지 않은[at-home-not-at-home] 자이기 때문이다). 따라서, 이는 모두 전적으로 언캐니에 관한 것이며, 고향으로부터 떠나온 고향에 거주함이라는, 명백한 언캐니성의 사실이다(BS 1, 246).

추방당한 자로서, 환대와 망명을 요청하는 자로서, 뱀과 같은 동물 타자들은 인간과 마찬가지로 고향에 거주하지만 거주하지 못하는 자들이다. 오직 인간만을 위한 세계 속에서 '산 죽음(살아 있으면서도 죽어 있는)'의 상태로 존재하는, 거부에서 드러나는 '거부할 수 없음'

은 스스로를 '주장'한다.[75] 적절히 받아들여지지 못하고 불완전하게, 있는 것도 없는 것도 아닌 동물 타자의 현실에서의 거주와 귀환의 가능성은 규정할 수 있는 내용을 갖지 못하며, 사막처럼 텅 비어 인간 주체가 완전히 전유할 수 없는 것으로 남아 있다. 동물 타자는 부정당하면서도, 부정할 수 없는 자신의 존재를, 현실의 틈 안으로 밀어 넣어 잉여로 존재한다. 그들은 고향을 찾으며, 데리다가 말하고 있듯, 여기에서 그들을 환대할지 말지를 결정하는 자는 인간이다(BS 1, 246). 즉 우물에 있는, 우물을 차지한, 우물의 권리를 가진 자는 인간이다. 그리하여 뱀은 추방당한 자로, 왕관을 잃었기 때문에 왕과 같지만, 왕은 아닌 자이다. 뱀은 잠정적으로, 추방당한 왕국을 되찾으려는 그 왕국을 향한 신호이다. 인간인 주인은 뱀이라는 동물 타자를 맞이함으로써 비로소 인간인 주체가 된다. 즉 주인은 손님을 맞이함으로써, 손님의 볼모가 됨으로써 비로소 주인이 된다. 그러나 뱀을 맞이하며 뱀이라는 동물 타자의 응시를 봄으로써, 인간은 더 이상 완전한 주인이, 주체가 아니게 된다. 인간이 머무는 이 장소도 더 이상 인간만의 것이 아니라는 것을 알게 된다. 주인이 머물던 주인의 집은 더 이상 주인의 것이 아니다. 왜냐하면, 주인은 이미 타자의 볼모가 되기 때문이다. 초대를 통해 비로소 주인이 되지만, 더 이상 그곳은 주인 자신의 집이 아니라, 낯선 공간이 된다. 환대란 선물로서 타자에게 공간을 주는 것이다. 선물로서 타자에게 공간을 주는 환대는 타자에게도 주인에게도 더 이상 안전하지 않은 언캐니한 공간, 더 이

---

75 Catherine Malabou, "Another Possibility", *Research in Phenomenology*, vol. 36, 2006, p. 125.

상 집이 아닌 집에 거주하고 있음을 보여 준다. 가장 친숙한 곳이 가장 낯선 장소가 되는, 가장 친밀한 공간이 가장 낯선 공간 안에 이미 기입해 있는 이 낯선 집인 인간과 동물의 현실은, 더 이상 근원적 고향이 아니라 이미 항상 시작된 '방황'의 공간이다.

인간이라는 주인이 초대하기 전에 동물 타자인 그는 이미 초대받은 손님이며, 친밀한 집에 거주하는 낯선 자이다. 동물 타자는 인간 주체를 만들지만, 동물 타자의 방문은 인간 주체를 와해시키며, 그러나 이 타자의 도래가 있지 않고는 주체는 결코 주체로 구성될 수 없다. 왜냐하면 인간 주체 안에 이미 그것을 구성하는 동물 타자가 거주하고 있기 때문이며, 인간 주체는 항상 선을 넘는, 자신의 권리를 넘어서는 타자의 질문에, 이 동물 타자의 질문에 '응답'할 때 생겨나는 결과물이기 때문이다. 그러므로 항상 주체는 타자에 대한 책임에 사로잡혀 있다. 응답을 응답으로 여기지 않으려는 형이상학의 완고한 태도는 바로 이 책임으로부터 회피하고 싶기 때문일 것이다. 책임은 그 자체로 불가능한 경제를 구현한다. 타자에 대한 응답을 가정하는 책임은, 인간 자신의 내적 결정으로서 작용하는 동시에 무한한 외부에 열려 있기 때문에 데리다에게 책임은 정치적 대상이자 경제적 대상이다.

데리다에게 책임은 타자를 희생함으로써 가능하게 된다는 역설을 띤다. 책임의 의미망을 연결하는 역사나 정치, 종교, 철학, 윤리 또한 언제나 이러한 희생과 폭력을 가정한다. 서구 역사 자체는 이런 타자의 희생을 통한 책임의 역사다. 그러나 이것이 타자에 대한 폭력과 압제를 당연한 것으로 만들지는 않는다. 『죽음의 선물』에서 그것을 이야기한다. 동물 타자의 도래는 인간의 존재 이유나 권리에 '의문'

을 제기한다. 환대하는 자 안에 이미 환대받는 자가 있으며 그 뒤바꾸는 위험에 자기 자신을 노출할 때에야 무조건적 환대가 시작된다. 그러나 법으로 규정되는 순간 이미 환대는 그것을 벗어난다. 환대의 법 자체가 그 환대를 충분치 못하게 만들기 때문이다. 무한한 타자성은 바로 그 법을 넘어서야 만날 수 있다. 데리다는 조건적 환대와 무조건적 환대가 "서로를 배제하는 순간 서로를 껴안는다"라고 말한다.[76] 주인의 주권을 보장하는 환대나 무차별적인 무조건적 환대는 이미 서로 오염되어 있고 서로가 서로에 기입해 있다. 주인은 손님이며, 손님은 주인이 되는 이 뒤바뀐 전치 때문에 주인도 손님도 영원히 낯선 곳, 언캐니의 공간에 있게 된다. 이들은 모두 귀환을 기다려야 하는 추방된 자들이자, 고향을 향해 돌아가야 할 임무를 가지고 있는 자들이다.

데리다에 따르면 이 시는 그야말로 에덴의 정원의 아이러니하거나 뒤바뀐 전이를 명백하게 의미하며, 뱀은 추방당한 채 유배당한 자로, 추방당한 자는 아담이나 이브가 아니라 바로 뱀이라는 점이 이 시에서 가장 충격적이라고 말한다. 달리 말해, 아담의 희생물이 바로 이 뱀이라는, 모든 희생의 희생물인, 동물 타자라는 점이다. 데리다는 아담이란 대지를 의미한다고 말한다. 데리다에 따르면, 우리는 그 근저에서 성서를 다시 읽을 필요가 있는데, 왜냐하면 성서의 전체 이야기는 아쉽게도 인간이 아닌 뱀에 관한 이야기이기 때문이다. 데리다의 동물에 관한 사유 전반은 동물 타자가 재료나 배경이 아니라 타

---

76 Jacques Derrida and Anne Dufourmantelle, *Of Hospitality: Cultural Memory in the Present*, trans. Rachel Bowlby, Stanford University Press, 2000, p. 81.

자라는 객체이자 주체이며, 동물 타자 전반에 대한 사고가 이로써 전환될 수 있음을 보여 준다. 동물 타자인 뱀은 규정할 수 없고 의미화할 수 없으며, 비밀에 싸여 있는 코라와 같은 장소 아닌 장소인 절대적 타자로 나타난다. 이 절대적 타자를 향한 발걸음은 수수께끼 같은 비밀에 직면할 수밖에 없다. 이 비밀을 유지한 채 타자에게로 향하는, 이 불가능한 일에 열릴 때에만 우리는 타자를 타자로서 만날 수 있다.

우리가 동물 타자에게 베풀 수 있는 환대의 한계에 대한 고려는 그들을 아무것도 아닌 자, 아무것도 아닌 것에서 우리보다 선행하며, 우리에게 늘 의문을 던지는, 이방인이자 타자에 대한 관점으로 이행시킨다. 고통으로서의 타자인 이 모든 동물 타자에 대한 사유가 소급되는 곳은 생명으로서의 감각의 인정과 생명에 대한 폭력의 문제로 귀결한다. 생성으로서 생명을 바라보고 그 생명을 코기토로 설정한 데리다의 동물 타자론은 고통에 대한 인간의 감수성을 확장하는 문제이자, 철학 전반에 걸쳐 있는 동물에 대한 무관심이 그들에게 폭력으로 무차별하게 작동하게 만드는 억압구조의 원인임을 철학에서 처음으로 보여 준다. 데리다의 동물 타자론은 철학적 사유의 위계가 설정하는, 살아 있는 존재와 생명에 대한 정치학과 윤리학에 대한 고찰을 전반적으로 재사유하고 재설정할 것에 관한 문제로 남는다.

4장　예술은 어떻게 동물과 친구가 되었나?

지금까지 살펴봤듯이 철학 안에는 철학이 깨닫지 못했던 불합리와 불공정이 인간 주체의 동물 타자에 대한 억압과 위계라는 구조적 문제로 상존해 왔다. 그러나 철학이 보지 못했던 구조적 폭력으로 동물 타자를 전유해 온 이 문제는 예술 안에서는 조금 다르게 나타난다. 예술은 소위 합리성과 이성으로 이루어진 철학의 틈을 보여 주며, 드러나지 않았던 동물의 타자로서의 존재를 드러내고 그들에게 향하는 인간 주체의 폭력에 물음을 제기함으로써, 철학의 결핍을 다른 방식으로 조망한다. 이런 이유로 본 장에서는 데리다의 동물 타자의 존재론을 통해 동시대 예술 작품을 살펴볼 것인데, 이는 철학과 예술 사이의 차이와 차별적인 예술의 입장을 드러낸다는 점에서 흥미롭다. 그것을 통해 우리는 철학이 지나쳤던 것을 보는 예술적 시각이 존재함을 알 수 있다. 이 장에서는 프랜시스 베이컨, 데이미언 허스트, 요제프 보이스, 올레크 쿨리크, 조은지의 작업을 알아본다. 이들은 인간 주체에게 전유되어 온 타자에 대한 문제로서 동물을 자신의 작업에 주요하게 배치하고 재현했던 작가들이며 인간 주체 아래 구조화해 온 동물 희생구조의 인식과 재현에서 상식과는 다른 입장을 다양하게 보여 준다. 동물성과 동물 타자 그리고 그들을 겨냥한 희생구조의 주제 아래 조각에서는 허스트의 작업을, 퍼포먼스에서는 보이스, 쿨리크, 조은지의 작업을, 회화에서는 베이컨의 작업을 따라가 보자.

　허스트와 보이스는 자신의 예술 안에서 인간 주체 아래 구속되는 동물 타자의 희생구조를 드러내려 시도했다. 그러나 허스트의 경우 동물의 희생구조를 보여 주는 작업의 전개 방식에서 스스로 인간의 동물 착취 실행을 그대로 답습한다. 그는 하이데거와 마찬가지로 동물의 중요성을 알고 있었지만, 그 희생을 구조화하는 일반적인 인간의 착취 방법을 극복하지 못했다. 보이스도 마찬가지다. 생태예술가로 잘 알려진 보이스는 자연과 동물의 우위성(광범위함, 풍부함), 인간에 대한 동물의 선행성을 잘 알고 있었다. 그의 예술에서는 동물과 자연, 생태에 대한 작가의 관심과 경외감이 잘 드러난다. 그러나 보이스가 코요테를 통해 보여 준 퍼포먼스의 전개 방식은 결코 인간의 동물 착취 방식에서 벗어나지 못했다. 허스트와 보이스는 동물의 희생구조, 그들의 선행성과 중요성, 동물에 대한 의미를 잘 알고 있음에도 불구하고 그들을 희생구조에 정착시키는 인간 주체의 착취 맥락을 이어 갔던 사례에 해당한다.

　그러나 베이컨과 쿨리크, 조은지는 이들과 대척점에 있다. 베이컨은 그의 회화 작업에서 도살 이후 동물 신체로 구성된, 절단되고 파열된 채 전시되는 고기와 자화상을 한 화면 안에 병치한다. 그는 '왜 나는 정육점의 고기가 아닌가?'라는 제목을 통해 동물 도살, 고기라는 이름으로 불리는 동물 사체에 대한 사유를 고통스러운 삶 속 자신의 정체성과 동일시한다. 이런 이유로 그는 죽은 채 절단된 동물, 모든 의미가 비워진 시체로서의 고기를 비판적 관점에서 적극적으로 표현한다. 쿨리크 역시 독특한 방식으로 동물의 동물성과 인간 안 동물성 사이의 애매한 관계, 어디까지가 인간적인 것이고 어디까지가 동물적인 것인지, 그 경계상의 모호함을 작품에서 파격적으로 드러낸다. 그의 작업은 윤리학 선상에서 반드시 항상 옳은 것은 아닐지라도 동물과 같은 인간, 인간과 같은 동물의 경계점에서 그 극단을 보여 주는 정신분열적 퍼포먼스 사례들로 집약된다. 이런 방법을 통해 그는 이전에는 결코 생각할 수 없었던 동물 타자에 대한 다른 방식의 사유들을 되묻게 만든다. 쿨리크의 접근 방법과 다른 길을 걷는 조은지의 작업은 쿨리크의 일견 혐오스러운 지점 너머, 자연 그 자체로서 존재하는 동물, 타자로서의 동물의 고통과 응시에 자연의 일부인 인간으로서 응답하고 그들의 소리에 귀를 기울이는 명상적 작업을 전개한다. 그의 작업은 이런 면에서 오히려 베이컨과 사유의 근간을 공유하면서 누구보다도 윤리적인 선상을 강하게 지키고 있다. 이 다섯 작가의 작업을 베이컨부터 차례로 분석함으로써 작업 방식 안에서 동물성, 동물 타자, 동물윤리학이 어떻게 다르게 공명하는지 살펴본다.

1. 프랜시스 베이컨과
   타자인 동물, 고기

아일랜드 태생의 영국 화가 베이컨은 20세기 가장 뛰어난 구상화가 가운데 한 사람이다. 그는 형상이 모호하게 무너진 인간의 모습과 도살된 죽은 동물의 절단된 신체, 즉 고기를 특유의 직접적이며 강한 필치와 색채로 그려 낸다. 기존 작가들의 구상적인 인물 형태와 완전히 구별되는, 잔혹하게 찢기고 뭉개진 인간 형상과 동물의 신체 이미지는 표현주의적 색채를 드러내는 리얼리즘으로 명명된다. 영국의 미술사가 제임스 맬패스는 앙토냉 아르토, 앙리 미쇼, 브람 판 펠데, 자코메티 그리고 베이컨을 2차 세계대전 직후 유럽의 자의식을 일깨운 선구적인 리얼리즘 화가들로 제시한 바 있다. 그는 그들의 리얼리즘을 미술 용어적 견지에서 표현주의 미술 형식에 가깝다고 덧붙였다.[1]

베이컨의 작업에서 주로 주목받았던 점은 인간의 형상이 알아볼 수 없게 뭉개져 분열되고 중첩된 채 출현한 표현주의적 화면의 구성이었다. 그러나 거기에 동물 타자의 개입, 죽은 동물 희생물인 고기가 인간 신체와 동등하게 병치되어 있다는 점에 주목할 필요가 있다. 지금까지 동물은 화가의 작업에 자주 등장했어도 동물 자체를 논의의 중심으로 분석한 비평은 찾아보기 힘들었다. 왜냐하면 동물은 존재하지만 묵과되거나, 보이면서도 보이지 않는 존재로 취급되었기 때문이다. 그러나 베이컨은 동물 사체를 화면에 드러나는 다른 등장인물의 형상과 동등한 방식으로 주요하게 배치함으로써 동물 사체 혹은 죽은 동물의 고기와 인간이 모두 희생구조 속에 편입된 존재들일 수 있음을 보여 준다. 이러한 배경은 2차 세계대전 직후 사회에서 일어난 흐름과 무관하지 않다. 인간을 동물과 마찬가지로 너무 쉽게

1 　제임스 맬패스, 『리얼리즘』, 정헌이 옮김, 열화당, 2003, 50쪽.

죽음에 이르도록 하는 전쟁의 참상은 특히 홀로코스트 사건을 통해 극대화되었다. 데이비드 우드는 시카고 도살장의 설계를 홀로코스트가 일어난 죽음의 장소의 건축, 수송구조와 연결해 인간에게 행해진 그 대량 살상의 참상과 실패할 수 없는 죽음의 체계를 설명한 바 있다.[2] 전쟁의 비극 이후 동물과 인간은 그 생명의 경계선에서 서로의 가치와 절대성을 되묻는 사고의 전환에 이르게 된다. 인간은 동물의 죽음을 자신의 참상을 통해 재인식하기 시작한 것이다.

1. 고기인 나와 동물 타자의 비극적 리얼리즘

전후 사회 인식의 변화 이후에 기존의 화면과 구별되는 주제와 정서로 등장한 베이컨 작업의 독특한 특징은 절단된 동물의 신체가 인간 신체와 유사하게 고기의 형태로 표상된다는 점이다. 사람들은 고기가 원래는 동물이었다는 것을 애써 무시하거나 인지하지 못한다. 그러나 고기는 동물이 이 세계를 살았고 한때는 살아 있었다는 것을 가장 강하게 증명하는 증거다. 인간의 사회에서 동물은 인간과는 다르게 죽기 위해 살아가는 방식 내에 항상 놓여 있다. 희생물로서의 동물의 삶, 고기로 만들어진 타자의 살에 대한 베이컨만의 다른 인식은 「회화」(그림 5)와 「십자가 책형에 대한 세 연구」(그림 7)에서 잘 나타난다.

이 작업은 베이컨을 유명하게 만든 대표작 중 하나이다. 초기부터

---

2   David Wood, *The Step Back: Ethics and Politics after Deconstruction*, Albany: SUNY Press, 2005, p. 49.

그림 3 마티아스 그뤼네발트, 「이젠하임 제단화」 중 '십자가 책형', 1512~1515.

1960년대 중반에 이르기까지 십자가 책형은 그의 작업에서 자주 등 장하는 주제였다. 인터뷰에서 그는 그뤼네발트의 「이젠하임 제단화」 (그림 3)와 루벤스, 렘브란트의 십자가 책형 작품들(그림 4)에 깊은 감명을 받았다고 언급한다. 전통 회화에서 자주 다루어지는 '예수 십 자가 책형'을 모티브로 한 「회화」와 「십자가 책형에 대한 세 연구」는 십자가에 박혀 피 흘리는 예수와 갈고리에 걸린 도살장의 고깃덩어 리를 서로 바꾸어 묘사한 것이다. 이 작업은 보기에도 매우 충격적인 동일 모티브의 완전히 다른 전환을 표현한다.

베이컨은 다음과 같이 설명한다. "종교적인 관점에서 내가 책형에 관심을 가진 것은 아니었다. 오히려 주위 인물들에 비해 들어 올려진 육체 … 다른 것들로부터 고립되어 단상 위에 올려진 육체에 나는 관

그림 4 렘브란트 하르먼스 판레인, 「십자가에서 내려짐」 1634.

심이 있었다."[3] 죽은 동물의 육체를 그저 고기로 인식하는 일반인들의 생각과는 다르게 그는 피 흘리는 동물의 사체와 예수의 몸을 동일하게 사용한다. 이것은 베이컨이 일반인들의 사고와 달리, 고기를 죽은 동물 타자의 일부, 즉 동물을 고기가 아닌 희생된 타자 몸의 한 부분으로 인식하고 있다는 점을 보여 준다. 그는 이처럼 과거 거장들의 작품에서 자주 사용한 모티브를 차용하기만 할 뿐, 거기에 자신만의 사유를 반영하는 독특한 붓질과 외형적 변형을 가해 기존 이미지를 완전히 다른 주제로 완성하고 있다. 이미지는 잡지의 삽화에서 의학 자료사진에 이르기까지 사실적 이미지와 회화적 모티브 사이에

---

3 Jacques Saraben, "Francis Bacon: Une bouche comme un Sahara", *Art Press*, no. 215, July~August 1996, p. 22.

그림 5 프랜시스 베이컨, 「회화」 1946. [CR 46-03]

구별을 두지 않고 폭넓게 선택되었다. 그의 작업실에는 거대한 동물 도해의 사진, 일련의 도살된 동물 사체가 차례로 걸린 정육점의 외관 사진을 쉽게 찾아볼 수 있었다. 그는 인물을 그리는 초상화에서는 모델을 쓰지 않고 복사물이나 사진과 같은 2차 자료를 통해 그들의 형상을 묘사했다. 이런 방법을 통해 베이컨은 작품 소재가 전달하는 직접성보다는 자신의 느낌을 반영한 필체의 형상에서 사실성의 근거들을 확보하고자 했다. 이를 통해 단지 구상적인 외형을 가지기보다는 자신의 감정에서 나오는 느낌을 사실적으로 전달하고자 한 것이다. 이런 이유로 그의 작업은 구상성과 추상성의 경계를 넘나들며 강렬한 색채를 지닌 두터운 질감의 모호한 외형을 가지게 되었다. 특히 주목받는 먼지의 사용은 특이한 질감을 나타내는데 유의미한 도구로 쓰인다. 베이컨은 20년 동안 한 번도 작업실을 청소하지 않았는데, 그것은 그가 청결하지 않은 사람이어서가 아니라 작업실의 먼지를 사용해 작업하길 원했기 때문이다.[4] 그는 작업실 바닥에 쌓인 먼지를 그러모아 젖은 물감 위에 올려놓고 작업에 이용했으며, 물감이 마르고 난 뒤에 파스텔을 조절하듯이 그것을 조절했다고 한다. 이러한 베이컨의 작업 방식과 형태에 대한 연구의 특징은 그를 하나의 화파 개념으로 정의하기 어렵도록 만든다.

그러나 그의 작업에서 가장 두드러진 특징은 앞서 언급했듯이 과거의 모티브를 자신만의 감각적 사유에 의해 해석한 것으로, 예를 들면 「회화」와 「십자가 책형」처럼 처형당하는 십자가의 예수가 도살된 동물 사체로, 즉 고기로 바뀌게 되었다는 점이다. 그의 이러한 모티브의 변형과 선택은 자신의 고유한 사유에서 비롯된다. 그는 스스로의 삶 속 자신과 인간 사회 속 고기인 동물 사체를 희생물로 동일하게 여겼으며, 마찬가지로 고기인 동물 사체를 희생된 예수의 입장에서 해석했다. 이단이라는 이유로 채찍질당하며 인간의 원죄를 짊어지고 죄 없이 고통스럽게 십자가 책형을 당해야 했던 예수의 시체는 아무 잘못도 없지만 단지 인간의 육식을 위해 키워지고 잔인하게 도살되는 순수한 동물의 사체로 치환된다. 그의 작품 「회화」는 십자가

---

4 데이비드 실베스터, 『나는 왜 정육점의 고기가 아닌가?』, 주은정 옮김, 디자인하우스, 2015, 9쪽.

책형을 모티브로 형태에 대한 그의 특이한 감각을 통해 동일 모티브가 어떻게 화면에 변형되어 배치될 수 있는지 잘 보여 준다. 이 동물 도체는 도살한 뒤 피를 빼 내장을 제거한 후 가죽을 벗겨 내 뼈대에 힘줄과 건막으로 연결되어 살이 붙어 있는 상태이다. 베이컨은 항상 '나는 왜 정육점의 고기가 아닌가?'라고 반문했다. 그는 자신의 살아 있는 삶을 정육점의 고기와 같이 비참한 일로 여겼다. 그러면서 "고통받는 인간은 동물이고, 고통받는 동물은 인간"이라고 생각했다.[5] 「회화」와 일련의 「십자가 책형」 연작 그리고 그의 작품 대다수는 이처럼 동물 희생과 예수 희생을 동일한 것으로 받아들이며 거기에 자기의 삶을 반영하는 작가의 관점이 존재한다. 이 작품들에서 베이컨의 사유는 노골적으로 드러난다.

「회화」를 다시 한번 살펴보자. 베이컨 작업에 등장하는 고기의 형상은 작가 수틴의 동물 도체 주제(그림 6)로부터 많은 영향을 받았다. 베이컨이 처음 이 작업을 시도했을 때 원래 우산을 쓴 어떤 형상을 의도했던 것은 아니다. 화면의 윗부분은 척추뼈를 사이로 양쪽으로 갈라진 동물 도체가 있고 그 아래 우산이 돌연 배치되어 있다. 그 우산 아래로는 눈과 코가 어둠에 지워진 채 입만 눈에 띄는 어떤 형상이 출현하며, 그 아래로는 운동 기구와 같은 기구 위에 도살된 동물 신체의 부분들이 정육점과 마찬가지로 쇠 기구에 꽂힌 채 달려 있다. 베이컨은 이처럼 관계가 없어 보이는 형상들을 한 화면에 배치한다. 그의 이런 배치는 베이컨의 의도라기보다는 우연을 따르며 작업

---

5 앞의 책, 16쪽.

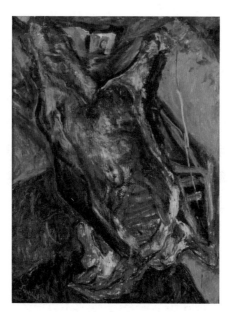

그림 6 생 수틴, 「소의 도체」 1925.

하면서 얻게 된 형상들이다. 그는 작업할 때 이처럼 우연한 방식, 즉 흥적인 형태들을 종종 선택했는데, 「회화」에서도 그가 애초에 의도했던 것은 '풀밭 위 새'의 드로잉이었다고 한다. 그러나 새는 갑자기 우산의 형태로 캔버스에 우연히 그려졌고 그는 이 즉흥적인 우산의 형태를 선택해 최종적인 그림을 생산했다. 이 작업은 어떤 영감을 넘어서서 결과적으로는 또 다른 영역으로 나아가게 된 것이다.[6] 화면에 배치된 동물 사체, 즉 고기는 고기가 되기 위해 기다리는 동물 타자일 뿐만 아니라 그 고통을 짊어지고 가는 동물 타자다. 인간은 극악

---

6 Martin Hammer, *Francis Bacon*, London: Phaidon, 2013, p. 51.

하고 처참한 고통에 이 타자인 동물을 희생물로 만드는 주체적 폭력의 가해자로 동물 타자에게 받아들여진다.

자신인 인간과 타자인 동물은 죽음부터 삶까지 명확한 경계가 없이 모호하게 엇갈려 있고 서로의 비극적 지점을 공유한 채 죽은 몸과 산 몸을 통해 만나고 있다. 그 몸들은 서로 해체된 채 피를 흘리고 있으며 고통을 호소하고 비명을 지르거나 울부짖는 것처럼 보인다. 베이컨은 고기로 불리는 동물의 사체에서 인간의 잔혹함과 폭력을 보았고 어쩌면 신의 폭력 역시 보았을지도 모른다. 그는 도살장과 고깃덩어리를 그린 그림에서 늘 감동받았다고 고백한다.

가축이 도축되기 전에 찍은 기이한 사진들이 있습니다. 죽음의 냄새를 풍기는 사진들이죠. 물론 우리로선 알 수 없지만, 그 사진들을 보면 사진 속 동물들은 자신에게 장차 어떤 일이 일어날지 알고 있는 것처럼 보입니다. 그 동물들은 갖은 노력을 다해 도망가려고 합니다. … 신앙심이 깊은 사람들, 기독교인들에게는 십자가 책형이 전혀 다른 의미를 갖고 있다는 사실을 압니다. 그렇지만 신자가 아닌 이들에게 그것은 단지 인간의 행동, 다른 사람에게 가하는 행동의 한 방식일 뿐입니다.[7]

그리고 이것이 그가 십자가 책형을 주제로 선택한 유일한 의미라고 설명한다. 십자가 책형의 주제는 이런 그의 사유를 반영한다. 베

---

7   *Ibid.*, p. 16.

이컨의 사유는 데리다의 사유와 다르지 않다. 데리다는 『동물 그러므로 나인 동물』에서 동물을 타자로 사유하면서 다음과 같이 인간의 잔인함과 어리석음에 대해 몽테뉴의 말을 들어 비판한다.

시간 이래로, 동물이 우리를 본다고 말할 수 있을까? 어떤 동물인가? 타자다. 때로 나는 내게, 스스로 시험 삼아 묻곤 한다. 나는 누구인가(AT, 3)?

몽테뉴는 "짐승의 사태에 대한 인간의 파렴치함"을, 인간의 "넘겨짚음"과 "상상"을 조롱한다. 가령 인간이 동물의 머리에서 무엇이 진행되고 있는지 안다고 주장할 때 그러하다. 특히 인간이 동물에게 어떤 능력들을 할당하거나 부정할 때 그러하다. 이와 반대로, 몽테뉴는 동물에게 글자와 음절을 발성하는 "재능"이 있음을 인정해야 한다고 여겼다. 이 역능은 "동물들이 내적 담론을 가지고 있음을 입증한다. 이 담론 덕분에 동물은 훈련받을 수 있고 자발적으로 배울 수 있다"고 그는 자신 있게 장담했다(AT, 6).[8]

데리다는 타자로서의 동물에 대한 사유에서 제일 먼저 그들에게 가해지는 폭력의 넓이와 깊이에 대해 고통의 측면에서 재사유하길 원했다. 그는 동물 타자에게 가해지는 폭력의 인간적 어리석음에 대

---

8   데리다는 몽테뉴의 「레몽 스봉을 위한 변론」을 다음처럼 인용한다. "인간이 그 지성의 힘으로 동물들의 내적이고 비밀스러운 동요를 어찌 알겠는가? 그들과 우리 사이의 어떤 비교를 통해 인간은 자신이 동물들에게 부여하는 어리석음/짐승스러움(bêtise)을 추론해 내는가?" Michel de Montaigne, "Apologie de Raymond Sebond", *Essais*, Paris: Gallimard, 1950.

한 극단적 상황을 홀로코스트에 유비해 종족 말살·대량 학살이라 부르면서 다음과 같이 도살장의 장면을 길게 언급한다.

누구도 인간이 이런 잔혹함을 은폐하거나 인정하지 않기 위해 할 수 있는 온갖 일을 다 해 왔다는 사실을, 더 이상 진지하게 또 장시간 부정할 수 없다. 지구적 규모로 조직하여 망각하도록 하거나 알아보지 못하게 하려 한 이 폭력을 몇몇 사람들은 종족 말살의 악행에 비교하기도 했다. (동물 종족 말살도 있는 것이다. 인간 때문에 사라져 가고 있는 동물 종의 숫자를 들으면 놀라 숨이 멎을 지경이다.) 종들의 멸종은 분명히 진행되고 있지만, 이는 지옥 같고 잠재적으로는 끝날 수 없는 인공적 생존의 조직화와 착취를 거쳐 이루어지고 있다. 과거의 사람들이라면 괴물스럽다고 판단했을 조건에서 그러하다. 동물에게 고유한 삶이라고 상정되는 모든 규준들을 벗어나, 이 동물들은 살아남는 가운데 또는 개체 밀도가 과잉인 속에서조차 이렇게 몰살되고 있다. 그것은 마치, 예컨대 한 민족을 화장터의 화덕이나 가스실에 던져 넣는 것 대신, (이를테면 나치의) 의사와 유전학자들이 인공 수정으로 유태인, 집시, 동성애자들을 과잉생산하고 과잉증식하기로 조직적으로 결정하여, 항상 더 많은 수의 또 더 잘 먹인 이런 사람들이 언제나 증대하는 수로 유전자 실험에 처해지거나 가스나 화염으로 몰살되는 그런 지옥을 향한 운명을 맞이하게 되는 것과 똑같은 사태이다. 꼭 같은 도살장에서. 지난 2세기 이래 인간이 동물의 삶을 예속시켜 온 산업적·기계적·화학적·호르몬적·유전적 폭력이 보여 줄 수 있는 사실주의적 그림이 얼마나 끔찍하고 참기 힘든 모습인지는 온 세상이 다 안다. 이 동물들을 어떻게 생산하고 사육하고 운송하고 도살했는지 모두 다 알고 있다. 그러한 이미지들을 우리 눈앞에 들이밀거나 기억에서 깨우는 대신—그것은 매우 쉽고도 끝이 없는 일일 것이다—이 '파토스'라는 단어에 대해 간단히 말해 보자. 만일 이 이미지들이 '파토스적'이라면, 그것은 그 이미지들이 파토스와 파토스학의 문제를, 즉 고통, 연민, 동정의 광대한 문제를 파토스적으로 제기하기 때문이기도 하다(AT, 26).

베이컨이 이러한 데리다의 언급에 해당하는 광범위한 대규모 동물 도살과 방식에 관심을 가지고 그것을 사람들의 일반적 사고와 다르게 바라보았다는 것은 분명하다. 도살장의 사진과 정육점의 풍경으로부터 받은 강렬한 인상을 그는 데리다와 유사한 시선에서 작품에 반영하는 듯 보이기 때문이다. 이런 이유로 그 작품들은 강렬하고 난폭한 느낌을 그대로 관객에게 전달한다. 십자가 책형, 인간 초상화나 자화상에서 나오는 고통스러운 비명 역시 폭력과 희생에 대한 날카로운 그의 성찰이 똑바로 바라볼 수 없도록 중첩된, 뭉개진 인간 얼굴로 분리될 수 없이 드러난 것이다.

「십자가 책형에 대한 세 연구」(그림 7)를 살펴보자. 이 작품은 전통적인 삼면화 형식을 빌려 세 폭으로 이루어진 패널들로 종교적인 십자가 책형도에 등장하는 성인들 대신 세 개의 도살된 몸체가 그려져 있다. 서양 미술사에서 가장 자주 재현된 주제 중 하나인 십자가 책형은 역사적 사건이자 그 자체 종교적 사건이지만 그의 작업에서는 그보다 상징적으로 더 자주 사용된다. 폴 고갱, 파블로 피카소 그리고 바넷 뉴먼 같은 작가들에 의해서 이 주제는 개인적 아픔과 동시

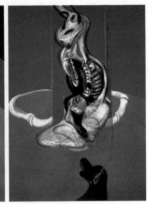

그림 7 프랜시스 베이컨, 「십자가 책형에 대한 세 연구」 1962. [CR 62-04]

에 우주적 범위의 인간 고통을 이야기했었다.[9] 십자가 책형은 베이컨 작업 초창기인 1933년부터 등장한 주제다. 비록 그가 무신론적 무종교인으로 공공연히 알려져 있지만, '대단히 훌륭한 비전문가'로서 '감정과 감각의 모든 유형들'을 십자가 책형이라는 주제로 확장해 완전히 다른 것으로 조망해 냈다. 십자가 책형이라는 전통적 주제는 작가에게 설명적인 내용을 지우도록 허용하고, 그 자신의 해석을 통해 다르게 그려진 것을 기명하도록 선별된 형식을 제공한다. 베이컨은 설명적 화면 대신에 감성적이면서 동시에 지각 있는 주제를 환기하는 것에 집중한다.

그는 전통적으로 종교적 회화에 속하는 삼면화의 형식을 지속적

---

9   https://www.guggenheim.org/artwork/293.

그림 8 조반니 치마부에, 「십자가 책형」, 1287~1288. 본 이미지는 베이컨의 「십자가 책형에 대한 세 연구」 오른쪽 패널과의 비교를 위해 원래 이미지를 거꾸로 뒤집은 상태로 만든 것이다.

으로 사용했다. 연속된 일련의 이야기를 전하는 삼면화의 세 면을 물리적으로 분리하는 작업을 통해 작품에서의 설명적인 분리와 이접 (離接)을 행해 나갔다. 「십자가 책형에 대한 세 연구」에는 특히 '십자가 책형'과 '도살장'의 잔인함 사이에 어떤 관계가 있다고 보았던 것이 나타나 있다. 세 번째 패널은 교차점 아래 십자가에 묶여 죽은 어떤 형상이 미끄러진 채 등장한다. 이 형상은 잘 알려진 치마부에의 작품 「십자가 책형」(그림 8) 속 예수의 구부러진 몸으로부터 연원한 것으로 예수의 몸과 배가 갈린 채 뼈와 살이 벌려져 지지대 위에 놓여 있는 동물의 도살된 도체가 교차한다.

첫 번째 패널엔 팔리기 위해 정육점에 전시된 돼지(양, 소)의 잘린 다리 같은 중복된 고깃덩어리 형상들과 그것을 바라보는 유사한 형상의 두 남자가 알아볼 수 없이 일그러진 얼굴로 애매한 움직임을 하며 돌아본다. 남자들의 얼굴은 고통스럽기보다는 오히려 권태롭고 무심한 느낌을 주며, 화면 밖을 보고 있다. 그러나 이 화면에서 관객을 보고 있는 것은 단지 남자들의 얼굴만이 아니다. 작업 안 두 개의 절단된 신체들, 식용을 위해 잘린 거대한 동물의 분리된 다리 도체 역시 관객을 보고 있는 것처럼 보이기 때문이다. 두 번째 패널엔 인간의 몸인지 동물의 몸인지 구분되지 않는 피가 낭자하여 살해당한 몸이 의자인지 침대인지 모를 가구 위에 던져져 있다. 그것은 둔기로 맞아 형체를 알 수 없이 뭉개진 듯한 얼굴이 피를 머금은 모호한 형체와 붙어 있다. 그 머리는 머리처럼 붙어 있을 뿐 눈, 코, 입이 지워진 얼굴로 피가 낭자한 채 흩어져 있다.

세 번째 패널에선 그야말로 도살된 동물의 도체가 분명히 형태를 가진 채 벽에 매달려 있다. 이 동물 도체는 정육점이나 도살장에서 쉽게 볼 수 있는 형상인데도 그의 작업에서는 매우 강렬하고 격렬한 이미지로 읽힌다. 이 도살된 동물 사체는 흘러나온 내장이 마치 하나의 눈처럼 섬뜩하게 관객을 향하고 있다. 왼쪽 패널의 고기 조각은 이 세 번째 패널이 도살된 동물 도체라는 것을 알게 한다. 베이컨은 도살장의 동물들이 자신들의 도살당할 운명을 인지했다고 믿었다. 그는 자신을 이런 도살의 운명을 맞이하게 될 잠재적인 동물 도체로 생각했다. 그는 인간의 필멸성을 동물의 사체를 통해 인식함과 동시에 인간의 폭력과 잔인함을 운명으로 받아들여야 하는 사회구조 속 희생물인 동물 도살에 대한 모순을 십자가 책형이라는 예수의 수난 종교화의 모티브를 통해 표현한다. 이단이라는 이유로 채찍질당하며 십자가에 못이 박혀 죽은 고통스러운 예수의 모습과 단지 고기가 되기 위해 아무 이유 없이 태어나고 희생물이 되어 도살된 동물을 베이컨은 같은 맥락에서 존재하도록 만들었다. 그는 자신의 필멸의 삶과 죽음을 동물 사체와 동일시하고 있다. 세 번째 패널에서 뼈 아래에 위치한 기관이 마치 눈이나 입처럼 관객을 강하게 응시하고 있는 듯 보인다. 밝은 오렌지색 배경은 이러한 극단적인 몸의 형태를 더욱 강하고 선명하게 보이도록 만든다. 당시 관람객과 비평가들은 이 작품의 참혹한 이미지가 2차 세계대전 이후의 고통스러운 시대적 분위기를 극단적으로 반영한 것이라 평가했다.[10]

베이컨의 「회화」나 「십자가 책형」 연작들은 나치에 대한 폭력을 고발하는 형태의 연작물로 전개된다. 「회화」의 1946년 작업에서는 반쯤 가려진 우산 아래 잘 보이지 않는 뒤틀린 얼굴의 인물이 등장하는데 이 인물은 1971년 두 번째 제작본에서는 전쟁의 수많은 희생양을 만든 피의자인 나치의 일원으로 묘사된다. 또한 「십자가 책형 삼면화」 1965년 연작(그림 9)에서 역시 희생물의 피의자로 나치의 일원이 등장한다.

베이컨의 작업은 이처럼 희생구조의 문제점을 주제로 한다. 희생구조의 문제점은 바로 살해를 통해 의미에 도달하며, 그 의미가 타자의 희생이나 타자에 대한 억압을 통해 가능한 폭력이라는 점이다. 그

10 Dennis Farr ed., *Francis Bacon: A Retrospective*, New York: Harry N. Abrams, 1999, p. 217.

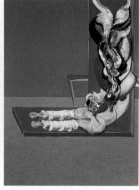

그림 9 프랜시스 베이컨, 「십자가 책형 삼면화」 1965. [CR 65-01]

는 인간 주체가 가하는 동물 타자를 향한 반복되는 폭력을 문제 삼는다. 그리고 그의 작업에 드러난 동물 타자의 희생에 대한 비판은, 이후에는 유대인을 향한 나치의 종적 대량 살상에 대한 비판의 주제로 확장된다.

2. 데이미언 허스트와
   희생된 타자, 동물

허스트의 작업에서 가장 눈에 띄는 주제는 '죽음'이다. 허스트는 미술사에서 오랫동안 중요한 주제였던 죽음을 다양한 방식으로 다루면서 상업적으로 인기를 끌었다. 이러한 허스트의 작업에 등장하는 죽음의 당사자는 인간이기도 하지만 대부분 동물인 경우가 많다. 왜냐하면 동물은 태초부터 인간의 희생물이자 먹이였고 베이컨과 마찬가지로 허스트도 동물에 대한 희생구조의 문제점을 알고 있었기 때문이다. 생명에 대한 근원적인 비극은 여기에서부터 시작한다. 동물은 인간의 사냥감이자 인간이 그를 이용해 번성할 수 있는 자원이었다. 데리다에 따르면, 인간에 대한 살해는 법 안에서 범죄로 취급하지만, 동물에 대한 살해는 법 밖에 놓아 범죄로 취급하지 않는, 동물에 대한 '죽음에로의 비-범죄적 설정'이란 태도가 서구 유럽의 역사에 있어 중심적이다. 데리다는 이것을 육식성남근이성중심주의라 부르며, 고대 식인 문화에서 기원을 찾는다. 식인 문화는 동물 단백질이 대체할 수 없는 것이었기 때문이 아니라 인간 도살에 대한 상징적 치환을 위해 합법화된 동물 도살을 대신 작동시킨 것이다."

『동물 그러므로 나인 동물』에서 데리다는 "휴머니티에 대항하는 범죄"만이 있고 거기에 "동물에 대한 범죄는 없는가?", "'죽이지 말라'라는 경구는 오직 그 대상이 인간에게만 해당되는가?"라고 묻는다. 죽음은 예술에서 오래전부터 중요하게 다루어 온 주제다. 현대에서 죽음은 도살장에서 그리고 현실에서(바이러스로 인해 매장당하는 닭과 오리, 멧돼지 그리고 유기되어 처리할 수 없을 때 손쉽게 처리되는 유기견, 도살장의 동물 등) 반복적으로 쉽게 이루어지지만, 이것들은 죽음으로 취급되지 않기 때문에 어디에도 존재하지 않는다. 도살장에서 끝없이 이루어지는 동물의 죽음을 되돌아볼 수 있는 곳은 그곳을 찍은 동물권 운동가들의 언더그라운드 비디오를 제외하고는 없다. 허스트는 그런 점에서 현대 예술에서 존재하지만 부재하는 죽음,

11 Martin Mcquillan, "Does Deconstruction Imply Vegetarianism?", ed. John W. P. Phillips, *Derrida Now: Current Perspectives in Derrida Studies*, Cambridge: Polity, 2016, pp. 111~131.

특히 동물 희생물의 죽음을 교묘하게 잘 다루고 그것을 예술적 마케
팅으로 극대화해 활용한다. 그의 작업을 위해 많은 수의 동물, 바다
생물이 직접 도살되고, 희생되어 전시되었는데 이는 종종 고발의 대
상이 되기도 한다. 실제 죽음을 접할 수 없는 현대에 허스트는 주변
화되고 추상화되는 모방된 죽음들 대신 실제 동물 희생물의 오브제
를 통해 생생한 죽음의 순간을 재현하고 전시한다. 거기에는 도살된
소부터 송아지, 양, 상어, 바다 생물에 이르기까지 실로 다양한 동물
타자들이 해당한다. 동물 타자에 대한 '죽음의 재현'은 그들을 도살
하게 하는 자가 작가 자신이라는 점에서 일종의 살해에 대한 행사이
고, 이 죽음의 재현의 순간과 그 살해에 대한 작가의 성찰이 함께한
다는 점에서 매우 모순적이고 범죄적으로 보인다. 인간의 재난적 죽
음을 반복적으로 재현했던 앤디 워홀과 달리 허스트의 경우 그 죽음
은 인간에 의한 희생물로서 동물 타자의 죽음, 신으로부터 발생한 신

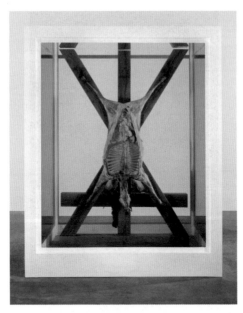

사진 2 데이미언 허스트, 「신은 이유를 안다」, 2005.

의 선택 혹은 무능에 의한 무차별한 동물의 죽음, 인간 자신의 필멸
적 죽음으로 나누어 생각해 볼 수 있다.

　「신의 무한한 지혜 속에서」, 「신은 이유를 안다」(사진 2), 「오직 신
만이 안다」 등으로 작품의 제목에 종종 신을 언급함으로써 그는 이
모든 행태들이 신으로부터 비롯된 범죄임을 피할 수 없다는 것을 강
조한다. 허스트는 신의 폭력과 인간의 폭력을 상관적으로 말하고 있
다. 「오직 신만이 안다」의 살해된 동물의 전시 작업과 「신의 사랑을
위하여」(사진 3)라고 명명한 다이아몬드로 장식된 해골 작품이 의미
하는 바는 상반되게 취급되는 두 가지 다른 죽음의 사례에 대한 작가
적 해석이다. 현대 사회에서 동물의 죽음은 일상화되고 착취되고 반

사진 3 데이미언 허스트, 「신의 사랑을 위하여」, 2007.

복되지만 그럼에도 불구하고 여전히 묵인되는 반면에, 다이아몬드 해골로 대변되는 인간의 죽음은 애도되고 회고되고 숭고화된다. '죽음'이라는 동일한 사건에 대한 이 대립적인 반응은 인간중심주의 사회의 단적인 모순이자 근원적 예시이다. 허스트는 이 두 죽음의 사례를 그의 작업 궤적에서 대비시킴으로써 작업 전반에 동물 타자의 죽음 사례들을 만드는 사회구조와 더 나아가 희생물을 요구하고 합리화하는 인간 사회구조 그리고 인간만을 위한 종교구조에 대한 비판과 성찰을 반영한다.[12] 그러나 살해 그 자체의 재현이 오히려 죽음에

---

12 동물 희생, 착취, 동물 도살이 종교와 관계가 있음을 『성경』과의 상관성을 통해 주장하는 유발 하라리의 다음 언급을 최성희의 주장에 따라 참고하고자 한다. 유발 하라리의 『호모 데우스』

사진 4 데이미언 허스트, 「살아 있는 자가 상상할 수 없는 자신의 육체적 죽음」 1991.

대한 재고를 요구하는 이 모순과 역설에 대해 더 사유해 볼 필요가 있다. 허스트가 작품을 제작하며 다루는 방식은 자본주의 상업구조에서 동물의 생명이 인간의 생명과는 다른 방식으로 목적적 혹은 무목적적으로 소멸되고, 희생되며, 전시되는 상업적 구조의 착취물이라는 점을 여실히 증명한다. 이런 그의 태도에는 비판뿐만 아니라 그

에 따르면, 역사 속에서 인간과 동물의 관계에 새 국면이 개시된 시기가 1만 2000년 전의 농업혁명 때부터였다고 한다. 이때부터 동물은 가축화되기 시작했으며, 시간이 갈수록 가축화되는 동물의 비율 또한 증가하게 되어 현재는 대형 동물의 90퍼센트가 가축화된 상태다. 그리고 이런 농업혁명의 결과 종교의 변화가 일어나고 그것을 정당화하는 텍스트가 출현하는데 이것이 바로 『성경』이다. 원시 수렵시대의 종교인 애니미즘은 인간과 동물을 나누는 간극이 없고 동등한 존재로서 공동의 규칙을 따라야 하는 것으로 보았으나, 『구약성서』에서 동물과 인간은 부정된다. 애니미즘에서 인류의 조상으로 간주되었던 뱀(대부분의 셈족 언어에서 '이브'는 '[암컷] 뱀'을 뜻한다)은 인간을 타락으로 이끄는 동물로 추락하고, 창세기에서 인간은 뱀이 아니라 신이 무생물 물질(흙)에서 빚은 것으로 나온다. 즉 성경이 전하는 메시지는 인간은 특별한 창조물이고, 여타 동물과 다른 존재이며, 다른 동물을 이용할 수 있고, 인간 안의 동물성을 인정하는 것은 신의 권능을 부정하는 것이라는 점이다. 이에 대해서는 최성희, 「동물성과 정동: 베케트와 데리다」, 『현대영미드라마』 33권 1호, 한국현대영미드라마학회, 2020, 251쪽에서 재인용한 유발 하라리, 『호모 데우스』, 김명주 옮김, 김영사, 2017, 112~115쪽 참조.

착취 자체를 다시 착취하고 그대로 소비하고 상업화하는 모순적이며 무능한 인간의 비열함이 존재한다.

허스트는 베이컨의 평면 작업 「회화」와 「십자가 책형」 연작을 2차원에서 3차원으로 옮겨 놓은 입체 조형 작품, 「망각의 추구」(사진 5)나 「신은 이유를 안다」를 제작하기도 했다. 그러나 베이컨의 의도를 충실히 반영한 듯한 이 작업이 단지 미술관에 적절한 일종의 박제로 보이는 것은 단순히 필자만의 느낌은 아닐 것이다. 그럼에도 불구하고 그가 베이컨의 작품 의도를 정확히 파악했다는 사실은 그의 작업의 근간에 동물의 타자성에 대한 자각이 있다는 것을 여실히 보여 준다. 그의 작업은 동물 타자를 희생시키면서 조롱하고 있는 것처럼 보이지만 사실은 동물을 희생시키고 있는 인간을 조롱하고 있다. 이는 종종 작가가 작가 자신을 조롱하고 있는 것처럼 보일 때조차도 그러하다. 베이컨이 무겁고 우울한 주제로 옮겼던 동물 희생 비판은 허스트의 작업에선 훨씬 가볍고 천박한 것으로 변모한다.

그들을 바라보는 것만으로도 섬뜩한 호기심이 생긴다. 나는 세계로부터 사물을 제거함으로써 세계를 이해하고자 하는 아이디어를 좋아한다. 사람들은 바라보기 위해 사물들을 죽인다.[13]

그는 자신의 작업의 지나친 가벼움을 잘 알고 있는 것으로 보이며, 오히려 그 가벼움을 상업적 맥락으로 유연하게 끌어들이는 간교함

---

13 Damien Hirst, *Damien Hirst: I Want to Spend the Rest of My Life Everywhere, with Everyone, One to One, Always, Forever, Now*, London: Other Criteria, 2005, p. 285.

사진 5 데이미언 허스트, 「망각의 추구」, 2004.

을 갖고 있다. 그는 자신의 작업과 신에 대해 다음과 같이 말한다.

> 하지만 신은 그저 하나의 아이디어일 뿐이다. 신은 구성의 한 요소
> 일 뿐이다. 나는 살충 기계와 담배 라이터 둘 다 일종의 신을 의미하
> 는 것으로 생각했다. 그건 그냥 에너지일 뿐이다. 그것은 선택권을
> 갖지 못한다. 뭔가가 죽을 때 그것은 아무런 선택을 하지 않는다. …
> 파리는 살충 기계로 다가가고 그냥 우연히 죽는다.[14]

14 *Ibid.*, pp. 36~37.

그가 이 상업적 구조 안에서 주장하는 것처럼 보이는 것은 인간의 가벼움과 종교의 천박함, 그것들이 얼마나 깨지기 쉬운 희생구조에 의존하고 있는지 그리고 그것들을 담보로 인간 사회가 작동하고 있다는 것에 대한 통찰이다. 그가 어릴 때 시체보관소 안 시체 옆에서 웃으며 찍은 사진이 있다. 그 사진은 기괴하게 보인다. 그리고 어른이 되어 다시 한번 시체 옆에서 웃으면서 찍은 사진이 있다. 부패하지 않도록 포름알데히드로 보존된 사체 옆에서 사진을 찍는 그는 여전히 기괴해 보인다. 그러나 어쩌면 그 죽은 인간의 머리 옆에서 웃고 있는 허스트는 동물과 동물의 사체 옆에서 그것을 가격화하고 일상으로 받아들이는 인간의 웃음처럼 기괴할 뿐이다. 그가 의도했건 의도하지 않았건 그의 작업은 이런 인간의 기괴함을, 그 자신의 기괴한 방법과 작품을 통해 드러내 보여 주는 역설을 행한다.

이런 허스트의 작업에서 인간과 세계의 기괴함은 미학적 관찰 아래 숭고로 변모하고 신은 그저 얄팍한 인간에게 기대고 있는 허울 좋은 우상의 천박함으로 남는다. 그의 작업에서는 인간만이 기괴하지 않다. 오히려 기괴한 인간의 행동을 통해 신의 기괴함을 보여 준다는 것이 옳을 것이다. 그는 이런 점들을 꿰뚫어 보고 있다. 만약 누군가 부패와 싸우고 있는 기괴함과 불쾌함을 미술관으로 가져온 허스트에 대해 비판한다면, 이는 우리 모두의 냉장실과 냉동실 안에 부패와 싸우고 있는 동물 사체가 있다는 것을 절실히 상기한 후에나 할 수 있는 비판일지도 모른다. 그는 각자의 냉장고 안 고기를, 따뜻한 저녁 식탁을 보장해 주는 누군가의 식탁 위 동물 사체를, 단지 미술관 안 유리장으로 옮겨 온 것이 아닌가?

그러나 그가 비판받는 다른 합당한 이유는 작품의 기괴함과 불쾌

함보다는 그의 작품에서 여전히 소거된 채 배제되고 있는 동물 타자의 생명 그리고 그들에 대한 살해와 폭력, 희생을 자행하고 요구하는 허스트의 윤리적으로 문제가 있는 전개 방식 때문일 것이다. 미술관에서 좀 더 철학적이고 숭고하거나 우아한 것을 통해 자신의 교양을 쌓기를 기대하는 관객에게 이 작품이 주는 갑작스러운 공포와 낯섦은 비판의 대상이 되는 것이 당연해 보인다. 허스트의 작업은 죽음과 희생의 괴물스러움 속에서 괴물이 된 신을 넘어서기 위해 신과 법 밖의 동물 타자를 예술 안으로 소환하고 있다. 그의 작업은 일종의 푸닥거리처럼 낯선 타자의 죽음을 소환하고 그것을 익숙하게 만들어 되파는 상품이 된다.

이제 허스트의 작업 양식은 데리다가 주장하고 있는 것처럼 끝없이 동물 타자를 소환할지라도 그 타자를 학문화시키고 읽어 내는 방식을 통해 그 희생을 익숙하게 만들고 그들을 소거시키는 철학의 배제적 수행방식과 유사해진다. 친밀한 고기가 낯선 부패한 타자의 시체가 된다. 그의 작업이 담고 있는 이 친밀한 섬뜩함, 언캐니는 허스트가 그의 상업성 속에서도 작가로서 남을 수 있는 요인이다. 허스트의 작업은 윤리적 비판과 그 윤리적 비판을 지우는 근원적인 폭력의 변태성 사이의 긴장을 오간다. 발생하면서도 발생하지 않는 동물 타자의 '산 죽음'은 유령처럼 출몰할 뿐 어디에서도 직접적으로 존재하지 못한다. 이 비존재 속의 존재가 언캐니의 형상을 드러내고 있다. 거기에서 자연 안의 근원적 생성인 동물 타자는 어디에도 없이 그저 소모될 뿐이다.

3. 요제프 보이스와
   꼭두각시 타자, 동물

보이스는 동물 타자의 생명과 함께 그 관계성 안에서 최소한 자연의 창조와 생성을 보여 주려고 시도했다. 그러나 그의 작업이 정말로 그 생성의 현시를 드러내는 데 성공하고 있는지는 세심하게 더 고찰해 보아야 할 문제이다. 여기서는 보이스의 코요테 퍼포먼스와 생태학적 작품들을 분석한다. 보이스는 퍼포먼스 혹은 행위예술, 설치미술, 플럭서스를 최초로 창시한 사람이다.

그는 일반적 상식과는 달리, 인간의 문명, 즉 문화, 사회, 정치 등의 다양한 영역들이 자연과 분리 불가하게 연결되어 있다고 생각했다. 그는 이런 의미에서 인간의 치유를 위해 훼손된 자연의 근본적인 회복과 보존을 주장했으며, 이를 미술과 연관된 다양한 문화적·사회적 요인들의 변화를 통해 끌어내는 행동주의적 예술가로 남는다. 그는 미술을 통해 생태의 회복을 주장하는 것으로 시작했지만, 이후에는 그의 활동을 정치적이며 사회적인 구심점으로 삼아 녹색당의 창당, 자연과 생태의 구체적인 회복과 회복 방안 제시에 기여하기도 했다. 그의 미술은 결국 개인적 작업으로부터 자연과 사회의 건설적인 생태회복과 치유라는 혁신적인 프로그램을 이끄는 일종의 사회 운동으로 변모했다. 이처럼 보이스가 추구했던 것은 이른바 '사회적 조형'과 '확장된 미술 개념'으로 이해된다. 자연과 자연의 일부인 동물을 타자의 맥락에서 다루었던 데리다 논의를 통해 보이스의 활동을 설명해 보고자 한다.

1. 재료의 본질과 생태개념의 접합[15]

보이스에게는 재료의 물리적인 소질(Qualitäten)과 의미가 중요했다. 그는 자신의 오브제 작업의 재료로 자연물이나 생태의 일부에 해당하는 지방, 밀랍, 젤라틴 같은 독특한 재료를 사용했다. 이는 기존의 작가들이 사용한 재료와는 다른 비전통적인 재료로서 보이스가 이런 재료를 작품의 질료로 사용한 이유는 인간의 정신적 창조 과정과 자연의 에너지 순환을 가시화한다고 생각했기 때문이다. 그는 이 재료들이 온도에 따라 비정형의 혼돈된 상태에 있다가도 기온이나 계절의 변화 같은 자연의 흐름에 따라 차갑게 굳어 다른 물리적 상태로 변형되는 독특한 자연의 양상을 잘 표현한다고 보았다.

그는 이처럼 자연 안에서 자연스럽게 나타나는 물리적인 과정을 작품에 도입하기 위해 지방, 밀랍, 젤라틴 외에도 돌, 피, 꿀, 나무와 같은 자연물을 사용했다. 여기에 보이스는 작품의 형성 과정인 발효, 건조, 부식 등의 상태를 작품에 개입시켜 자연 내부의 역동성을 가시화하고 그것을 인간 내면과 인간 사회 내부의 생태학적 흐름과 관련해 드러내고자 했다. 보이스는 개인과 사회 그리고 우주적 차원이 서로 연관되어 있다고 보았으며, 인간중심주의적으로 고안된 기계적이고 분석적인 접근 방식은 한계를 가진다고 생각했다. 따라서 보이스는 그의 작품에서 서로 다른 시스템처럼 보이는 인간 내면의 에

---

15 다음의 글을 주로 참조하였다. 전선자, 「요셉 보이스의 "확장된 미술개념"과 대안문화」, 『서양미술사학회논문집』 29권, 서양미술사학회, 2008; 윤희경, 「생태주의로 본 보이스의 미술」, 『서양미술사학회논문집』 37권, 서양미술사학회, 2012.

너지와 자연이 가진 생태의 역동적 에너지를 미술이라는 영역을 통해 사회적 구조 속에서 통합적 시각으로 혼용해 발전시켜 가기를 원했다. 그리하여 그는 인간, 자연, 생태, 그 생태의 일부분들이 다른 작동 원리 속에서도 서로의 에너지를 고양시키는 유사성에 주목한다. 그의 작품은 자연생태계에서 발견되는 날것에서 나타나는 무정형의 혼돈 상태와 인간의 정신작용 안의 질서 있게 형상화된 상태들을 변형시킨 것으로 등장하며, 그는 이러한 작품에의 개입을 통해 양자 간 에너지의 순환을 끌어내고자 했다. 인간의 정신작용에서 차갑게 형상화된 사고는 아직 자연의 일부로 남아 있는 형상화되지 않은 생태학적 재료가 가진 의지력과는 접합되지 않는다. 그럼에도 불구하고 보이스는 이 양자 간에는 순환과정에서의 동일한 어떤 것이 적용된다고 본다. 그는 이런 재료들의 활용 방법에서 창조와 혼돈, 해체와 또 다른 창조를 생성해 나가기를 원했다. 재료의 물성을 이용해 경직된 기존의 구조를 허물고 이를 혼돈된 상태로 환원하거나 다시 여기

사진 7 요제프 보이스, 「지방 의자」 1964.

에 변형을 가해 또 다른 방식으로 해체하는데, 이 창조와 해체 간의 유동적인 변형은 오히려 파괴로의 이행이기보다는 또 다른 생성과 창조로서의 순환을 의미했다. 그는 이러한 창조와 해체의 본질적이며 영원한 순환을 작품을 통해 실현하고 현현하고자 했다. 따라서 경직된 구조의 어떤 형태는 유동적인 또 다른 형태로 변형되거나 그 역순환의 작업이 행해지는 것이다. 창조와 해체의 끊임없는 순환은 자연과 정신 그리고 사회적인 차원에서 동일하게 나타나는 역동적인 과정을 말한다.

이러한 보이스의 사고는 기본적으로 인간중심주의 사회에 대한 비판적 시각을 근간으로 하고 있다. 보이스가 활용한 생태학적 인자들은 단순히 물질적인 것뿐만 아니라 살아 있거나 죽은 동물들도 포함한다. 그의 작업에는 말, 사슴, 코요테, 양, 벌, 토끼 등과 같은 동물이나 곤충들이 드로잉, 퍼포먼스 그리고 오브제 작업의 주제나 소재로 매우 자주 등장했다. 그는 이들을 인간 문명으로부터 잃어버린 자연의 정신적 에너지를 표상하는 것으로 보았다. 보이스에게 동물 존재란 자연의 부분으로 인간의 내면을 넓히고 심화시키는 원천이자 동물과의 교감은 인간이 놓쳐 버린 정신적 에너지를 재생시키는 연결고리였다.

2. 보이스의 코요테 작업

1974년 5월, 독일 작가 요제프 보이스의 관점에 기대어, 퍼포먼스 예술의 가장 상징적 행위 중 하나가 된 코요테 퍼포먼스「코요테: 나는 미국을 좋아하고 미국은 나를 좋아한다」(사진 8, 9)가 행해졌다. 이는 "아마도 서커스의 극장 외부에서 진행된 개라는 종이 등장하는 작업 중에서는 가장 유명한 단편 작업"[16]일 것이다. 이 작업은 그가 뉴욕 갤러리의 폐쇄된 어떤 공간 안에서 코요테와 3일을 함께 보낸 퍼포먼스다. 많은 다른 예술 퍼포먼스와 마찬가지로, 이 이벤트는 그 장면들을 찍은 다큐멘터리를 통해 주로 확산되었다. 보이스에 의해 출판된 성명들과 12개의 해설집들 그리고 수백 장에 이르는 사진들이

---

16 Andrea Phillips, "A Dog's Life", ed. Alan Read, *Performance Research*, vol. 5, New York: CPR, 2000, pp. 125~130.

그 순간을 기록했다.[17]

페기 펠런과 다른 이들이 제시했듯이 이 퍼포먼스의 핵심적인 존재론을 구성하는 것은 '사라짐'이었다. 그러나 퍼포먼스 예술 작업의 사라지는 행위가 그 예술 작업에 관심이 있었던 당시의 모호하며 비판적인 다양한 참여자들의 행동도 사라지게 하지는 않았다. 비록 실제 어떤 일이 일어났는지는 확신할 수 없어도, 보이스 행위의 기본 구조는 이미 잘 알려져 있다. 뒤셀도르프에서 뉴욕 케네디공항에 착륙한 뒤, 보이스는 펠트 천으로 몸을 감싼 채 앰뷸런스에 실려 미국의 토양에는 전혀 발길도 닿지 않은 상태로 맨하탄의 르네 블록 갤러리로 이동한다. 코요테는 개과에 속한다. 개는 인간과 가장 친숙한 동물이면서도 동물로서 인간에게 완전히 드러나지 않은, 모종의 세계를 가지고 인간의 사회에서 함께 살아가는 매우 특이한 동물이다. 개는 레비나스와 수용소에 함께 있던 '바비'를 통해 윤리학적 범주에 속해야 하지만 거부된 대상으로 논의되기도 했고, 하이데거가 동행과 함께 존재하기·공존의 문제를 개를 예로 들어 설명하기도 했다. 개는 인간과 가장 친밀한 동물이면서도, 인간 사회에 적절히 받아들여지는지 아닌지가 늘 뜨거운 논쟁의 대상이 되는 동물이기도 하다. 그러나 개라는 존재가 인간에게 동물이라는 타자의 알려지지 않은 풍부함과 따뜻함 혹은 그것 너머의 친밀하면서도 낯섦을 최초로 대면하도록 만드는 독특한 존재라는 것은 많은 문학 작품과 미술 작품에서 종종 드러난다. 개는 자연의 알려지지 않은 은폐된 뒷면을 가장

---

17   Caroline Tisdall, *Joseph Beuys*, New York: Thames and Hudson, 1979.

친밀하게 보여 주는 자리에 있으면서도 인간으로부터 쉽게 학대당하거나 버림받고 혹은 적대시되도록 훈련받거나 친밀함을 간구하도록 다루어진다. 자연과 인간 사이에서 개라는 종은 인간의 삶에 깊이 개입되어 그 자체 본성이 달라지거나 왜곡되기도 한다. 예를 들면 사뮈엘 베케트의 『몰로이』에서는 반려견의 죽음에 관한 일화가 있고, 로제 그르니에는 자신의 개 율리시즈를 회상하는 에세이 『율리시즈』를 썼으며, 로맹 가리는 경찰에 의해 흑인을 공격하도록 훈련된 개를 인간 존재의 또 다른 희생양으로 보여 주는 『흰 개』라는 작품을 썼다.

　보이스는 이 작업에서 리틀 존이라 불리는 개과 동물 코요테와의 만남을 위해 엘리베이터를 타고 갤러리 빌딩 위층으로 올라갔으며,

그 공간 자체는 마치 동물원처럼 철제 체인이 둘러싸인 닫힌 곳이었다. 그는 이후에 다음과 같이 회고한다. "그 만남의 예절이라는 것이 매우 중요합니다. 나는 오직 코요테에만 집중하고 싶었습니다. 나는 코요테 외에는 미국의 다른 어떤 것도 보지 않고자 했고 그래서 내 자신을 홀로 격리시키고 고립시켰습니다."[18] 보이스는 다른 그의 작업처럼 그 공간에 풍부한 의미를 지닌 다양한 개념적 오브제들을 놓았다. 예를 들면 긴 회색 펠트 담요, 걸을 때 쓰는 나무 지팡이, 토치, 한 쌍의 장갑, 트라이앵글, 짚으로 만든 요, 매일 배달되는 『월스트리트 저널』의 50개 복사본들 그리고 공간의 정면에 놓인 두 개의 건초더미. 이 오브제들과 함께 인간과 동물은 상호 영향을 주고받으며 3일 동안 함께 지냈고, 그 후 보이스는 펠트 속에 다시 자신을 감싼 상태로 앰뷸런스에 실려 공항으로 간 다음 독일로 돌아왔다.

미국적 문맥들의 다양한 전통 속에서 코요테는 윤리 없이도 윤리를 넘는 위반자이자 흉내를 통해 사람을 즐겁게 해주는 모호하며 드러나지 않는 신성(神性)의 아웃사이더로 표상되어 왔다.[19] 이 간극의 피조물은 자유롭게 일상의 세계와 신성의 세계 사이를 이동할 수 있는 존재로, 코요테는 이러한 "혼돈과 무질서의 영혼이자 경계에 있는 적"으로 묘사된다.[20] 카를 융에게 코요테는 전형적인 책략꾼 형상인 아니마 문디(anima[l] mundi, 영혼의 세계)로서, 우리의 주의를 요

---

18 Carin Kuoni ed., *Energy Plan for the Western Man: Joseph Beuys in America*, New York: Four Walls Eight Windows, 1990, p. 14.

19 David Williams, "Inappropriate/d Others or, The Difficulty of Being a Dog", *The Drama Review*, vol. 51, Cambridge University Press, 2007, p. 98.

20 Karl Kerényi, "The Trickster in Relation to Greek Mythology", ed. Paul Radin, *The Trickster: A Study in American Indian Mythology*, New York: Schocken Books, 1972, pp. 171~191.

사진 9 요제프 보이스, 「코요테: 나는 미국을 좋아하고 미국은 나를 좋아한다」 1974.

구하는 어떤 "영혼"의 창조물로 여겨졌다.[21] 유럽 정착민들의 아메리카 이주 이후로 코요테는 위협 아래서 미국의 희생양 혹은 패배자(낙오자)의 본질적인 전형이 되었다. 코요테는 유해물로서 사냥당하고 활동 영역은 파괴되었지만 그럼에도 불구하고 살아남아 자연이나 농장에서 번식했다. 보이스에게, 코요테란 아시아의 대초원지대의 늑대로서 선사 시대적 기원으로 받아들여졌다. 보이스는 코요테가 마치 아메리카 대륙 원주민의 조상들처럼 수천 년 전에 베링 해협에 있는 얼음을 타고 동부 대륙에서 서부 대륙까지 이동했다고 믿었

21 Williams, "Inappropriate/d Others or, The Difficulty of Being a Dog", p. 98.

다. 그래서 코요테가 본래 유라시아 늑대 및 시베리아 늑대와 종적으로 친밀하게 연결되어 있는 것으로 보았고, 샤먼적 변형이 존재하는 북동 아시아와 시베리아에 전통적으로 연결된 또 다른 피조물로 여겼다. 보이스에게 코요테는 미국적 문맥 속에서 대륙의 생태학적 문제들의 민감한 식민화 과정과 박해와 타락(악화)의 파괴적인 영향 관계를 상징화하는 특별한 존재로 받아들여졌다. 코요테는 또한 다른 의미를 지니기도 했다. 보이스는 미국의 베트남 참전에 대해 비판적 목소리를 냈었는데, 그는 그것을 국제적 자본주의 속에서 내면화된 폭력으로 받아들였을 뿐만 아니라 독일 내 녹색당을 만든 선구적 행동주의자로서 코요테가 아메리카 대륙 내 원주민의 곤경과 명백한 연관성을 가진 것으로 여겼다. 이는 '코요테 콤플렉스'로 깊게 내면화되어 당연시된 어떤 단층선으로서, 문화적 역사에서 코요테는 미국의 이런 일면의 위상을 지표화시키는 존재였다. 보이스는 아메리카 대륙 영혼의 상처들과 외상적 질병에 대한 샤먼적 치료의 시도 중 하나로서 이 행동을 격자화했다.

상실에 대한 신비주의적 주문을 외우면서 자신을 샤먼이자 저승사자, 교육자로 분장한 보이스가 여기에서 이런 행동을 취한 요지는 코요테가 미국의 '상처'와 토착민의 억압된 지성을 대변하는 존재였기 때문이다. 그의 퍼포먼스를 본 캐럴라인 티스돌은 보이스가 세계로부터 자신을 아픈 사람으로 여겨 분리하는 장면을 연출했고 코요테와의 만남을 통해 시험적인 화해에 치료를 추구했으며, 그 자신과 코요테를 위해 이러한 장면을 제공하는 퍼포먼스를 연출했다고 회고한다. 이는 상호적이며 창조적인 협동적 진전이자, 일종의 집합적 명상을 통해 서로 대립하는 자들이 결합하도록 만든 것으로 보였다.

보이스에 대한 티스돌의 기록들을 보면, 루소주의자적 서술이 나오는데, '자유'의 공동생산에 관한 보이스적 역설을 반복함으로써 고대에 분리되었던 것들의 생태학적 보상을 통해 자연과 동물성이 재접속하는 것이었다.[22] 불가피하게 작가의 문화적 치료와 자유의 수사학은 몇몇 작가들에 의해 통렬하게 비판되어 왔다. 특히 벤야민 부흘로, 토머스 크로, 테리 앳킨슨 같은 이들은 "허영심의 형이상학적 자세에서 행해진 사례"라고 언급하며, 코요테 퍼포먼스를 보이스 자신을 비화시키는 망상적 행동의 일례로 결론지어 버렸다.

인문사학자이자 문화이론가인 도나 해러웨이는 코요테와의 협업을 인간과 동물의 생산적인 화해를 창조하는 피조물로 자리매김함으로써 코요테 작업이 해체적 비평의 상징이 될 수 있음을 언급한다. 그의 다른 순환하는 상징화들과 같이 사이보그와 개는 교차적이며 혼란스러운 이항 대립적 범주들을 조정하는 창조물들이 된다.

코요테는 세계를 단지 인간의 규제 아래에만 특정적으로 종속되지 않는 활동적인 장소로서 관여한다. 장소로서의 세계는 한편으로 오직 인간에게만 관여되는 것이 아니라, 다른 한편으로는 자연적인 세계에 관여된다. 코요테 작업에는 우리가 "자연"이라 부르는 것과 "문화"라 부르는 것 사이의 소통이 존재한다. 그러나 "코요테"가 관여하는 범주가 존재하는 세계 속, "자연"과 "문화"는 상관적인 범주들로 존재하지 않는다. 코요테는 자연/문화의 (이분법적) 존재론들

---

22 Kuoni, *Energy Plan for the Western Man*, p. 140.

을 방해한다. … 그것은 자연도 아니고 문화도 아니다. 그것은 진정으로 어딘가에서 획득된 진지한 역사적 노력에 관여하는 것으로 존재한다.[23]

해러웨이의 상징화는 문화적 범주들과 존재론적 범주들 사이 관계에 대해 역동적 애매성과 가능성을 제안한다. 그 공간들은 교환과 변형의 공리계들이 될 수 있다. 이런 관점에서 보이스의 코요테 작업의 행위를 보이스 자신의 지침이었던 "사회적 조형"의 통합된 리허설로 인식하는 것이 가능할 수 있다. 보이스가 말하는 사회적 조형은 "타자"와의 대면 관계를 통한 만남에서 존재와 사유를 창조적으로 완전히 다른 방식으로 재규정한다.[24] 해러웨이는 동물이 타자로서 얼굴을 가지고 있으며, 그런 의미에서 레비나스의 대면 관계를 통한 윤리적 만남의 관점이 더 적합하게 받아들여진다고 제시한 바 있다. 보이스의 코요테 작업이 해러웨이의 비판과 관점을 잘 반영한 이상적 예술 작업으로 논의될 수 있는 이유는 바로 이런 점에서다. 보이스의 사회 조형 개념에서 미학적 혼융, 사회이상주의적 운동가의 태도로서의 조형은 인습적 한계들 너머로 확장되고 확산했다. 그리하여 예술의 조형적 과정이 사회와 문화를 혁신하는 데 은유로서 받아들여졌다. 이는 그 자체로 유기적인 통합성으로 볼 수 있다. 즉 "사회적 조형"이란 우리가 사는 세계를 디자인하고 형성하는 방법이 된다.[25]

---

23 Donna Haraway, *The Haraway Reader*, London: Routledge, 2004, p. 328, 330.
24 Williams, "Inappropriate/d Others or, The Difficulty of Being a Dog", p. 100.
25 Tisdall, *Joseph Beuys*, p. 6.

이와 유사한 시각을 동물 사체들을 통해 반영했던 작업이 1964년의 퍼포먼스 「대장: 플럭서스 송」(사진 10)이다. 보이스는 토끼털로 만든 펠트로 몸을 감싸고 8시간 동안 사슴의 울음을 큰 소리로 흉내 내며 누워 있었다. 그를 감고 있는 펠트 롤의 양쪽 끝에는 죽은 토끼가 한 마리씩 있었다. 이 작업은 몇몇 그의 유사한 작품에서처럼 다른 생명체의 에너지를 퍼포먼스를 통해 마술적으로 불러오는 시도 중 하나였다. 그는 이와 관련해 "내가 내는 소리는 동물들로부터 의식적으로 취한 것이다. 이것이 내가 인간 이외 다른 존재들과 소통하는 에너지의 생산자로서 그 범위를 확장하는 방법이다. 그것은 우리의 제한된 이해를 넘어선다"라고 설명했다.[26]

코요테/인간, 동양/서양, 오래된 세계/새로운 세계, 이상주의자/물질주의자와 같이 그의 작업에서 일어나는 이 이항 대립적 개념들의 접합은 두 상반되는 요소가 관계망 안에 놓이고 재설정될 수 있음을 보여 준다. 보이스의 "조형에 대한 이론"에서 제3의 요소와 세계 관점에 대한 핵심적 역동은 운동·이행의 작용 기능에 관여한다. 보이스는 혼돈과 질서, 유기적인 것과 결정화된 선 그리고 확장과 수축 사이 에너지 운행에서 사물들이 배치되는 과정에 주목한다. Bewegung(운동, 이행)은 양측 모두 물질적 측면과 의식의 측면에서 상호 관계가 가진 소통성의 생태학과 종결될 수 없는 교환의 경제를 표상한다. 티스돌은 다음과 같이 코요테 작업을 설명한다.

---

26 윤희경, 「생태주의로 본 보이스의 미술」, 236쪽.

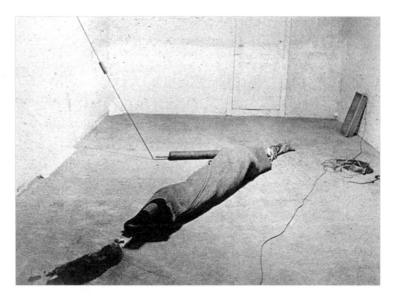

사진 10 요제프 보이스, 「대장: 플럭서스 송」 1964.

코요테 작업에서 핵심은 변환이다. 즉 이데올로기의 자유의 개념에
로의 변환이자 언어의 가장 잠재적 개혁의 힘으로서 더 깊은 이해
로의 변환이자, 구두적 대화로부터 에너지 대화로의 변환이다.[27]

이러한 티스돌의 코요테 작업에 대한 해석은 인간 소통의 주된 방
식인 언어의 한계를 극복하고 뛰어넘으려는 보이스의 세계와 자연
에 대한 이해가 드러나 있다. 인간 담화의 형식인 언어의 한계를 잘
인식하고 있는 보이스의 사유는 데리다의 신과 동물을 연결하고, 인

27 Tisdall, *Joseph Beuys*, p. 44.

간 언어의 한계를 넘어 심연으로 동물 타자의 잠재성을 확장하는 사유와 일치하는 면이 있다.

그러나 이 작업에서는 생태 사회적 제안으로서의 모든 이런 이상적인 면에도 불구하고 여전히 문제로 남아 있는 지점들이 존재한다.[28] 이를테면, 리틀 존이라 불리는 코요테, 그는 어떤 종류의 코요테인가? 그의 고향 혹은 기원은 무엇인가? 그리고 그것이 어떻게 왜, 무엇이 문제인가? 코요테인 리틀 존의 이른바 '야생' 동물로서의 위치는 최근에야 겨우 밝혀졌는데, 그는 포획되었고, 그가 이전에 다른 인간들과 소통이 있었다는 점들이 입증되지 않았다. 이는 공표된 설명들과는 다른 불일치들이 그 퍼포먼스에 존재했음이 이제야 조명받게 된 것이다. 동물의 길들여지지 않은 본성은 종종 이런 서술 속에서 밝혀진다. 그리고 그것은 종 사이의 만남이라는 식의 신화적 내러티브를 키워 살리는 데 이용되며, 자연과 문화라는 표상들로 포장된다.

더 정교하게 사실들을 살펴보자면, 보이스의 그 사건, 그 퍼포먼스는 코요테가 자신의 고향이었던 뉴저지 사육장에서 포획되어, 뉴욕 갤러리로 이송되었고 보이스의 작업에 한시적으로 이용되었던 것에 불과하다. 이는 티스돌의 보이스에 관한 저작에서 설명되는 부분으로 여기에는 보이스와 맥주를 마시며 대화를 나누는, 리틀 존의 사육자 사진이 실려 있다.[29] 이 사진에서 작가는 만약을 위해 한 손에 토끼털을 쥐고 있다. 그것은 이른바 핵심적 변환 창조를 위한 또 다른

---

28 Williams, "Inappropriate/d Others or, The Difficulty of Being a Dog", p. 101.
29 Caroline Tisdall, *Joseph Beuys: We Go This Way*, London: Violette Editions, 1998, p. 162.

보이스의 동물 우화 퍼포먼스에 이용될 소품이었다. 보이스는 이런 식으로 말, 여우, 곰, 꿀벌, 엘크 그리고 바닷새를 포함해 많은 수의 살아 있는 동물과 동물 사체를 그의 몸과 함께 공연하는 작업을 행해 왔다. 이후에 티스돌은 보이스의 코요테 작업에 대해 다음과 같이 서술하고 있다.

코요테를 소유했던 그 남자는 … 거대하고 긴 쇠막대기를 가지고 왔는데 왜냐하면 이 코요테가 매우 야생성이 남아 있고 위험한 동물이었기 때문이다. 뉴욕의 보건복지 센터가 왜 퍼포먼스가 있기 전에 개입하지 않았는지는 의문으로 남는다. 코요테 소유권자는 케이지에 그 동물을 넣어서 다시 뉴저지의 사육장으로 데리고 갔다. 그리고 보이스가 떠난 것과 코요테 소유자가 온 것 사이에는 시간적 격차가 있었다. 코요테는 빈 케이지에서 물이 흥건한 채 젖은 발바닥으로 이리저리 왔다 갔다 하면서 문제가 될 만큼 많은 초조함을 보여 주었다. 이는 매우 놀라운 일이었다.[30]

보이스가 했던 작업에서 함께 그 진행을 맡았던 동물 조연자들은 아마도 이처럼 사육장으로부터 실려 오게 되었을 것이다. 공연이 끝나고 나면 다시 자신의 사육장으로 돌아가 다른 동물들의 계획된 일정처럼 어떤 것은 도살되어 가죽으로 쓰이고 어떤 것은 살아남았을지도 모르지만, 여전히 사육장에 갇힌 채 살아가야 했을 것이다. 조

---

30 *Ibid*.

연자였던 죽은 토끼들 역시 마찬가지다. 그들이 오직 보이스와의 공연을 위해 도살당했는지 어땠는지 우리는 알 수 없지만, 여기에는 분명히 보이스는 말하지 않았던 그리고 미디어들이 포장할 수 없었던 공표되지 않은 역설들이 진행됐었으리라 짐작 가능하다. 우선, 위의 상황으로 코요테가 보이스와 3일간 동행한 이후 그에게 적응해 버려 사육장으로 되돌아가야 할 때에는 이미 보이스의 사라짐을 견디기 힘들어했다는 것을 알 수 있기는 하다. 그러나 어떤 경우이건 보이스가 코요테와 친해지기 이전에 쇠막대기로 그를 조용하게 만든 상황이 존재하지 않았는가?

보이스의 이런 작업 진행은 그의 "사회적 조형"이 그 자신의 뛰어난 관념적 사유들에도 불구하고, 어떤 면에서는 여전히 앞서 보았던 허스트적 예술 마케팅을 이용하고 자신의 작업을 위장하거나 가장한 지점이 있었다는 점을 드러낸다. 사실 보이스가 코요테에게 펠트를 두른 채 휘둘렀던 쇠막대기는 그가 여전히 동물 사육자로서 외양상으로는 무능한 가축 지배자이자 잠재적 폭력자로 남아 있었다는 것을 보여 준다. 따라서 이 동물과의 만남에서 종 간의 소통을 위한 서사와 협력했다기보다는 다른 인간 사육자들처럼 가축을 다스리고 처리하는 지배자의 코드로 임했음을 증명해 준다.[31] 티스돌은 이 코요테라는 동물이 농장으로 실려 가기 전 물이 흥건한 케이지 안에서 젖은 발바닥으로 혼란스럽게 맴돌았던 것을 회상한다. 티스돌은 이 장면을 기억하면서 코요테를 it이라는 사물이 아니라 his라는 인간

---

31 Williams, "Inappropriate/d Others or, The Difficulty of Being a Dog", p. 102.

제3자를 지칭하는 명칭을 부여해 설명하고 있다. 이는 티스돌이 코요테에게 정서적 교감의 과정을 일으킨 순간이 있었음을 의미할 수 있다. 이 불쌍한 코요테는 잠시 인간과의 한시적인 동행과 자유를 누렸을 뿐, 다시 좁은 케이지에 갇히는 상황 속에서 자신의 위험을 감지하고 땀이나 오줌 같은 배설물들로 자신의 초조함을 드러냈을 터이다. 티스돌은 이런 코요테의 상황을 직면하고 느꼈을 것이라 짐작된다.

보이스가 행했던 이 작업 과정에는 앤드리아 필립스가 언급했던 다음과 같은 역설이 존재한다. 거기에는 근본적으로 갤러리라는 상업 공간 안에 이미 설정된 작가와 코요테 사이의 확정적이며 근본적인 부적절한 관계가 존재하고 있었다.

보이스의 작업 내에서는 비일상적인 것이 존재한다. 그것은 실질적인 것이라기보다는 오히려 이론적인 변증법에 해당하는 것이다. 보이스가 행한 생태학이란 시위 운동을 위한 것이기보다는 오히려 이론적인 것으로 존재한다. 그 개가 케이지 속에서 시간을 보내는 동안 보이스는 혼자 (쇠막대기를 쥔 채) 유머를 행한 것이고 개에게는 아무런 힘도 없었다.[32]

동물을 이용한 이 공연들에는 오직 공연으로서 남는 역설이 행해지며 동물은 구원받기보다는 버려지고 다시 인간적 생산물과 희생

32 Phillips, "A Dog's Life", pp. 125~130.

물이라는 동물 착취의 억압구조 속으로 재배치된다. 그것은 허스트의 작업에서나 보이스의 작업에서 여전히 모순으로 남아 우리를 불편하게 한다. 1990년대 이후 동물을 주제로 한 미술 작업은 이와는 다른 양상으로 발전되고 개진된다. 그것은 동물을 직접 공수하거나 살해해 인간을 위한 표피적인 연극을 행하기보다는 다른 방식으로 동물에 대한 억압과 인간중심주의적 시각에 대한 비판을 보여 준다. 이것은 단지 미술에서뿐만 아니라 문학, 연극 등에서도 표면화되는 변화인데 여기에 데리다의 동물론 출판과 그 이론의 확산이 자리하고 있다는 의견은 설득력 있어 보인다.[33]

4. 올레크 쿨리크와
   인간 안의 동물, 동물 안의 인간

자신을 예술적 동물이라 부르는 러시아 작가 쿨리크는 다른 어떤 작가보다 파격적인 퍼포먼스로 동물과 인간 사이의 경계를 묻는 작업으로 알려져 있다. 그는 인간이란 무엇보다 먼저 동물이고 그다음 사회적 동물이며, 정치적 동물이라고 설명하는 예술가이다. 그는 자신을 작가로 여기기 위해서는 반드시 관람자들의 물리적이며 심리적인 관심이 필요하다는 이유로 자신을 예술적 동물이라 부른다. 일련의 퍼포먼스를 통해 작가 쿨리크는 정신분열적으로 '개'가 된(being,

---

33 최성희, 「동물성과 정동」, 258쪽.

becoming-a dog) 어떤 사람을 스스로 연기하면서 동물성에 대해, 동물인 인간에 대해, 동물로서 마주하게 되는 세계에 대해 사유할 수 있도록 이끌었다.

그가 개가 되는, 개로서 행동하는 퍼포먼스를 진행한 이유는 극도로 목적적이다. 특히 1990년대 그가 행한 독특한 퍼포먼스, 주프레니아(zoophrenia)[34] 시리즈는 화가 나 있는 상태의 개의 행동을 모방해, 스스로 화가 나서 공격적으로 변한, 정신분열적으로 이미 '개'인 어떤 '사람'을 연기한다. 이 퍼포먼스를 통해 그는 예술계에서 주목을 받았고 관객에게는 경악을 주었다. 쿨리크는 개로 분한 퍼포먼스 외에도 황소, 원숭이, 새 등 일련의 동물 '되기' 퍼포먼스 작업을 통해 동물성과 인간성의 경계를 묻는 낯설고 이상한 작업을 행했다. 그는 개처럼 아무것도 입지 않으며 자신의 영역에 들어오는 낯선 이들에게 공격적으로 짖거나 무는 행동을 했으며, 또 다른 퍼포먼스에서는 동물처럼 어느 곳에서든 성적으로 자유로운 행동을 표방하면서 그것이 자연스러운 것이라 믿도록 행동했다. 때때로 그 자신이 개가 되어 또 다른 진짜 개와 밀접한 접촉을 하기도 하고, 이러한 퍼포먼스가 야만스러워 보이도록 하는 어떤 문화적 장치도 제거하며 관객에게 충격을 주었다. 그러나 이는 모두 하나의 퍼포먼스일 뿐이다. 작가 자신은 이 분열적이며 기괴한 퍼포먼스를 그가 고대 그리스 철학자 디오게네스의 삶을 표상한 것이라고 설명했다.

고대 그리스의 괴짜 철학자 디오게네스는 '개처럼 사는 삶'을 가

---

34 프레니아(phrenia)는 정신적 장애를 의미하며 쿨리크가 사용한 주프레니아의 의미는 자신을 동물로 인식하는 일종의 정신장애로 이해할 수 있을 것이다.

장 자연스럽고 행복한 것이라 주장하며 반자연적인 모든 것, 즉 관습, 제도, 도덕 등을 거부할 것을 추구했다. 그는 욕구를 부끄러움 없이 자연스럽게 표출하면서도, 부를 쌓거나 거짓말을 하지 않고 자족하는 개의 삶을 이상적이라 생각하면서, 인간의 허울과 물질적 욕심을 비난했다. 자연스럽지 않은 모든 삶을 경계했던 이 사상은 견유주의 철학으로 잘 알려져 있다. 디오게네스는 자신을 개로 부르면서, 자연을 거스르지 않으며 가난하지만 늘 부끄러움이 없이 사는 자족자제(自足自制)의 생활을 주장했다. 실제로 그는 평생 집이 아닌 통안에서 산 것으로 전해진다.

이런 디오게네스의 삶을 이상적인 것으로 표방하는 쿨리크는 1994년 「미친 개 혹은 지옥을 지키는 개, 케르베로스에 의해 지켜진 마지막 금기」(사진 11)에서 처음으로 개-되기, 즉 개 흉내를 내기 시작했는데, 스스로를 러시아 예술과 러시아 사회 연합체의 상징으로 연출했다고 말한 바 있다. 모스크바 갤러리의 입구에서 그는 일정한 순간에 주기적으로 '개'의 행동 양상을 반복하는 기괴한 인간(정신분석적으로 자신을 개로 인식하는 사람)의 퍼포먼스를 진행한다. 그는 발가벗고 목에 개 목줄을 한 채 네 발로 서서 관객을 향해 짖고, 때로는 관객을 공격해 움직이지 못하도록 막아 관객이나 차가 지나가지 못하도록 행동했다. 이 상태로 차 위로 뛰어올라가 차 전면 유리창에 머리를 맞대고 짖는 등의 공격적인 행동을 했는데, 이런 개가 된, 쿨리크-개의 행동은 도로와 갤러리 사이를 막는 일종의 움직이는 장애물이었다. 1995년에 취리히의 쿤스트하우스에서 연출된 「갇힌 개」라는 작업에서 역시 쿨리크-개는 갤러리의 입구에 등장한다. 그는 관객에게 짖고, 공격하여 내쫓는 등 다시 화난 개의 퍼포먼스를 행했

사진 11 올레크 쿨리크, 「미친 개 혹은 지옥을 지키는 개, 케르베로스에 의해 지켜진 마지막 금기」 1994.

다. 자신의 이 태도를 '예술가의 삶을 물질적 가치로 개입시키는 어떤 변형, 즉 예술의 상업화에 반대하는 항의'로 설명하며 그는 '예술들의 스위스 은행'에서 세계 예술의 윤리적·미학적 내용이 거세되는 것을 막기 위해 이런 퍼포먼스를 한다고 말했다. 그는 이 퍼포먼스로 체포되어 감옥에서 하루를 보낸다. 1996년 스톡홀름의 전시 인터폴(Interpol)에 초대받아 실연한 퍼포먼스 「개집」에서 그는 다시 개로서 '레디메이드'되어, 방 같은 거대한 공간에서 목줄을 한 채 벽에 묶여 있었다. 여기에서 다시 쿨리크-개는 한 관객을 무는데, 그 관객은 이 위험한 인간-개와 소통을 하고자 개의 영역에 들어오지 말라는 위험 경고를 무시하고 들어왔던 방문객이다. 쿨리크는 다시 스위스에서처럼 스웨덴 경찰에게 체포되고, 「내가 사람을 문 이유」라는 공개

편지를 바로 공표했다. 1996년 「나는 유럽을 사랑하는데, 유럽은 나를 사랑하지 않는다」라는 베를린에서의 퍼포먼스에 다시 등장한 쿨리크-개는 공격적으로 짖고 있는 진짜 개들에게 둘러싸여 연출된다. 이 퍼포먼스에서 그는 자신과 자신을 둘러싼 진짜 개들과의 분투를 통해 자신을 러시아를 표방하는 '상징적 적'으로, 진짜 개들은 다른 외부의 타자인 유럽의 정체성으로 표상해, 러시아와 그 이외 유럽 사이의 분투를 비유해 표현했다.

이런 퍼포먼스와 사진, 평면 작업을 통해 드러나는 신체적 행위들과 수반된 성명들은 작가의 어떤 현실을 반영하고 있다. 작가는 소비에트 연방 이후 러시아의 불편한 현실과 모호한 정체성에 '재난의 광대'로서 직접 자신을 분장하여 개입해 들어가고자 했고 이로써 당대의 지배적 이데올로기와 철학적·윤리적·정치적 영역에 비평적으로 개입하고자 의도한다.[35]

1997년의 퍼포먼스 「나는 미국을 물고 미국은 나를 문다」(사진 12)에서는 의도적으로 요제프 보이스의 코요테 퍼포먼스를 떠올리는 우스꽝스러운 제목을 사용해, 이 작업이 보이스를 참조해 만들었음을 공표한다. 이 퍼포먼스는 당시 미국 사회에 대한 그의 진단이다. '개'인 줄 착각하는 한 인간으로 분한, 혹은 정말 개가 된 인간인 쿨리크-개는 뉴욕 갤러리의 한 공간에 제작된 철창이 있는 거대한 컨테이너에서 2주 동안 생활했다. 자신을 관람하는 컨테이너를 둘러싼 사람들의 시선 아래, 개로 분한 쿨리크는 목줄을 하고 벌거벗은

---

35 Williams, "Inappropriate/d Others or, The Difficulty of Being a Dog", p. 106.

사진 12 올레크 쿨리크, 「나는 미국을 물고 미국은 나를 문다」. 1997.

채 네발로 기면서 때로 밥을 받아먹거나 '옷 입은' 사람의 명령을 들으며 개로서 생활한다. 그는 2주 동안 이 컨테이너 안에서 기거하고 관객에게 관찰당한다. 관객들은 이 컨테이너의 철창을 통해 그를 관찰하거나 보호복을 입고 안으로 들어가 이 동물인 작가를 만날 수 있었다. 계속해서 그의 작업은 더욱 기괴해지는데 1998년의 퍼포먼스 「백인, 검은 개」에서 그는 류블랴나의 갤러리 한 공간을 완전히 암흑으로 만든 채, 진짜 검은 개와 성적으로 밀접한 접촉을 하는 장면을 플래시를 통해 아주 짧은 순간 촬영할 수 있도록 만들며 플래시가 터질 때만 관객이 그것을 목격할 수 있도록 연출한다. 쿨리크는 이 퍼포먼스에 대해 다음과 같이 회고한다. "두 사진작가가 찍은 이 흐릿한 다큐 사진들만이 '절대적으로 진짜'인 예술이자 '유일한 진짜' 예술로, 이는 그것들만이 덧없는 가시적인 흔적들과 만남에 대해 증명할 수 있는 유일한 증거이기 때문이다."[36]

  쿨리크가 진행했던 일련의 동물 되기 작업은 단순히 예술가로서, 개로서의 자신을 표현한 것이 아니라 앞서 언급했던 디오게네스의 미학을 표방함으로써 관습적인 미학이나 정치적 태도에 타협하지 않는 태도를 극단적으로 보여 준 것이다. 그의 작업은 인간과 동물 사이 경계 너머의 것을 보여 줌으로써 그 경계선의 구분 자체가 '문제적'이라는 의문을 제기한다. 그는 자신의 작업을 기존의 가치에 대한 적대성으로 설명하면서, 이 동물 되기 작업을 통해 '새로운 디오게네스, 개-철학자'로 돌아가길 원한다고 했다.[37] 그는 이런 경계가 없는 모호하며 일견 혐오스러운 행위가 당대의 지배적 이데올로기와 철학적·윤리적·정치적 영역에 의문을 제기하는 비평적 의미로 개입하길 의도했다. 그의 작업의 어떤 부분은 분명히 국제적인 예술 시장의 부패와 저항 미학의 상업화된 사육에 비판적인 이의를 제기하고 있다. 실제로 1990년대 러시아에서 보이스가 했던 것처럼 그는 '동물당'을 만들어 스스로 대표로 출마해, 사형제도 같은 특정 정치적 문맥을 언급하는 행위로 정치에 개입하기도 했으며, 러시아 선거에 참여한 일례가 있기도 하다. 그는 러시아의 이미지를 개로 표상하는데, 동시대 러시아는 궁핍하며 세련되지 못한 잡종견 같은 '타자'의 이미지로, 동부 유럽과 서부 유럽 사이에 끼어 배제될 때 더 매력적인 타자로 취급되는 상황이었다. 그는 이런 러시아의 이미지를 퍼

---

36 Oleg Kulig, "Armadilo for Your Show", ed. Adrian Heathfield, *Live Culture*, London: Tate Modern, 2003, p. 23.
37 Oleg Kulik, *Oleg Kulik: Art Animal*, Birmingham: Ikon Gallery, 2001, p. 63.

포먼스화한 것이다. 특히 쿨리크의 인간중심주의에 대한 명백한 비판은 포스트휴머니즘의 범위나 민주주의의 눈먼 경계에 비판적 시각으로 드러난다.[38] 그의 발언은 인간 주체에 대한 공리주의적 비판을 주장하며 심층생태학의 울림을 내포하고 있다.[39] 거기에는 중심에서 벗어난 다른 종류의 지식이 존재하도록 만든다. 이처럼 쿨리크가 제안하는 바는 '인지권(noosphere, 인간 활동 때문에 변화가 생긴 생물권)에 대한 연합된 문화'로 만연한 인간중심주의에 대항하는 포괄적 동물중심주의적 문화의 구체화된 인식과 감각이다. 그는 "인간중심주의는 스스로 고갈된다. 인간이 작은 수족관의 물고기처럼 지진을 예언할 수 있는가? 개처럼 냄새를 잘 맡을 수 있거나 고양이처럼 유연할 수 있는가? 개미나 벌처럼 조화로운 사회생활의 비밀을 아는가? 그렇지 않다. 그 외에도 동물은 거짓말하지도, 가장하고, 속이고, 위축되지도 않는다"라고 말하며 인간중심주의의 틀을 벗어나 사고할 수 있기를 권고한다.[40]

그럼에도 불구하고 그의 작업이 여전히 혐오스럽거나 보기 힘든 부분이 있는 것은 그가 진짜 자연 안의 동물로서의 개가 아닌 인간이 야만적이라고 여기는 개의 특정 이미지를 확대하고 고착시키기 때문일 것이다. 여기에서 재현되고 있는 종류의 개는 성질이 더럽고, 대립을 일삼으며, 짐승 같거나 싸움질하는 개로, 실제 개가 가진 가능성의 가장 나쁘게 여겨지는 이미지만을 확대 재생산한다. 그의 퍼

---

38 Williams, "Inappropriate/d Others or the Difficulty of Being a Dog", pp. 107~108.
39 Ibid.
40 Kulik, *Oleg Kulik*, p. 74.

포먼스 문맥들이 비록 대단한 용기가 요구됨에도 불구하고, 그의 행동은 경직된 만화 안의 사나운 개, '개 조심'의 개, 정형화되고 적대적인 개의 모습만을 연출한다. 쿨리크의 개 되기는 일련의 작업에서 선택적으로 취사한 개 행동의 흉내로, 존재이자 타자로서의 개를 표상하기보다는 인간 존재를 향한 볼거리로서 설정된 게임으로 보인다. 즉 쿨리크가 행한 '비인간 형상의 타자'로서의 동물 재현은 일정 수준의 은유와 전형이 반복되고 있으며, '때로 인간처럼 행동'하고 정서적으로 인간을 닮기도 한 자연 그 자체인 동물—개의 자연스러운 일면을 소외시키고 있다. 그러나 그의 일탈적인 개 행동은 어떤 불확정적인 창조물을 생산해 내는데, 구성적 차이와 의미에서 '인간'을 따르는 '동물'적 잠행의 요소들이 확실히 있으며, 그것이 불안정적이며 문제적으로 보이는 것임은 분명하다. 달리 말해 쿨리크의 개 모드는 인간에 내재된 동물성과 동물에 내재된 인간성의 불확실한 경계를 지시하고 문제화하는 일련의 자각으로 분명히 존재한다. 앨런 리드는 이를 "연관 종들의 분리된 자아"로 말한다.[41] 또한 에이드리언 히스필드는 "쿨리크의 무대는 존재하기의 또 다른 방식, 즉 앱젝트의 경계 없는, 정체성 없이 존재하는 방식을 감각적으로 열어 내며, 동물과 인간이 이어져 있는 것에 대한 자각이 불가피하게 자꾸 떠오르도록 만든다"고 분석한다.[42] 이러한 "동물—인간의 각성은 필연적으로 양자가 공유하고 있는 삶의 불안정함과 지워짐에서의 유사성

---

41 Alan Read, "Say Performance: Some Suggestions Regarding Live Art", ed. Adrian Heathfield, *Live: Art and Performance*, New York: Routledge, 2004, pp. 242~247.

42 Adrian Heathfield, "Alive", *Live*, pp. 6~13.

을 상기시킨다. 그러한 미학적 열림은 생명정치학적 질문을 시작하
도록 만드는데, 지정과 의미 혹은 희생에 대해 질문하고, 문화적 권
위에 따라 특정 신체가 인간에 있어서만 해당하는 예외 및 배제의 조
건에 따라 배치되는 논리가 존재함을 풀어내고 있다".[43]

　　결론적으로 쿨리크의 작업은 인간 안에 여전히 동물성이 존재하
며 동물 안에 이른바 인간성이라 할 만한 것이 연결되어 있다는 각성
으로, 어디부터 어디까지 문화적인 인간이며 야만스러운 동물인지
그 경계의 불확실함을 드러낸다. 또한 정형화된 동물 이미지들이 과
연 파열될 수 없는 것인지에 대해 의문을 제기함으로써, 혐오스러운
동물의 모든 면을 가지고 있는 인간의 일면들과 인간에 의해 묶이고
갇히고 관찰당하는 '인간적 정서를 가진' 존재·타자로서의 동물 고
통을 사유할 수 있도록 만든다. 이는 동물중심적 관점을 열어 놓으며
동물을 향한 인간적 폭력에 문제를 제기한다.

5. 조은지와
　　인간을 응시하는 타자, 동물

쿨리크가 동물 타자의 야만적인 이미지를 확대하고 확산하면서 그
파열들 안에서 인간 안의 동물, 동물 안의 인간에 대한 경계를 지우
고 다시 사유하는 작업을 선보였다면, 이와 달리 조은지의 작업은 동

43　Ibid.

물을 인간이 잃어버린 지형을 여전히 지키고 있는 자연의 부분이자 인간에게 침탈당하는 가장 취약한 존재로서 타자의 이미지로 다룬다. 그는 흙, 종이, 악기 등을 소재로 자연(지구)과 동물, 식물, 광물, 타자 등 인간과 자연의 경계를 문제시하는 다수의 퍼포먼스와 비디오 작업을 해왔다. 그는 인간과 동물, 인간과 자연이라는 이분법적 대립구조와 그것의 차별적 경계를 거부하고 자연 안 각각의 독특한 존재들에게 그들만의 목소리를 찾아 그 각자를 개별 주체로서 자유롭게 해방할 수 있는 형식을 고민해 왔다. 작가로서 자연의 타자들에게 무한한 상상을 부여하며 인간과 비인간, 주체와 타자의 경계를 파열하는 동시에 인간 주체에 의해 전유된 타자의 취약한 삶을 고발한다. 그는 인간의 눈에 보이는 동물이 아니라 동물의 눈에 보이는 인간이라는 전도된 입장을 제시해 우리라는 관점을 다형적으로 분산하고 해체하며, 해양의 동물 타자 문어부터 우리의 삶에 친밀한 개나 소에 이르기까지 자연 안의 다양한 타자들의 삶을 조망한다. 데리다와 마찬가지로 동물 타자를 전유해 지탱되는 인간의 육식주의 문화로부터 주체의 폭력과 모순을 읽어 내는 그는 처음으로 국내에 이와 같은 작업을 소개한(시작한) 작가이다. 2012년 「비속한 살」(사진 13)은 전면적으로 동물의 착취된 삶, 고기가 걸려 있는 정육점을 찍은 비디오 작업으로, 희생된 타자이자 절단된 신체로서 '고기'를 바라보는 베이컨과 같은 맥락에 있다. 다른 작업 「개농장 콘서트」(사진 15)는 곧 도살될 개 농장의 개에게 노래를 불러 주는 퍼포먼스이며, 「봄을 위한 목욕」(사진 14)은 언젠가 도살될 젖소를 목욕시켜 주는 장면을 촬영한 비디오 작업이다. 그 자신 채식주의자이기도 한 작가는 동물의 눈이나 신체로 인간의 삶을 거꾸로 응시하고 경험하는, 전도된

관점을 확장함과 동시에 인간 주체에 의해 목소리가 소거되거나 세계를 잃어버린 (인간으로부터) 잊혀진 타자, 동물을 향해 애도를 행한다.

그는 스스로 자신의 자아가 잊히거나 잃어지는 연구를 해나간다고 말하는데, 이는 자연에 비해 과도하게 넘쳐나 폭력적으로 변해 버린 인간 주체의 행동을 작가의 몸과 기억을 통해 상상적으로 점점 더 작은 것으로 줄이고 치유하길 바라는 의도의 행동이다. 이러한 조은지의 행동과 작업의 양상은 반이성적, 반언어중심주의적(반로고스중심주의적) 그리고 반인간중심주의적인 것으로, 산업적이며 자본주의적인 문명화된 인간 사회의 중심에서 벗어나, 자연이나 동물이라는 외부의 타자로 그 핵심을 되돌려 놓으려는 수행적 행위를 내포하고 있다. 동물 타자의 표현이나 응답을 단순한 반응이나 수동적 행위로 간주하는 철학이나 인간 주체의 착취적 논리는, 동물이라는 타자의 행동을 무능으로 간주하고 인간 자신을 능력을 함유한 주체로 선포한다. 이러한 주체의 타자를 전유하는 폭력적 능동성에 대항해 조은지는 수동적(passive, pasif)[44] 행위들에 주목한다. 착취된 타자인 존재로서의 동물이나 파괴된 자연을 위해 동물보호론자이기도 한 그는 격렬한 데모나 보호 운동을 통해서가 아니라 매우 수동적이며 작은 움직임들, 이를테면 걸음을 걷고, 흔적을 남기며, 이를 토대로 시를 쓰거나 악보를 만들고 노래를 부르는 행위처럼 평화롭고 비폭력적인, 작고 수동적인 행동들을 통해 소거되거나 거세된 존재의 목소리를 그들 자신에게 돌려주려는 경험을 실현한다. 이러한 작가의 수행적 태도는 인간 주체에 의해 폭력적으로 목소리가 소거된 취약한 소수자, 동물·식물 타자, 자연의 말 없음이 되어, 흙이나 사진, 시, 악보, 영상 등의 매체를 이용해 그들 자신의 독특한 신체성을 되돌려주는 시도로 이어진다.

2018년 서울시립미술관의 단체전 '보이스리스'에서 선보인 「봄을 위한 목욕」은 작가의 이런 움직임이 극대화되어 표현된다. 인도네시아에서 촬영된 이 영상은 잠재적으로 언젠가는 도축장으로 끌려가게 될 젖소가 목욕하는 장면으로 그 소리와 과정을 확대해 찍은 것이다. 일반적으로 도축 전 소를 목욕시키는 것은 인도네시아에서 소를 키우는 자의 일상이다. 반복적으로 상연되는 소의 거친 숨소리나 소의 등을 타고 흘러내리는 지속적인 물소리 같은 수동적 소리는 화

---

44 인도네시아 말로 pasif는 영어의 passive를 뜻하는 것으로 '활동적이지 않은', '수동적인', '연약한' 등을 의미한다.

사진 14 조은지, 「봄을 위한 목욕」 2018(서울시립미술관 서소문관).

면 가득 매우 자세하고 긴장된 분위기로 연출된다. 반복적으로 노출되는 소의 눈, 소의 응시와 소의 몸은 클로즈업되어 언젠가는 죽어야 할 소의 소리 없는 외침을 대신한다. 아직은 살아 있는 소의 눈, 동물 타자의 응시는 슬픈 듯 보이긴 해도 슬프지 않고, 화내고 있는 듯 보여도 화내지 않는 단지 강렬한 수동적 신체의 '살아 있음'을 조용하고 무겁게 재현한다. 이런 이유로 관객은 어쩌면 아무것도 아닌 이 사소한 장면을 숨죽이고 보게 된다. "소 목욕시키기는 도축 전, 혹은 아주 더운 날, 소에 대해 내가 할 수 있는 최대한의 행위이며, 또한 소를 도축하는 사람으로서는 최소한의 일상"[45]이라고 말하는 작가의 태도는 고기를 요구하는 사회의 거대한 연결망 안에서 수동적으로 희생의 구조 안에 배치되는 동물의 신체와 고통에 주목하는 최소한

---

45 비디오 작업에 포함된 작가의 말.

의 작가의 책임이자 응답이다. 소의 사람에 대한 '믿음' 없이는 불가능한 '목욕'이라는 이 하나의 행동은 반복적으로 지속될수록 더욱 의미심장한 것으로 남아 어쩌면 일상일 수 있는 소를 씻기는 행동이 하나의 제의적 행동으로 남도록 만든다. 동물 타자에게 일어날 잠재적 도살이라는 은폐된 사건 이전에 행해지는 이 가려진 목욕 행위는 언젠가는 죽음을 맞게 될 소를 향한 애도이자 인간처럼 '제대로' 죽지 못하고 그저 반복적이며 지속적으로 죽음을 감내해야만 하는 수많은 동물 타자의 삶에 드리워진 폭력에 관객이 직접 개입할 수 있도록 수행의 범주를 확장하는 역할을 해낸다.

「개농장 콘서트」역시 같은 맥락에서 볼 수 있다. 한국에서는 수없이 많은 개들이 복날을 위해 소나 돼지, 닭처럼 농장에서 열악하게 키워지고 도살된다. 동시에 개는 한국 사회에서 반려 존재로 여겨지기도 한다. 개를 친구로 가진 인간은 개와 산책을 하고 영화를 보고 식사를 하고 음악을 듣기도 하며, 그들의 감정과 교감한다고 믿는다. 그러나 동시에 다른 장소에서 개는 극악한 조건에서 키워지고 끝없이 번식되며 잔인한 과정(전기 도살 등의 과정)을 통해 개를 먹는 사람의 음식이 된다. 이런 한국 개들의 비극적인 두 종류의 삶은 그야말로 모순적이며 극단적이다. 인간처럼 똑같이 음악을 듣고 즐거워하며, 때로는 슬퍼하고 고통스러워하는 개라는 종이 갇혀 있는 작은 뜬장 앞에서, 작가는 마치 자기 집 안의 개를 대하듯 기타를 치며 그들에게 도살 전의 마지막 음악을 연주한다. 이상하거나 정신이 나갔거나 혹은 오히려 실험적인 시도처럼 보이는, 일견 우스꽝스러운 작가의 행위는 상이하고 모순된 채 나뉜 두 가지 극단적 삶을 하나의 문맥으로 만나게 만든다. 이런 연출이 제시하는 것은 이 장면의 이상

사진 15 조은지, 「개농장 콘서트」 2004~2005.

함이 오히려 인간의 두 가지 '이상한(기이한)' 취향을 직접적으로 지
시하고 있다는 점이다. 가장 위선적이며 이상한 지점은 작가의 이런
행동이 아니라 친구이기도 한 개를 잔인하게 도살해 먹기도 하는 인
간종의 취향이다. 그녀의 퍼포먼스는 인간의 이런 과도한 취향의 아
이러니를 폭로하고 있을 뿐만 아니라, 그것들이 근본적으로 타자의
삶에 희생을 요구한다는 점을 드러낸다.

아이일 때 인간은 모든 동물을 친구로 여긴다. 아이를 위한 애니
메이션은 대개 귀여운 옷을 입고 학교에 가거나, 음식을 먹는 인간과
똑같이 웃고 우는 토끼, 강아지, 곰 같은 동물의 이야기다. 그러나 성
인이 된 인간은 동물이라면 무엇이든 먹으면서 만족을 하는, 동물에
게는 가장 적대적일 수밖에 없는 위험한 존재가 된다. 이 완전히 다
른 인간의 취향과 삶의 노선들은 모두 인간의 선택에 의한 것이다.
누군가는 이러한 인간의 선택을 객관적으로 보여 주는 일을 해야 한

다. 조은지의 작업은 바로 이를 행한다. 지구의 일부로서의 땅과 자연의 일부로서의 동물 같은 취약한 타자가 되어 그들의 입장에서 있는 그대로 본 인간의 이상하며 파열적인 삶을 향해 있다. 그녀는 인간의 정서를 똑같이 가진 것처럼 상상하면서 동물을 위해 노래하고 몸을 씻기고 그들의 감정과 교류하려 시도한다. 그녀는 자연의 일부인 인간으로서 혹은 자연의 일부인 동물로서 그리고 동물이 된 인간으로서 폭력적 일들에 개입해 들어가길 원하며 인간 주체에게 상처받은 동물 타자에게 치유의 힘이 되고자 시도한다. 이런 작업은 평생 침팬지를 연구하여 그들의 친구가 된 제인 구달의 행동이나 동물적 삶을 오랫동안 면밀히 관찰해 결국 동물과 인간의 경계가 없음을 확인하는 동물행동 연구자의 어떤 태도를 떠올리게 만든다. 동물과 인간의 삶이 경계로 갈라지는 그곳에서 그녀는 인간과 동물이 동시에 가진 것들을 확장해 나감으로써 그 경계를 파열하거나 두껍게 만든다. 그것은 상처받은 동물이 상처받은 인간으로 전도되거나 폭력적 동물이 폭력적 인간으로 환원되는 그 지점에서 상상과 수행을 통해 양자의 간극을 끝없이 줄여 나가는 역할을 한다. 이 수행의 결과는 결국 인간/주체와 똑같은 정도로 고통을 느낄 수 있는 동물/타자의 존재로서의 신체성을 입증하며 보여 주는 것이다. 의미화되지 않은 채 잉여로 남아 착취되는 동물 타자의 존재로서, 타자로서의 부름에 조은지는 작업을 통해 응답한다. 그녀는 한 대담에서 "인간은 어느 순간 자연으로부터 탈락해 버린 것 같다"고 술회한 바 있다.[46] 이

---

46 2021 경기작가집중조명 「광대하고 느리게: 권혜원, 박은태, 조은지」 전시 중 「작가와의 대담」, 경기도미술관, 2022.

는 그의 작업에서 드러나는 동물·타자에 대한 입장과 다양한 양상들을 설명해 준다. 인간은 긴 역사를 겪으면서 (기원적으로) 자신의 아버지이자 동료인 동물을 추적하고 학살하며 제거하는 자로 퇴락해 버렸으며, 이런 인간이 잃어버린, 갖지 못한 것을 여전히 가지고 지키는 자는 자연의 일부인 동물이다. 인간은 동물을 통해 살아 있는 자연을 느끼고 그들의 꿈이나 순수를 접촉하지만 동시에 그들을 먹고 실험하고 도살하면서 사물에 할 수 있는 전부를 한다. 조은지의 작업은 이런 실태의 문제점을 투명하게 읽고 고발하며, 인간만의 논리가 아닌 자연과 인간이 공유하는, 혹은 자연으로부터 부여받은 인간의 섭리가 어떤 것인지 숙고할 수 있도록 열어 나간다. 살아 있는 '존재'를 다루는 만큼 더 조심스럽고 의미심장한 이 작업의 특징은 시각, 시간, 이미지, 유행을 다루는 기존의 다른 작업과 차별성을 가지는데, 왜냐하면 작가가 이 작업이 다름 아닌 '살아 있는' 마음이나 영혼의 테크놀로지를 다루고 있음을 알기 때문이다. 이러한 차별성은 작업에서 윤리성을 나누는 경계를 직시하도록 한다. 조은지의 작업이 착취하는 주체의 허상을 이어 나가는 허스트나 보이스와 달리 베이컨의 사유 쪽에 더욱 가까운 이유는 이런 점 때문이다.

5장 동물 타자에 대한 환대

하이데거의 '동물의 세계 가난'이라는 문제는 인간에게만 사회이고 세계인 이 세상에서, 가축이 된 동물 타자들의 고통이 외면되는 것을 더욱 공고히 만든다. 지금까지 살펴봤듯이 철학은 이 결과들에 책임이 있다. 이러한 논리를 근간으로 구조화된 산업 시대의 동물 착취는 당연한 것으로 받아들여지면서도 철저히 은폐되어 있다.

인간이 식용으로 선호하는 대형 동물들은 도축장에 강제로 이동되기 위해 잔인한 방법들에 노출된다. 끌려가지 않기 위해 몸부림치는 돼지나 소는 지속적인 매질을 당하며 물이나 먹이도 제공되지 않은 채 탈수 상태로 도살장에 옮겨진다.[1] 젖소라고 항상 젖이 나오는 것이 아니어서 인간이 먹는 우유를 만들기 위해 끝없이 송아지를 낳아야 한다. 그 송아지들은 어미 소와 마찬가지로 성장 후 우유를 빼앗기고 종국에는 고기를 위해 도살된다. 도살될 때 이들은 대부분 전

---

1   다음 방송 프로그램은 가축 동물에 대해 자세히 다루고 있다. 「환경스페셜 22회: 우린 왜 행복하면 안 되지?」, 2021년 9월 9일.

기 도축실이나 가스 도축실로 옮겨지는데, 이 양자 중에 윤리적 공간이랄 것이 있을까? 닭 역시 마찬가지다. 일반적으로 농장 닭에게 할애된 공간은 A4 용지 정도로, 강제로 많은 수의 달걀을 낳기 위해 하루에 몇 번씩 전깃불을 켜고 끄는 공간에 이들이 산다는 것을 모르는 사람은 없다. 작은 곳에 갇혀 거의 움직이지 못하며 스트레스로 서로 공격하는 것을 막기 위해 꼬리가 잘리고 눈이 가려지는 돼지는 죽기 전까지 그 좁은 곳에서 나올 수도, 도망칠 수도 없다. 소도 마찬가지다. 그것은 우리가 모두 아는 이야기이다. 이 고통의 장면은 겨우 빙산의 일각일 뿐이다. 데리다는 산업 시대에 생명이길 포기하게 되어 공산물로 살아가는 동물 생명의 도축 과정을 나치 시대 홀로코스트와 종의 멸절 과정인 제노사이드에 비유했다. 혹은 이교도에 대한 억압이나 말살을 떠올리기도 했다. 지젝의 말처럼 동물의 착취를 정당화하는 이러한 산업구조를 형성하는 데 데카르트의 동물 기계론이 영향을 미쳤음은 자명하다.

인간은 동물의 표정 읽기를 거절하지만, 분명 그들에게는 고통을 표현하는 몸짓과 표정이 있다. 해러웨이는 레비나스와 데리다가 동물의 얼굴에 관해 말하지 않은 것을 비판했는데, 그는 동물에게도 얼굴과 표정이 분명히 존재함을 주장한다. 최근 철학의 행보는 이러한 동물 타자에 대한 실질적 폭력에 대응하며 다음과 같은 지적 궤적으로 나가고 있다.

1. 동물철학·동물윤리학

철학 담론의 '동물로의 선회'(animal turn)[2]에 대한 배경에는 생명 기술의 시대에 생명윤리와 생태주의 담론의 불가피한 요구가 해체주의, 포스트모더니즘, 포스트휴머니즘 같은 인간중심주의를 내포한 전통 철학을 비판하는 지적 흐름으로 파생함으로써 이 논의가 주류 철학 안으로 들어와 철학적 범주가 이전과 달라진 것과 연관될 수 있다.[3] 소위 동물철학이라 통칭하는 동물연구, 동물론(zoology), 동물철학 담론은 넓게 세 부류로 나눌 수 있을 것 같다. 그 하나는 전통 철학에서 이루어진 '동물을 다루었던 형이상학의 역사'이며, 두 번째는 최근 동물권, 동물윤리학과 관련해 제기된 철학 내 담론이다. 세 번째는 동물권과 별도로 동물을 형이상학적 주요 주제로 다루는 현행 담론이다. 이미 언급했듯이 첫 번째 범주에서 데리다에 따르면 전통 철학의 역사는 동물/인간의 구분과 동물 배제에서 시작하는데, 이는 인간의 우위성을 동물과의 구분을 통해 드러내고자 한 것으로 인간을 이성적 혹은 언어적 동물로 구분한 아리스토텔레스부터 시작해 데카르트, 칸트를 포함한다고 할 수 있다. 그 외에 니체, 하이데거, 라캉, 레비나스, 바타유는 동물과 인간 구분의 의미성과 무의미성 혹은 동물성 자체를 형이상학 내 주제로 다룬 전통 철학의 계보 내에 있

---

2   Wendy Wheeler and Linda Williams, "The Animals Turn", *New Formations*, vol. 76, 2012.
3   김동규, 「후기 하이데거 철학의 동물론: 아감벤, 데리다 비판의 맹점」, 『철학탐구』 52권, 중앙대학교중앙철학연구소, 2018, 183쪽; 황정아, 「동물과 인간의 '(부)적절한' 경계: 아감벤과 데리다의 동물담론을 중심으로」, 『안과 밖』 43권, 2017, 79쪽.

다.[4] 두 번째는 포스트모더니즘 이후의 동물권과 철학의 상호보충적 관계에서 철학과 윤리학 내 동물 문제를 다루는 피터 싱어, 톰 리건, 파올라 카발리에리 등 인간과 동물의 윤리적 동등성을 강조하는 동물철학의 범주에 있는 이들로, 칼라코는 이들을 "동일성의 윤리학"에 포함시킨다.[5] 그 외에 세 번째 범주에서, 동물권과 별도로 동물을 형이상학적 주요 주제로 다루는 최근의 현행 담론에 데리다, 아감벤, 엘렌 식수, 매슈 칼라코, 피터 애터턴, 케리 울프가 있으며, 이들은 동물철학을 철학의 중요한 주제로 만드는 데 큰 역할을 해왔다.

지금까지 살펴봤듯이 데리다는 '동물에 대한 질문'의 프로젝트를 통해 사실상 고전 철학적 논의들 내 결핍에 대한 주요 비판을 해나갔다고 볼 수 있다. 데리다는 신의 폭력의 본질성을 다루는 『법의 힘』 같은 저서를 통해서도 주체의 반대항으로, 이 동물 타자에 관해 강하게 언급하고 있다. 그에 의하면, 흔히 우리가 주체라고 얘기하는 존재는 인간이며, "우리 인간들이란 백인이고 성인 남성이며 육식을 하고 희생을 치를 줄 아는 유럽인들을 '의미한다/말하고자 한다'".[6] 앞서 언급했듯이, 이것을 데리다는 희생의 구조가 불가결하게 요구되는 서구 전통의 역사 내 육식성남근이성중심주의라 부른다.

인간종 가운데에는 주체들로 인정받지 못하고 동물 취급을 받는 많

---

4   Matthew Calarco and Peter Atterton, "Editor's Introduction", ed. Peter Atterton, *Animal Philosophy: Ethics and Identity*, London: Continuum, 2004.

5   Matthew Calarco, *Thinking Through Animals: Identity, Difference, Indistinction*, Stanford University Press, 2015, p. 19.

6   자크 데리다, 『법의 힘』, 진태원 옮김, 문학과지성사, 2004, 40쪽.

은 '주체들'이 존재해 왔으며, 지금도 여전히 존재하고 있다. (이는 내가 조금 전에 간략하게 암시했던, 전혀 종결되지 않은 역사다.) ⋯ 우리가 혼돈스럽게도 동물이라고 부르는, 따라서 생명을 지니고 있을 뿐 그 이상은 아닌 생명체는 법이나 법의 주체가 아니다. 정당한 것과 부당한 것의 대립은 동물과 관련해서는 아무런 의미도 갖지 않는다. ⋯ 만약 우리가 여전히 극히 혼돈스럽게 동물이라고 부르는 것에 가해지는 불의나 폭력, 천시에 대해 말하고자 한다면──이는 어느 때보다도 더 현재적인 물음이다. (그리고 따라서 나는 해체의 이름으로 이것에 육식성-팔루스-로고스 중심주의[7]에 관한 물음들 전체를 포함시키겠다.)──서양에서 정당한 것과 부당한 것에 대한 사고를 지배하고 있는 형이상학적인 인간중심적 공리계(axiomatique) 전체를 재고해야만 한다. 이처럼 첫발을 내딛자마자 우리는 이미 첫 번째 결과를 감지하게 된다. 곧 정당한 것과 부당한 것의 척도로서 인간 주체(여성이나 아이 또는 동물보다는 백인 남성이 전형적으로 선호되는)를 설정하는 모든 구획에 대한 해체의 시도는 반드시 불의로 인도하는 것은 아니며, 정당한 것과 부당한 것 사이의 대립의 삭제로 인도하는 것도 아니다. 오히려 이는 아마도 정의보다 더 갈구되는 어떤 요구의 이름으로, 하나의 역사와 하나의 문화가 자신의 척도의 체계를 그 속에 한정시킬 수 있었던 한계들의 장치 전체를 재해석하는 데로 인도할 것이다.[8]

---

7 "육식성-팔루스-로고스 중심주의"는 이 책에서는 조금 더 번역된 개념어인 육식성남근이성중심주의로 표기했다.
8 앞의 책, 40~42쪽.

그는 인간 주체의 객체로서 동물 타자 혹은 동물의 취급을 받는 타자를 설정한다. 그리고 '백인'이자 '성인 남성'이며 '육식을 하고' '희생을 치를 줄 아는 유럽인들'이라는 주체가 오랜 역사를 통해 상징적인 주체성의 본질로 상정되어 왔다고 언급한다. 여기에서 주목할 점은 그가 동물이라 부르는 존재는 단지 우리가 정한 동물의 범주만을 의미하지 않는다는 것이다. 육식을 하는 성인 백인 남성인 이 주체에 대한 타자는 동물 타자와 동물 취급을 받는, 동물처럼 권리를 잃어버린 많은 인간 주체(여자, 아이, 노인, 난민 등) 역시 포함된다. 그리고 이를 통해 다시 우리가 '동물', '동물적 삶'이라 부르는 층위들의 의미를 돌아보게 한다. 인간 주체에 의해 이접된 삶, 어그러지고 불투명한 삶인 동물 타자의 삶은 현재의 주체인 인간의 삶과 그들에게 생명을 부여한 신의 '살아 있음'과 끝없이 결부된다. 인간에게 동물은 환영이자 유령으로, 친구이자 적으로, 노예이자 인간들 중심에서 그들의 결핍을 보여 주는 결정적 인자로 데리다의 논의에서 작동한다.

데리다는 "동물이란 우리가 명사 혹은 이름을 붙이는 그 단어에 의해, 세계에 빼앗기게 만드는 최후의 사례"라고 말한다(AT, 48). 그의 철학에서 중점적 논의가 된 동물의 윤리적 확장 문제를 레비나스, 하이데거를 포함한 관점과 벤담이 설정했던 고통의 문제에 근거해 살펴본다. 이와 같은 데리다의 논점에 대해 퍼피치는 그가 설정하고 특징화한 수사학적 질문은 '타자를 먹느냐 마느냐'의 문제가 아니라 '어떻게 잘 먹을 것인가'의 문제라고 지적하기도 한다.⁹ 데리다가 이

---

9   Diane Perpich, "Scarce Resources?: Levinas, Animals, and the Environment", eds. William Edelglass, James Hatley and Christian Diehm, *Facing Nature: Levinas and Environmental Thought*, Duquesne

미 상정했듯이 "도덕적 문제는 그러므로 있어 온 적도 없다. 우리는 먹어야만 할 것인가 혹은 먹지 않을 것인가, 이것을 먹고 저것은 먹지 않을 것인가, 살아 있는 것/존재 혹은 살아 있지 않은 것/존재, 인간이나 동물 중 어느 것을 먹고, 먹지 않을 것인가 하는 것이 문제가 아니라, 오히려 우리는 어떤 경우에라도 먹어야만 하기에, 아무쪼록 '어떻게 잘 먹어야 할 것인가?'가 문제이다".[10]

1. 레비나스의 생태·환경윤리학

그에 부과되는 심각한 비판에도 불구하고 레비나스의 사유를 동물을 포함한 환경주의적 관점으로 확장할 수 있다. 케이시는 레비나스의 사유를 환경주의적 방향으로 확장하는 데 따르는 어려움을 논한다.[11] 케이시의 논의는 레비나스의 얼굴을 전체 세계, 환경적 전체에 적용할 수 없다면 윤리학 자체가 불가능해진다고 본다. 이런 논의는 레비나스 철학의 윤리적 경계의 딜레마를 더 넓은 방식으로 확장하며, 오히려 정치적 의무들을 환경 영역 안에 부과하도록 만든다.

얼굴을 가진 인간에게만 허용된 레비나스의 윤리는 동물처럼 얼굴이 모호한 존재에게는 거절된다. 인간의 얼굴에 한정한 이 윤리구조는 인간 주체와 인간 타자에 한정한 권력이자 그 외 비인간 타자에

University Press, 2012.

10 Jacques Derrida and Jean luc Nacncy, "'Eating Well', or the Calculation of the Subject: An Interview with Jacques Derrida", *Points...: Interviews, 1974-1994*, ed. Elisabeth Weber, trans. Peggy Kamuf et al., Stanford University of Press, 1995.

11 Edward Casey, "Talking a Glance at the Environment: Prolegomena to an Ethics of the Environment", *Research in Phenomenology*, vol. 31, Leiden: Brill, 2001, p. 1.

게 정치적 폭력과 배제를 이행시키는 것으로 전도된다. 레비나스 철학의 문제는 얼굴의 경계를 정하는 범주의 딜레마에서 이처럼 윤리적 권력에 대한 설명을 사유하도록 만드는 지점이 생긴다는 데 있다. 데리다가 일련의 논의에서 지적하듯이 철학의 인간 주체성을 특권화한 데카르트, 하이데거, 라캉, 레비나스에 이르는 타자 개념을 내포한 주체 개념들은 동물 착취와 동물 타자의 배제를 통한 권력으로 작용한다.

케이시는 얼굴에 대한 논의가 인간 얼굴에 한정되는 것을 우려하면서, "오직 인간 존재에만 한정한 윤리학을 가질 수 있는가?"라고 질문한다.[12] 즉 얼굴의 위상/위치가 동물에게 거부되어야 하는지, 나를 바라보는, 내가 직면한 존재들의 위치가 동물에게는 거절되어야 하는지에 대해 사유하면서 동물에게 윤리적 의무감이 발생할 수 있는지의 여부를 묻는다. 케이시도 레비나스가 동물의 얼굴을 의무감의 원인으로 혹은 윤리적 책임감으로 이해하고 있다는 명확한 말을 하지 않았다는 것을 알고 있다. 그러나 레비나스의 얼굴의 윤리학에서 얼굴이 의미하는 바는 이처럼 단순하게 작동하는 것이 아니라는 점을 인식해야 한다고 그는 주장한다. 왜냐하면 규범성의 원천으로서 얼굴과 형상 사이의 일대일 대응이라는 개념이 우리에게 부과하는 특정 책임감에 도전을 요하기 때문이다. 그 점에서 자연을 전체적으로 일종의 유사 인간의 얼굴로 확실하게 만드는 것은 적절치 않다. 왜냐하면 그렇게 하는 것은 자연을 인형주의(人形主義)로 만드는 것

---

12 Ibid., p. 2.

이며 환경의 타자성을 존중하는 데 실패하는 것이기 때문이다.

대신 케이시는 얼굴의 구조적 역할을 장소적 세계(place-world)에 상응시킨다. 장소적 세계가 얼굴이라는 것이 아니라, 장소적 세계 안 존재는 모든 전체에 근본적이며 똑같이 공유되는 것으로 그로 인해 그 전체에 속하는 모두는 똑같이 도덕적 가치를 갖는다는 점이다. 그는 결국 데리다가 제안한 '고통을 느끼는 능력'에서 나오는 도덕적 표준을 '장소적 세계 내 존재'로 바꾸고 있다. 케이시는 "서구에는 윤리학과 장소를 함께 묶어 생각하는 사유의 긴 전통이 존재한다"라고 쓰며 윤리를 지칭하는 그리스 단어 에토스를 설명한다.[13] 에토스가 호머 시대에 의미했던 바는 동물 서식지 혹은 야생마 같은 동물들이 밤에 독자적으로 거주하는 장소였다. 만약 우리가 서식지 혹은 장소적 세계라는 지침의 중요성을 환경과의 관계에 대한 어떤 고려로 받아들인다면, 규범의 원천이나 윤리적 힘의 원천으로 장소적 세계들을 제시하는 케이시를 따라야 하는 것일까? 우리는 에토스에 대한 데리다의 논의로 들어가 이를 조금 더 상세히 사유해 볼 수는 있을 것이다. 그러나 결국 레비나스와 데리다의 동물 논의, 혹은 생태환경적 논의에서 드러나는 바는 레비나스의 타자 사유가 동물의 얼굴에 대해 주저하는 어조에도 불구하고 환경과 동물, 자연의 문제에서 소환될 수밖에 없는 어떤 지점이 분명히 존재한다는 것이다. 여기에서 레비나스 윤리학의 가능성이 확장된다.

---

13 Ibid., p. 8.

5장 · 동물 타자에 대한 환대   259

- 레비나스 윤리학의 가능성

레비나스 윤리학에서의 생태학적 고려에 대한 문제는 칼라코에 있어서도 유사하게 나타난다.[14] 레비나스의 용어를 쓴다면, 동일자로 환원될 수 없는 '타자성'은 인식 주체의 인식하는 힘을 벗어나는 것이다. 『전체성과 무한』에서 레비나스는 윤리학을 '나의 자발성, 자아의 발생이 타자의 현존으로 인해 설정되는 것'으로 정의한다.[15] 레비나스에게 윤리학은 모든 타자성을 그 자체로 환원시키길 추구하는 자아의 인식론적 모험이자 자발성, 자유에의 비판적 문제이다. 윤리적인 문제는 그러므로 타자를 어디에, 어디까지 한정시킬 것인가의 범주의 문제이다. 레비나스에게 도덕적 의식은 가치의 경험이 아니라, 외재적 존재로의 접근 방법이다.

칼라코는 이 외재적 존재를 레비나스가 얼굴이라 부르고 있는 것이라고 본다.[16] 그리고 얼굴이라는 이 외재적 존재는 '내 안 타자의 개념을 초과하여 타자가 그 자신을 무엇을 통해 표명하는(표현하는)가의 문제'로 정의된다. 즉 초월론적 철학의 언어 내 얼굴은 윤리학을 위한 가능성의 조건이 된다. 레비나스에게 윤리적 관계와 윤리학은 간명하게 설명하면 이 관계의 사건이다. 그것은 그 안에서 타자의 얼굴과 내가(자아가) 관계하는 것이다. 앞서 살펴보았듯이 레비나스 저서에서는 어떤 비인간 동물도 타자에 대해 진정한 윤리적 응답을 할

---

14 Matthew Calarco, "Facing the Other Animal: Levinas", *Zoographies: The Question of the Animal from Heidegger to Derrida*, New York: Columbia University Press, 2008.

15 Martin C. Srajek, *In the Margins of Deconstruction: Jewish Conceptions of Ethics in Emmanuel Levinas and Jacques Derrida*, Dordrecht: Kluwer Academic Publishers, 1998, pp. 25~32.

16 Calarco, *Zoographies*, p. 67.

능력이 없다고 생각되었다. 그리고 인간이 아닌 비인간 동물은 인간 존재에 있어 윤리적 응답을 끌어내는 존재가 아니다. 즉 레비나스 윤리학 내 타자란 항상 인간인 타자에 한정한다. 그럼에도 불구하고 칼라코는 레비나스가 태연하게 인간중심주의적이지만 그의 사유의 근원적 논리는 인간중심주의를 허용하지 않는다고 주장한다.[17] 레비나스 철학 저변의 논리는 타자의 범위를 정하는 선험적 제한 자체를 불허함으로써, 인간의 형상으로부터 배제된 비인간 타자들에게 그 범위를 열어 나갈 수 있게 만드는 근거가 존재하기 때문이다. 달리 말해, 만약 우리가 레비나스적 접근을 통해 여기서 발전시킨 동물윤리학의 문제를 논한다면 그 기저에는 동물윤리학이 윤리학을 관통하는 사유가 되어야만 할 가능성이 충분히 존재한다. 결론적으로 레비나스가 열어 놓은 타자철학의 보편적 지침들은 인간중심주의의 한계에 도전하기를 추구하는 윤리적 요구와 수행을 확실시하면서도 상호보충하는 듯한 어떤 형식에 열려 있다. 레비나스 타자철학에서 동물윤리학과 환경윤리학은 각각의 다른 반대 항 안에서 인간을 내포하면서, 상호보충적으로 존재할 수 있게 된다. 그것은 레비나스 자신이 비록 아무렇지 않게 인간중심주의적으로 보일지라도, 그의 논리의 근저에는 인간중심주의를 허용하고 있지 않다는 점으로 요약할 수 있다. 이런 의미에서 레비나스의 윤리학은 그의 텍스트 안에 이미 자신을 넘어서는 잔여가 존재하는 것으로 보인다. 이 잔여는 레비나스 안에서 레비나스의 의도를 넘어서는 방향으로 확장한다.

---

17 *Ibid.,* pp. 69~77.

동물철학을 이야기하는 애터턴은 레비나스가 자신의 절대적 타자성을 사유하는 논리는 윤리학을 인간의 관심과 가치에만 배타적으로 해석하는 것을 반대하는 데 충분히 영향을 미쳤다고 본다.[18] 그는 레비나스의 얼굴의 현상학적 묘사는 '고통을 느끼고 있고 내게 그 고통을 느끼는 것을 표현할 수 있는' 동물까지 윤리적 고려를 확장하는 것을 정당화한다고 말한다. 레비나스가 반유대주의의 희생, 인종주의와 전체주의에 대해 말했던 바는 이런 점을 보여 주고 있다. 『존재와 달리 또는 존재성을 넘어』에서 "다른 인간을 똑같이 미워하는 것의 희생자들"이라는 레비나스 표현은 동물까지 확장해 볼 수 있다.[19] 왜냐하면 반유대주의의 희생자는 곧 종족주의의 희생자이기도 한데, 동물들에 대한 고려는 지금까지 희생되어 왔고, 방기되어 왔거나 절하되어 왔던 또 다른 의미에서의 종족주의의 희생주의를 드러내기 때문이다. 그뿐만 아니라 동물 역시 인간과는 다른 종의 종적 타자이기 때문이다. 즉 레비나스가 말하는 그 타자는 인간 이외의 타자인 적이 있었는지 아닌지의 질문으로 나아가 생각하게 만들기 때문에 그 즉시 이런 문제와 관련하게 된다. 나아가 『전체성과 무한』에서 레비나스가 말하는 바는 그 너머 그 이상이다. "타자의 타자성은 그와 나를 구별하는 어떤 질에 의존하지 않는다. 이 자연의 구분에서 이미 공동체는 타자를 영점화시키는 것을 우리 사이에서 의미하게 될 것이다"[20]가 의미하는 바는 타자란 내가 사유한 또 다른 에고와

18 Peter Atterton, "Levinas and Environmental Thought", *Facing Nature*.
19 Ibid., p. 26.
20 Emmanuel Levinas, *Totality and Infinity: An Essay on Exteriority*, trans. Alphonso Lingis, Dordrecht: Kluwer Academic Publishers, 1991, p. 194.

일치하는 것이 아니라는 점이다. 혹은 인간 존재에 상응하는 것도 아니다. 타자란 본질적으로 나와 같으며 어떤 선택되지 않은 '우연한' 것들(키, 피부색, 좋아하는 것)의 의미에서만 구별될 수 있는 존재다. 그러므로 타자와 인간주의가 동의어라는 개념을 지탱하는 어떤 바탕도 레비나스 철학에는 존재하지 않는다고 애터턴은 주장한다. 그는 절대적 타자성과 인간주의는 다른 것이라 지적한다. 『존재와 달리 또는 존재성을 넘어』에서 레비나스는 '타자'를 이런 "인간종, 이성적 동물, 자유로운 의지 혹은 그 본질이 무엇이건 그것의 개체화를 하기 이전"[21]으로 설정한다. 우리는 윤리적으로 만나게 되는 미래의 타자가 누구인지 혹은 무엇인지 선험적으로 알 수도 경험할 수도 없다. 달리 말해, 타자를 만나는 것 이전에 우리가 다루거나 알 수 있는 것은 없다. 결국 이는 레비나스 속에서 인간중심주의적 한계들을 넘어선 확장된 윤리학의 가능성이 존재한다는 점이다. 이처럼 레비나스의 윤리학은 사실상, 윤리가 보편적인 것으로 고려되는 방법 그 자체를 열어 나가고 있다.[22] 칼라코는 이 보편적인 윤리적 고려에 대한 근본지침이 후에 데리다에서 발전하게 된다고 언급하며, 이 근본지침이 이후에 자신이 아감벤을 다룰 때 동물에 대한 문제의 정치적 범위를 격자화하는 것을 돕는다고 말한다.

만약 그렇다면 동물이 타자에 대해 근본적인 윤리적 응답을 할 수 없다는 레비나스의 주장을 어떻게 봐야 할 것인가? 원론적으로 레비

---

21 Emmanuel, Levinas, *Otherwise than Being or Beyond Essence*, trans. Alphonso Lingis, Duquesne University Press, 1998, p. 59.
22 Calarco, *Zoographies*, p. 14, pp. 68~72.

나스 철학에서 동물이 타자에게 응답하는 능력이 있으려면, 기본적인 생물학적 욕망을 극복하거나 보류할 수 있어야만 한다. 그러나 동물은 이기적 욕망으로 끝없이 싸움을 지속하기 때문에 윤리적 응답에 무능한 존재라고 레비나스는 말한다.[23] 이런 점에서 어떤 의미에서 보면 레비나스의 전체 철학은 어느 지점을 통해 인간 동물이 동물성과 분리되며 적절하게 인간이 인간적으로 되는가의 문제에 모두 쏠려 있는 것처럼 보인다. 칼라코는 레비나스 윤리학의 보편적 고려에 대한 지침이 '동물에게 얼굴이 있는가?'와 동물의 얼굴에 대한 사유나 고려 그 자체를 통해, 어쩌면 우리에게 동물이 윤리학의 범주에 들 수 있는가의 질문을 더 넓게 열어 나갈 것을 근본적으로 요구하고 있다고 본다.

2. 동물의 고통과 윤리학의 범주

동시대 당면 윤리학에 대해 칼라코의 의견을 참조하자면, 다음과 같은 몇 가지 맥락들을 제시할 수 있다.[24] 첫째, 형이상학적 인간중심주의의 전략은 당면한 동시대 윤리학 안에서는 와해되었다. 당면한 사유의 주요한 한계 가운데 하나는 인간을 존중하는 위계적 태도에 비인간 생명의 생명을 결정하려는 경향 혹은 '형이상학적 인간중심주의'가 놓여 있다. 이 비인간 동물과 인간 동물과의 차이에 대한 사유에서 가장 결정적인 것은 바로 이 차이의 문제가 더 이상 유효하지

---

23 *Ibid.*, p. 60.
24 *Ibid.* pp. 74~76

않다는 점이다. 예를 들어 현대 사회의 흐름에서 인간/기계, 인간/신, 인간/환경과 같은 구분들은 이제 더 이상 그 구분 자체가 희미해질 뿐만 아니라, 그 구분 자체를 제거하도록 만드는 상황에 점점 놓이게 된다.

두 번째, 동물의 타자성이 동시대 윤리학에서 전면에 어쩔 수 없이 대두되는 상황이 존재한다. 칼라코는 다음과 같이 그 이유를 제시한다. 레비나스를 포함한 동물에 대한 철학적 담론들은 그 접근에서, 압도적으로 환원주의적이며 본질주의적이다. 동물들은 종종 철학자들에 의해 어떤 본질적 인간 특성(언어, 죽음에 대한 개념, 도덕적 의무의 기능 등)을 결여한 단일 부류에 속하는 것으로 생각되어 왔다. 이런 접근은 동물들 사이에 존재하는 광대한 차이를 속이며 꾸며 댈 뿐 아니라, 허구적 구성물로 만들어진 특성으로, 인간 존재와 동물 사이의 '만들어진' 구분을 제안하는데, 이는 인간 존재와 동물 사이에는 어떤 단일한, 극복할 수 없는 분명한 구분선도 존재하지 않기 때문이다. 우리와 동물과의 상호작용에 대해 조심스럽게 초점화하는 것은 우리에게 이 문제를 철학자들이 전통적으로 행했던 것보다 더욱 세밀하고 세심하게 전환하도록 만든다. 이런 과정을 통해, 우리는 비로소 우리가 소위 동물이라 부르는 존재가 이제까지 설정해 왔던 것 아래로 범주화시켜 맞출 수 없는 존재라는 사실, 즉 동물의 특이성과 타자성에 대면하게 된다. 왜냐하면 우리가 경험적으로 동물이 무엇을 할 수 있는지 혹은 존재론적으로 그들이 우리의 개념화를 초과하는 어떤 존재일지에 대해 전혀 알지 못하기 때문이다. 이는 동물의 타자성이라는 개념화할 수 없는 것과의 만남에서 윤리 그 자체가 도출된다는 사실을 보여 준다.

세 번째, 동물 문제와 환경 이슈 사이 연계에 대한 재구성이 일어나고 있다. 역사적으로 동물윤리학은 인간 너머 이동하는, 특히 환경윤리학과 같은 윤리학의 다른 형식에 기묘하게 놓여 있었다. 동물윤리학을 표방하는 자들은 대부분 그들 자신을 개인주의자들로 표명해 왔지만, 환경윤리학은 각 진영이 서로 상관적인 관계의 협업 안에서 존재했었다. 이런 차이는 이론과 수행 양자의 날카로운 분리를 이끌어 온다.

네 번째, 동물 자체의 상황이 이전과 비교해 동시대에 확연히 달라짐으로써 당면 윤리학의 범주를 재정비하고 재고려할 수밖에 없는 상황이 되었다. 동물을 윤리적 범위로 넣을 것을 고려하는 윤리적 초점은 열린 채 닫혀 있고, 동물에 초점을 맞추는 것은 하나의 모험으로 보인다. 그럼에도 불구하고 동물 존재에 부여된 현재의 조건들에 동물 문제는 여실히 상존하고 있다.

데리다의 인간중심주의와 로고스중심주의에 대한 지속적 비판의 맥락은 살펴본 것처럼 동물에 관한 논의와 직결된다. 그는 『동물 그러므로 나인 동물』의 1장에서 더 이상 부정하거나 그것에 대한 자각을 미룰 수도 없는 동시대에 일어나는 동물 살상을 길고 강도 높게 비난했다.

이것들 중 가장 투박한 것에 한정하더라도, 무릇 그 징후들은 성경이나 고대 그리스의 동물 희생을 훨씬 넘어서는 것들입니다. 헤커툼(소 100마리를 희생물로 바치는 것을 표현하는 말인데, 이후 이 표현에는 온갖 은유들이 덧붙여졌습니다)을 훨씬 넘어서며, 그리고 사냥, 낚시, 길들이기, 훈련이나 전통적인 동물 에너지의 착취(운반 또는 밭갈이, 수레 끄는 동물들, 말, 소, 순록 등 그리고 경비견, 또 소규모 도살과 동물 실험 등등을 생각해 봅시다)를 넘어섭니다. 지난 2세기를 거치면서 동물을 다루는 이 전통적인 방식들이 동물학과 생태학, 생물학, 유전학 등의 지식이 결합하여 이룬 발전으로 완전히 뒤집혔다는 것은 너무나 명백한 사실입니다. 이러한 지식은 살아 있는 동물인 그 대상 속으로 개입해 들어가고 그 대상 자체를, 또 그 대상의 환경과 세계를 변형하는 기술과 언제나 불가분의 관계에 있습니다. 그렇게 이룬 발전이란, 과거와는 전혀 다른 규모의 사육과 조련, 유전학적 실험, 동물 고기의 식용 생산이라 부를 수 있는 것의 산업화, 대규모 인공 수정, 점점 더 대담해지는 게놈 조작 등입니다. 식용 고기의 더 활성화된 생산과 재생산(호르몬, 이종교배, 복제 등)으로 동물을 환원시킬 뿐 아니라 인간의 특정한 존재와 소위 인간적 웰빙에 봉사하게끔 모든 종류의 다른 목적으로 동물을 환원하는 것이 여기에 해당합니다.[25]

그의 지적처럼 인간의 역사에서 이전에는 결코 이렇게 많은 동물이 무조건적으로 남용되고, 생각될 수 없는 삶의 조건들로 공포스러운 대량도살/학살 속에 대상화된 적이 없었다. 육식을 위한 공장식 사육 시스템은 점점 더 동물을 생명이 아닌 물질로 다루고, 물질로 다루어진 생명에 대한 극악한 조건은 그들뿐만 아니라 대유행의 전염병 확산으로 인간에게까지 돌아온다. 전염병의 확산은 다시 대

25 자크 데리다, 『동물 그러므로 나인 동물』 1장, 최성희·문성원 옮김, 『문화과학』 76호, 2013, 338~339쪽.

규모 동물 매몰이나 동물실험을 통한 동물 학대, 학살로 악순환되며, 가축 동물의 문제뿐만 아니라 반려동물의 급속한 확산 역시 문제의 중심에 있다. 유기 동물의 확산과 대규모 안락사도 사회적 현상이자 현실적 배경이다. 필자는 오스트리아에서 제정된 보다 견고하며 확장된 동물복지법이 국내법에도 참조되어야 하고, 동물, 식물, 환경 타자에 대한 근본적인 교육 지침이 마련되어야 한다고 생각한다. 그러나 그것은 어디까지나 첫걸음에 지나지 않는다.

현재 한국의 상황은 어떠한가? 소, 돼지, 닭, 오리, 양, 흑염소 같은 농장 동물이 얼마나 열악한 상황과 조건에서 키워지고 도살되는지는 조금만 관심을 기울여도 알 수 있다. 그들은 최소한의 이동권, 일조권도 보장받지 못한 채 죽기 전까지 열악한 조건에서 나올 수 없다. 특히 한국 사회는 인간과 가장 친밀하다는 개 역시 축산업에 묶음으로써[26] 개를 식용으로 먹는 것을 대량화·공장화하는 것으로 서구사회에서 빈축을 사고 있다.[27] 개는 동물 타자의 신체와 정서가 인

---

26 "동물해방물결은 '그동안 모순적인 개의 법적 지위를 반려동물로 통일하고, 개를 식용으로 사육, 유통하는 것을 금지하기 위한 대정부 캠페인을 전개해 왔다'며 '지난 5월 17일에는 1년간 개고기를 취식하지 않은 국민이 81.2%, 개 식용에 반대하는 국민이 46.6%에 이른다는 내용의 한국 개고기 인식과 취식 행태에 대한 여론 조사(한국리서치 용역) 결과를 발표하며, 개 식용에 대한 국민적·사회적 합의가 없다는 정부의 변명이 시대착오적이며 설득적이지 않음을 밝힌 바 있다'고 전했다. 그러면서 '개가 고기가 되었다는 것은 축산물위생관리법과 동물보호법상 적법하지 않은 도살이 이뤄졌음을 의미하는데도, 개고기를 생산, 판매, 소비한 이 그 누구도 처벌받지 않고 있다'며 '현행 동물보호법이 반려동물로 보호하는 개를 집단적으로 사육하는 농장은 전국 약 3000개에 이르며, 매년 백만 마리가 고기로 도살, 소비된다. 법적으로 식품이 아닌 개를 농장에서 가축으로 사육, 도살, 유통, 소비하는 개 축산업은 대한민국이 유일하다'고 덧붙였다." 「동물단체, 초복 맞아 "개식용 금지하라" 한목소리」, 『파이낸셜뉴스』, 2018년 7월 17일.
27 환경 정부를 자처했던 지난 문재인 정부는 개를 축산업에 포함함으로써 이전 정부와 비교할 수 없을 많은 수의 개들이 공장화 시스템 속에 학대당하고 도살되도록 했다. 기획재정부(「MBC 뉴스데스크」, 2020년 12월 12일. https://tv.naver.com/v/17192667)나 롯데(「롯데家 땅에서 벌어

간과 그 경계를 확실히 나눌 수 없다는 것을 쉽고 가깝게 보여 주는 첫 번째 범주에 해당한다. 하이데거는 동물과 인간의 경계를 강하게 구분했지만, 그와 동시에 '동물과 함께 살기'가 동물과 인간을 철학적으로 이해하는 것에 왜 필수적인지 설명한 바 있다. 인간과 교감한다고 여겨지는 개(혹은 고양이)라는 종의 미묘한 감정은 동물 타자에 대한 환대의 경계를 넘도록 만드는 첫 번째 문턱이다. 인간과 닮거나 인간의 이해를 넘어선 개와 고양이를 보면서 그 응시와 이해로부터 인간은 농장 동물까지 타자로서 환대하는 법을 배우고 확장할 수 있다. 그들에 대한 이해는 동물 타자와 인간 주체 사이의 경계가 얼마나 허망하며 허구적인 것에 기대고 있는지에 대한 자각을 주며, 동물의 고통에 대한 문제를 지금과는 다르게 접근하도록 만든다. 동물과의 거주가 인간에게 시사하는 것은 인간이 규정하는 것 이상이다. 이것은 인간만의 세상 이외, 또 다른 세상이 여실히 존재하고 있음을 보여 준다. 그러나 인간들은 대부분 죽기 전까지 이 세상을 알지도, 보지도 못한다. 동물 타자와 그들의 고통에 대한 인지의 문제는 단순히 동물을 물질이나 상품으로 다루거나 한정할 것을 거부한다. 동물 생명에 관한 문제는 각 개인의 문제로 국한될 수 없으며 무엇보다 정부 차원의 인식과 교육의 지침이 바뀌어야 하고 그것이 정교한 법 제정으로 이어져야만 한다. 동물의 고통이 만연한 곳에서 인간의 행복

진 불법 개농장 이전투구 내막」, 『주간조선』 2619호, 2020년 8월 3일)의 부지조차 대규모 개 사육장이 생겨 뉴스로 보도된 바 있다. 한국 사회에서 개고기 문제는 반복해 돌아오는 뜨거운 논쟁거리다. 동물권에 관한 어떤 논의도 극소화했던 지난 문재인 정부 아래 개고기 산업 문제는 오히려 국제적 관심을 모아, 시트콤 「프렌즈」의 제작자 케빈 브라이트는 한국의 개도살, 개농장을 찍은 다큐멘터리 「누렁이」를 감독해 2021년 6월에 공개한 바 있다.

역시 보장받을 수 없다. 인간만을 위한, 인간의 목적만을 위한 물질로서의 동물 개념만을 수용하는 현재 과도기적 의식의 한국 사회는 동물 고통에 대한 교육이나 지침이 부재한 상태로, 대부분 육식을 권하는 사회적 분위기가 일반적이다. 한국 사회는 이 부재한 의식의 문제에 대해 적절한 수준의 고민을 해야 한다.

한국 사회와 동아시아에 만연한 동물 희생과 억압, 착취의 방식과 구조는 일일이 다 말할 수 없을 정도로 처참하다. 그러나 동물권 운동의 역사가 아시아보다 선행했던 서구 유럽 사회 역시 상황이 더 좋다고 볼 수는 없다. 프랑스의 한 가축 사료 회사에서 사료의 소화 분해를 시험하기 위해 살아 있는 젖소의 위장에 구멍을 뚫어 손으로 위 속에 사료를 주입하는 충격적 장면을 동물권 보호자들이 찍어 미디어에 고발했던 사례는 불과 1, 2년 전의 일이다.[28] 동물 착취를 인간과 동물의 전도된 입장에서 다루는 2014년 단편영화 「더 허드」(The Herd)는 인간에게 일상화된 동물 착취가 인간화된 동물, 동물화된 인간에게 어떤 의미인지 보여 준다. 인간 여성을 가축처럼 길러 모유를 착취하는 이야기를 담고 있는 이 영화의 공포는 이 '미친' 짓을 현대 인간 문명이 그대로 동물에게 적용하는 점에서 나온다. 이와 같은 일들은 사회의 일상화된 동물 착취의 한 장면일 뿐이다. 이제 우리는 이런 문제들에 대해 좀 더 깊게, 더 길게 생각해 볼 필요가 있다. 여기에 채식주의가 연관한다는 것은 당연한 얘기다. 여기서는 상세히 다루지 않겠지만, 데리다의 해체주의는 사후 채식주의 논점으로 확장

---

28 「JTBC 뉴스」, 2019년 6월 22일 참조. 이외에도 서구권에서 일어나는 동물 학대의 사례는 일일이 열거하기 어려울 정도로 많다.

된다.[29]

• 하이데거와 동물 고통

데리다의 강도 높은 비난은 하이데거에 대한 비판으로 이어진다. 하이데거가 죽음으로 향하는 현존재의 독특성을 논할 때, 동물은 동물의 죽음과 현존재의 특정 유한성의 양상 사이의 대조를 극대화하기 위해 짧게 언급될 뿐이었다. 인간은 결코 단순히 없어지거나 종결되지 않는 유의미한 존재다. 반대로, 동물은 절대 적절하게 죽지 못한다. 그들은 오직 소멸할 수 있을 뿐이다. 죽음과 종결은 하이데거의 사유에서 동물이 단순히 제대로 접근할 수 없는 유한성의 양태이다. 데리다는 하이데거가 인간과 동물을 죽음의 형식 내에서 그 차이를 지속시키려고 했던 이러한 분석에서 오히려 충분한 과학적 존재론의 바탕이 결여되어 있다고 분석한다.[30] 동물에 대한 기본적인 존재론적 분석을 발전시키는 어떤 노력도 하이데거의 설명에서는 시기상조화되어 있다. 생물학의 퇴보에 대해 문제시하는 하이데거는 생물학이 물리학이나 화학으로는 설명해 낼 수 없는 분과로 그것이 '생명'을 다루고 있기 때문이라고 말한다. 이러한 논의 끝에 하이데거는 생물학이라는 과학이 형이상학의 결정, 즉 본질론적인 결정을 해주어야 한다고 말한다. 이 논지는 데리다가 『동물 그러므로 나인 동물』

---

29 이에 대해서는 Matthew Calarco, "Deconstruction is Not Vegetarianism: Humanism, Subjectivity, and Animal Ethics", *Continental Philosophy Review*, no. 37, 2004. pp. 175~201; Mcquillan, "Does Deconstruction Imply Vegetarianism?", pp. 111~131 참조.

30 Jacques Derrida, *Aporias: Dying-Awaiting (One Another at) the "Limits of Truth"*, trans. Thomas Dutoit, Stanford University Press, 1993.

의 시적 담화 내에 삽입시켰던 생명을 물질로 다룬 과학의 발전이 얼마나 대규모 동물 학살에 기여하고 있는지에 대한 건조한 문장을 그 대응 항으로 상기시킨다.

데리다는 동물학의 발전이 결국 일으키게 된 동물 조작과 동물 학살을 나치의 홀로코스트와 병치시키면서, 그것을 동물의 파토스이자 고통의 맥락으로 가져간다. 동물이 고통을 느끼는가 아닌가에 대한 명확한 반응이 그들이 로고스를 가지는가 아닌가 묻는 철학자들의 물음에 앞서 동물을 대하는 방법에서 먼저 논의되어야 한다는 것이다. 그리고 데리다는 여기에서 논지를 철학의 문맥으로 이어 나간다. 즉 약 2세기 전 벤담 같은 이가 통찰했던 동물에 대한 문제의 틀 자체를 바꾸자고 했던 제안으로 말이다. 그리고 그 통찰의 핵심을 다음과 같이 논한다.

벤담은 대략 이렇게 말했습니다. 문제는 동물이 생각할 수 있는가, 추론할 수 있는가 등 우리가 결국 언제나 서로 묻고 있는 척하는 것이 아닙니다. (아리스토텔레스에서 데카르트까지, 데카르트에서 특히 하이데거, 레비나스, 라캉에 이르기까지, 이 물음은 그토록 많은 여러 다른 능력들이나 자산들의 문제를 지배해 왔습니다. 즉, 할 수 있음[pouvoir]의 문제, 주는 능력, 죽는 능력, 매장하는 능력, 옷 입는 능력, 노동하는 능력, 기술을 발명하는 능력 등등 본질적인 속성으로 이러저러한 역량을, 따라서 이러저러한 능력을 가지는 데서 성립하는 능력을 가지고 있음[avoir]의 문제를 말입니다.) 그러니까 여기서 관건인 문제는 동물이 로고스를 가진 동물 유형인지를, 그들이 능력이나 로고스의 자산 덕택에, 로고스를, 로고스의 소질을 가질 수 있음 덕택에, 말하거나 추론할 수 있는지를 아는 데 있지 않다는 것입니다. (이성중심주의란 무엇보다 동물에 대한, 로고스가 없는 동물, 로고스를 가질 수 있음이 없는 동물에 대한 테제입니다.) 선결되어야 할 그리고 결정적인 문제는 동물이 **고통을 겪을 수 있는가를 아는 것**이 됩니다(AT, 27, 강조는 원문의 것).

그리고 하이데거의 철학 전체가 가지는 문제 즉 '고통'과 '불안'에 대한 개념에 이의를 제기한다. 즉 인간만이 고통과 불안에 놓일 수 있다고 생각했던 하이데거의 논지를 겨냥하는 다음의 논의를 전개한다.

그 누구도 특정한 동물들에게 엄습할 수 있는 고통, 두려움이나 공황 상태, 공포나 놀람을 부정할 수 없습니다. 이것은 우리 인간들이 목격할 수 있습니다. 우리가 다시 다루겠지만, 어떤 이들은 그런 것을 고통이나 불안이라고 부를 권리가 없다고 계속 목소리를 높일 겁니다. 그것들은 여전히 인간을 위해 그리고 죽음을-향한-존재의 자유를 가진 현존재를 위해 아껴 두어야 할 말이나 개념이기 때문입니다. 그리고 나중에 우리는 이런 담론을 문제 삼을 겁니다.[31]

우리는 하이데거가 주장하는 인간의 삶과 비인간의 삶을 고려하는 문제들이 그의 철학 프로젝트의 중심에 놓여 있음을 이전의 논의

---

31 *Ibid.*, p. 28.

로 알 수 있다. 그러나 하이데거에게 인간 존재는 동물 생명과 인간 생명이 두 개의 거리를 표상하는 만큼 생물학과 동물학에서 빌려 온 용어들 내에서는 결코 이해될 수 없는 것이었다. 그만큼 인간 존재와 동물 존재는 본질적으로 존재의 다른 영역에 속해 있기 때문이었다. 하이데거가 밝히고자 했던 것은 철학과 과학의 정보를 토대로 즉 현상학과 생물학, 동물학 등을 토대로, 결국 동물과 인간 사이의 종적인 공속성을 제거하는 것이었다. 하이데거에게 그 둘은 존재론적으로 완전히 다른 의미의 토대 위에서 이해되어야 하는 존재들이었기 때문이다. 인간이나 동물 양자 모두, 하나는 다른 하나에 의해 결코 환원되거나 축소될 수 없다. 그럼에도 하이데거에게 중요한 것은 인간 존재의 특이성을 동물에 비교하여 드러내고자 한 것으로, 인간 존재에 그 중심이 맞추어져 있었다. 이 절차들은 결국 동물을 데카르트의 기계류로 떨어뜨리는 실수를 범하고 있었다.

• 인간과 동물의 공존 윤리

과학과 기술의 발전에 따라 심화 동물행동학자의 주장이나 생물학적 동물연구는 인간과 동물의 경계를 생물학적으로 확고하게 구분하는 것에 점점 더 회의적이다. 인간과 동물의 차이에 대한 형이상학적 주체성의 견고한 체계 역시 타자와 주체의 문제를 심화시키면서 인간과 동물의 구분이 절대적이며 확실한 것이라는 점을 반문하게 되었다. 전쟁의 살상이나 홀로코스트와 같은 사례들은 인간의 가축화와 동물화라는 극단적 상황을 만들었으며, 인간은 동물화된 인간의 틀, 즉 동물처럼 처참했던 인간의 상황에서야 비로소 동물 자체의 고통을 사유하기 시작했다. 근래의 포스트휴먼 논의는 인간과 동물의 경계나 구분을 어떻게 설정할 것인가의 문제에서 확실히 과거와는 다른 인간/동물 구분의 무의미성 담론을 확장한다. 이처럼 동물들의 현재적 조건은 물질적·존재론적 양자의 분석을 요구하는 독특한 역사를 가진다. 그리고 현재와 미래를 위해 그것을 더 잘 변형하는 방법을 필수적으로 우리가 배워야 할 만한 어떤 특정성 속에 놓인 요구의 역사가 존재한다. 확실히 그것은 동물 종속의 역사가 에코페미니스트와는 다르게 발전된 동물권 이론들의 저작 내 사례들과 압제의 다른 상호연관된 형식들의 역사를 따르지 않고는 사유될 수 없음을 의미한다. 여기에서 제안된 작업은 마음과 연결된 어떤 태도를 요구한다.

동물 문제는 압제에 반대해 온 다른 인간적 분투와 어느 부분 일치하기도 하지만 완전히 환원되지 않는 배경을 가지며, 동물과 인간의 압제에 대한 분투의 문제는 중첩되면서도 분기되는 사유와 수행의 문제이다. 마찬가지로 동물들의 노력이 완전히 성공적이지 않더라도, 특히 인간과 똑같이 동물들이 종속과 지배에 스스로 저항하는 지점이 있음을 필연적으로 주목해야 한다. 예를 들면 서커스장에서 탈출한 코끼리, 도살장으로부터 도망친 돼지가 경찰에게 총을 맞기 전까지 길에 풀려 있었던 것, 고래잡이용 작살로부터 서로를 보호하는 고래들, 인간 조련사를 상처 낸 사자, 실험하는 과학자를 공격하는 침팬지, 길들여지길 기부하는 야생 고양이, 도살장의 언더그라운드 비디오 그리고 수용소라는 설명할 수 없는 공간에서 모든 것을 다 보고도 살아남았던 레비나스의 회상 속 개 바비 등 그런 동물적 저항의 형상들은 동물윤리학의 중심부에 남아 있어야만 한다고 칼라코는 주장한다.[32] 분명히 고통받고 있고, 고통받음을 표현하고, 그 표현을 행동으로 옮기며 거부하는 동물들의 명백한 행동과 울음에서, 우리는 레비나스의 인간 타자에 한정한 '얼굴에서 발생하는 윤리학'의 공허함을 읽는다. 동물 타자의 모습은 윤리학이 인간 얼굴 형상에 고정된다 하더라도, 분명히 그 안에 얼굴의 경계를 넘어서는 고통의 형상을 확인할 수 있다. 이러한 명증한 고통스러운 타자의 예는 동물종과 동물 저항의 특정 역사에 초점을 맞추는 우리의 사유를 강제해야만 하는 위험으로 다가온다.

2. 데리다의
   생물학적·생태학적 코기토

1. 고통의 코기토

여전히 문제는 희생구조이다. 앞서 서술했듯이 데리다는 희생구조의 논의에서 오직 다른 인간의 삶만을 문제시하는 레비나스를 비판하며 그의 철학이 동물과 여성에게는 허용되어 있지 않다고 말한다. 그는 주체성의 지배적 구도와 서구 철학 내 주체성의 취소나 능가에 대한 지배적 구도에 있는 어떤 태도가 희생적 구조를 공유해 온 역사를 가진다고 본다. 그 역사에서 권위와 자치권은 여성보다는 백인 남

---

32 Calarco, *Zoographies*, p. 76.

성에게, 동물보다는 인간에게, 아이보다는 어른에게 기여되어 왔으며, 남편, 남자 형제, 아버지, 남성 어른의 남성적 힘은 주체 개념을 지배하는 도식에 속한다. 인간에 대한 개념은 이러한 희생구조에 의해 생산된 것으로 이런 우리의 "문화 안에서 주체는 희생을 받아들이고 육식을 한다".[33] 실재적으로든 상징적으로든 그는 먹어야만 하는 인간에게서 무엇을 먹느냐의 문제가 아니라 어떻게 잘 먹을 것인가, 즉 어떻게 이 희생의 구조 아래 타자의 희생을 최소화할 수 있을 것인가의 문제가 강조되어야 한다고 주장한다. 그리고 동물이 인간과 치룬 '희생적 전쟁'은 창세기만큼이나 오래되었다고 지적한다.[34]

데리다는 동물성을 철학의 틀 안으로 끌어들이고 동물을 타자로 보며 그들로부터 주체의 코기토를 시작한다. 그가 말하는 생물학적/생태학적 코기토는 일종의 정서적 코기토 또는 연민의 코기토와 겹친다. 그는 벤담이 제시한 "그들은 고통을 겪을 수 있는가?"라는 질문으로 근대시대 이후 점점 더 가혹해지는 동물에 대한 처우를 전복하기를 바란다. 그는 이 질문의 대답이 가진 명증성에서 명백하게 일종의 코기토, 의심이 침투할 수 없는 직관적인 확실성, 즉 고통의 코기토에 대해 언급한다. 데카르트의 의심할 여지 없는 명백함인, '나는 생각한다, 그러므로 존재한다'가 발견되는 모든 확신의 토대에서 데리다는 고통을 느끼는 코기토, 즉 생태학적/생물학적 코기토의 주체와 타자를 발견한다.[35]

---

33 Derrida and Roudinesco, "Eating Well, of the Calculation of the Subject", p. 113.
34 Jacques Derrida, *The Death Penalty*, vol. 1, trans. Peggy Kamuf, University of Chicago Press, 2013, p. 140.
35 Charles Ramond, "Le cogito biologique de Derrida", *Dictionaire Derrida*, Paris: Ellipses, 2016, p. 23.

2. 데리다의 생물학적·생태학적 코기토

여기서 설명하는 생태학적·생물학적 코기토는 비인간 타자에게도 열려 있는 자전성과 타자성에서 발생하는 데리다의 코기토로 데카르트의 의식의 에고가 아닌, 몸과 생명으로부터 주체의 근거가 부여되는 생태적이며 발생적인 에고이다. 생태학적·생물학적 코기토는 데카르트의 사유적(의식적) 코기토에 반대하는 것으로, 데리다의 후기 동물 타자론에 근거한다.[36]

생태학적 코기토는 자기 의식의 동일성을 사유 주체로 설명한 데카르트 코기토에 대응해 유기체 일반에 해당하는 생물학적이며 생태학적인 코기토의 의미로 변형하고 대체한 개념이다. 생태학적 코기토가 의미하는 바는 언어·목소리로 사유하는 자기 의식을 주체로 설정한 데카르트의 코기토에서 벗어나 모든 생명 안에 일어나는 발생의 현상을 일으키는 생명 주체의 '자기성'을 인정한다. 이 자기성의 구성은 자기 안에 생명 발화의 현상들이 기록되고 흔적으로 남으며 퇴적되어, 그 결과를 다시 작동의 원인으로 삼아 움직이는 모든 생명 주체, 환경 주체, 동물 주체에 설정되는 코기토이다. 데카르트의 코기토가 명료한 증명을 토대로 한다면, 데리다의 생태학적 코기

---

36 이 책에서 지칭하는 생태학적 코기토는 샤를 라몽의 생물학적 코기토와 영미권의 생태학적 해체를 복합적으로 포괄하는 개념이다. 생태학적 코기토란 『데리다 사전』(*Le vocabulaire de Derrida*)에서 라몽이 언급해 정리한 데리다 후기 논의 주제 생물학적 코기토(le cogito biologique)에서 추출한 것으로, 생물학적 코기토와 생태학적 코기토를 유사한 의미에서 혼용해 사용하고자 한다. 왜냐하면 영미권 분야에서 후기 데리다의 동물론은 넓은 의미에서 생태학적 의미로 확장해 설명하며, 동물론에서 biologique의 의미는 생물학적인 것과 생태학적인 것 사이의 격차를 줄이고 있기 때문이다.

토는 불분명하고 모호한, 경계를 나눌 수 없는 애매성과 연관한다.

이후 다루게 될 자기 촉발, 이질적 촉발, 자전적 동물의 논의는 데리다의 후기이론으로부터 추출한 생태학적 코기토의 근거이다. 그것은 유기체의 생명 안에서 흔적과 기록으로 작동되는 자동적인 움직임들과 그 움직임이 촉발하는 독립적 자기성, 자기 의식을 통해 분석될 수 있다. 자기 촉발은 '자기가 말하는 것을 스스로 듣는' 체계와 관련하며, 자기 의식으로 구성된 자기성과 자기성의 동일성으로 구성되는 주체를 구성시키는 것이다. 이 체계는 근대세계에서 형이상학의 역사를 지배해 왔다. 자기 촉발은 주체를 구성하고 발견하는 방식으로서의 데카르트의 코기토 에르고 숨 증명과 밀접하게 연관한다.[37] 데카르트는 의식의 본질을 '나는 내가 사유한다는 것을 사유한다'(cogito me cogitare)라는 언명 속에서 발견하는데, 자기에 대한 자신의 직접적 현시인 자기 촉발은 근대 이후 자기 인식 가능의 근본 조건이 되었다. 데카르트, 칸트, 헤겔은 이 자기 인식인 자기성의 확립을 오직 내 안에서 찾았고 이는 자기를 구성하고 증명하는 의식을 통해 가능했다. 데카르트는 사유하는 의식을 자기로 여겼으며, 칸트는 내감을 통해 얻은 인식을 자기 촉발의 매개 원인으로 삼았고, 헤겔은 내적 목소리를 자기 의식으로 삼았다.

그러나 레비나스와 데리다는 근대의 자기 촉발 개념을 비판하면서 주체의 구성, 즉 사기성의 동일성을 확보하는 계기는 자기 촉발이 아니라 이질적 촉발을 통해서라고 주장한다. 즉 나를 나로 인식하게

---

37 서동욱, 「자기 촉발에서 이질적 촉발로: 주체의 동일성 개념의 변화」, 『철학과 현상학 연구』 56권, 한국현상학회, 2013. 101~104쪽.

만드는 것은 나의 내적 작용이 아니라 나의 내적 작용을 발생하게 만드는 '외적 요인'이 문제라는 것이다. 자기 구성을 이질적 촉발로부터 최초로 언급한 이는 레비나스지만 동물 타자까지 촉발의 원인으로 삼는 이는 데리다이다. 데리다는 목소리, 자신의 음성을 듣는 것이 의식이며, 의식으로 구성된 주체의 근본구조를 자기 안의 것이 아닌 외부의 것, 즉 이질적인 것의 촉발과 관련해 사유한다. 데리다는 나를 구성하는 것이 내가 아니라 타자의 흔적, 즉 내 안에 남은 타자의 흔적의 기록(에크리튀르)이 내 안에서 분절되면서 촉발하는 것이라고 여긴다.

『동물 그러므로 나인 동물』의 첫 부분에는 데리다와 고양이의 마주침에 관한 서술이 나온다. 어느 날 아침, 샤워를 하기 위해 욕실에 걸어간 그는 뒤를 쫓아온 반려 고양이와 눈이 마주친다. 이 인간과 동물이 서로 응시하는 순간은 데리다를 혼란스럽게 할 뿐만 아니라 당황스럽게 만든다. 왜냐하면 그때 그는 이 고양이의 시선 때문에 처음으로 고양이 앞에서 벌거벗고 서 있는 자신을 느꼈기 때문이다. 그뿐만 아니라 그 순간 때문에 그는 수치심에 휩싸인다. 그는 한 번도 느껴 보지 못했던 이런 감정에 '이 순간 나는 누구인가?'라고 묻지 않을 수 없게 된다. 이 순간의 기이한 경험은 데리다에게 동물을 타자로 인식해야만 하는 그 후의 수많은 경험을 촉발하게 한다. 이처럼 데리다에게 '내가 나에 대해서 질문하는' 이 자기 촉발의 형식은 고양이라는 동물 타자의 응시, 즉 외부적인 것과 관련한다. 이 이질적인 것의 개입, 이질적 촉발이 나를 구성하도록 만드는 것이다. 이질적인 것이란 자신이 아닌, 타자, 타자의 흔적, 흔적의 개입, 흔적의 잔여물이다. 데리다의 주장은 자기 촉발이 이질적 촉발이라는 타자 흔적이 남긴 잔여물의 개입을 통해 만들어진다는 것으로, 자기 촉발은 이런 이유로 이차적 결과물이다. 이처럼 데리다는 근대 형이상학의 핵심인 자기의 동일성인 주체를 지탱하는 자기 촉발의 개념을 자기 동일성의 유지가 타자와의 차이의 개입을 통해 가능하다는 이질적 촉발의 개념으로 전환하고 있다. 여기서 동물 타자는 바로 이 인간 주체를 구성하는 결정적인 타자로 설명된다.

데리다는 고양이와의 독특한 만남을 통해 자기 촉발이라는 문제를 드러낸다. 이 자기 촉발의 문제는 칸트가 동물에게는 거절한, 독립적인 자아를 구성하는 문제다. 칸트는 독립적인 자아를 인간만의 것으로 설명한다. 그러나 데리다는 칸트의 자기 촉발을 고양이의 응시를 통한 이질적 촉발로 이행시켜 설명함으로써, 자기 촉발이 인간에게만 가능할 것이라는 점을 의문시하도록 만든다.[38] 자기 촉발을 통해 자기 의식과 나(I)를 구성하는 것을 인간만의 자전적인 것으로 설명한 칸트의 논의와는 다르게 데리다는 발화하는 유기체 안에서 흔적과 기록으로 시간 속에 작동하는 모든 생명을 유기적 주체이자 생태학적 주체로 보고 있다.[39] 주체로 본다는 것은 자기성과 자기 의식을 인정한다는 것이다. 데리다는 자전적 동물이라는 어휘를 사용함으로써 자전성이 인간뿐만 아니라 생명 자체에 기입되어 있다는 것을 전환해 주장한다. 데리다에 있어 동물의 응시는 나에게 지금의 내가 누구인지 자신에게 물어보며, 자기 자신을 확립할 수 있도록 질문을 던지는 주요한 요인이다. 이 이질적인 것은 자전적 촉발을 만들

---

38 서동욱, 「자기 촉발에서 이질적 촉발로」, 116쪽.
39 Ramond, "Le Cogito Biologique De Derrida"; AT, 94 참조.

어 이질적인 것이 내 안으로 들어와서 섞이고, 그 섞임 안에서 나와 타자 사이의 차이를 생성하도록 한다. 이 차이 이후에서야 나는 나로, 나라는 주체로 구성된다. 자전적 촉발을 오직 인간인 나(I)의 내감으로 설명하는 칸트의 논의는 데리다의 자전적 동물과 이질적 촉발의 논의를 통해 전복될 수 있는 것이 된다. 본 장은 이러한 문제지점들을 보여 주며 데카르트의 계보를 잇는 칸트, 하이데거의 논의와는 다르게 생명 전반, 동물 타자에게도 자아와 타자, 자전성과 타자성을 열어 놓는 데리다의 논의로 구성된다.

• 동물의 응시와 자기 촉발

데리다는 대체할 수 없는 응시로서 고양이의 시선을 처음 느꼈을 때, '이 순간 나는 누구인가?'라는 자신에 대한 질문을 시작한다(AT, 3). 데리다와 고양이의 틀을 벗어난 이 만남은 어떤 지식과 인식에 앞서 시간의 연접 밖에서 일어난다. 동물의 응시와 만난 이 돌발적인 순간에 데리다는 '자신'에 대해 묻는다. 이 물음은 "나는 동물로서 내 자신인 만큼만 나이다" 혹은 "나는 동물을 따라서 가는 만큼만 나라고 할 수 있다"라는 역설적 대답을 수반한다. '나는 누구인가?'라는 자기 촉발적 질문, 이 자기 촉발은 나의 규정 가능성을 과제로 삼고 있다. 내 자신을 밝히는 이 자각은 데리다에게는 타자·고양이라는 동물 타자의 시선에 의해 가능해진다.

　데리다가 고양이의 응시를 느꼈을 때 그것은 이전의 친밀한 것이 아니라 프로이트가 말하는 친숙한 섬뜩함으로 볼 수 있다. 데리다가 이전에 알고 있었던 고양이가 아닌, 나를 응시하는 고양이는 이미 친밀함 너머에서 나를 바라본다. 친밀한 것은 어떤 상황에 따라 낯선 것이 된다. 친밀한 것이 낯설게 되었을 때 친밀함과 낯섦, 분명함과 모호함은 '동시에' 발생한다. 내가 모든 것을 통제하고 아는 상황을 넘어서 사건은 이렇게 도래한다. 도래하는 사건과의 만남은 이처럼 친밀한 것이 낯선 것으로, 알았던 것이 모호한 것으로 발생하도록 한다. 데리다는 이 친밀함과 낯섦, 분명함과 모호함 사이에서 '동시에' 발생하는 것으로부터 독특성의 문제를 말한다.[40] 서로 대립하는 양자 사이에 존재는 끼어 있다. 낯섦은 친밀함의 원환을 열어 친밀함 속에 이미 있었던 낯선 잉여물을 보여 준다. 친밀함과 낯섦이 같아질 때 독특성이 이야기될 수 있다. 데리다의 독특성은 반복적인 읽기 안에서 그 읽기를 변이시키며 나타나는 이질적인 것들을 통해서만 나타난다. "반복은 동일한 것의 회귀가 아니라 이질적인 것들이 서로에게 오염되어 있음을 보여 준다."[41] 어느 것도, 어떤 존재도, 어떤 시간도 반복된다고 해서 그 자체 같은 것으로 나타나지 않는다. 반복은 그 시간과 타자, 자아와의 관계에서 각각 다른 것으로 차이를 내며 나타난다. 반복은 같은 것의 나타남이 아니라 매 순간 같은 것의 다른 나타남이다.

내 안에 이미 낯선 것이 들어와 있고, 그 낯선 것을 읽어 낸 이후에야 비로소 나는 주체가 된다. 낯선 것, 이질적인 것은 내 안의 타자로, 주체는 나를 와해시키는 타자를 안으로 들인 이후에서야 나인 주체가 된다. 나와 외부, 주체와 타자는 서로 이미 이렇게 오염되어 있다.

40 민승기, 「데리다 '이후': 미래를 유산으로 물려받기」, 『문학과 사회』 25권 3호, 문학과지성사, 2012, 260쪽.
41 앞의 글.

인간 주체 안에 이미 동물 타자가 기입되어 있고, 이질적이고 낯선 그의 응시를 통해 비로소 주체(인간)는 주체(인간)가 된다. 서로의 독특성은 이렇게 탄생한다. 이 친밀하면서도 낯선 응시는 주체가 지배할 수 없는 형태로 돌아온다. 동물 타자를 길들이기 위해 인간 주체는 타자를 먹지만, 타자는 소화되지 않은 채 친숙한 섬뜩함이라는 기이함으로 돌아온다. 내가 잘 알고 있다고 생각했던 친밀함은 유령처럼 이질성으로 출몰한다. 내가 잘 알고 있는 친숙한 이 공간 안에서 유령처럼 낯설게 출몰하는 동물 타자의 흔적은 달리 생각하면 바로 나라는 인간 주체를 만드는 구성물이다.

데리다의 유령론(hauntologie)은 이런 상황과 관계된다. 유령이라는 개념은『마르크스의 유령들』이후 데리다 철학의 핵심 개념 중 하나다. 그는 유령의 개념을 유령론이라는 주제와 관련하여 사용하는데, 유령론은 서양 철학의 근간인 존재론(ontologie)을 대체하는 새로운 철학의 주제를 가리킨다. 그가 보기에 존재론은 현전, 즉 생생하게 현재 존재하고 있음이라는 사태에 근거하고 있다. 현전은 현재라는 시간적 양상과 현전이라는 존재의 양상을 필수적으로 근간으로 삼고 있다. 이에 비해 유령론은 이러한 존재론이 유령의 사태에 기초하고 있다는 것을 의미한다. 데리다는 유령(spectre), 망령(revenant), 환영(fantôme)처럼 프랑스어에서 유령을 의미하는 단어들을 자주 사용하는데 유령은 볼 수는 있지만, 만질 수는 없는, 살과 뼈로 현전하지 않는 어떤 육체의 가시성이다. 이 유령은 자신을 드러내 주는 직관을 거부한다. 이 책에서는 동물 타자를 인간 주체에게 유령 개념으로 사유하고 있다. 이는 동물 타자가 유령처럼, 존재하면서도 적절하게는 존재할 수 없는 양상으로 인간 사회에 개입되어 있기 때문이다.

데리다가 설명하는 유령은 정의상 살아 있는 것도 죽어 있는 것도 아니다. 현재 존재하지만 현전한다고 할 수 없으며, 가시적이지만 동시에 비가시적으로 존재하는 것, 존재하면서 존재하지 않는 것이다. 데리다는 유령이 현전으로서의 존재가 은폐하고 몰아내려고 하는, 존재보다 더 근원적인 어떤 사태를 표현한다고 본다. 인간 주체는 동물 타자를 타자로서 만나지 못하고 대하지도 못한다. 동물 타자는 존재하지만 존재하지 않는 비현전의 양상으로 나타나며, 유령처럼 그 죽은 몸이나 허구적으로 구성된 동물적 성격에 의해서만 인간 사회에 출현한다. 이는 존재로서 나타나고 인정받는 것이 아니라 유령처럼 출몰하는 것으로 보아야 옳다.

데리다가 동물 타자론이나 유령론을 통해 보여 주려는 것은 주체 내부의 고유성이 그것이 배제하는 외부적 타자와의 만남에 의해 비로소 만들어진다는 사실이다. 타자라는 외부는 이미 주체 내부를 와해시키는 '공간 내기'로 들어와 있다. 친밀한 공간 속에서 그것을 능가하는 어떤 것의 드러남, 이 유령의 출몰과 같은 타자의 드러남이야말로 바로 주체를 구성하는 타자의 흔적이다. 그것은 장소 아닌 장소에 거하며 현전하는 것도 부재하는 것도 아닌 유령의 출몰 같은 흔적으로 나타난다.[42] 흔적은 현전/부재, 삶/죽음의 대립구조를 가능하게 해주는 조건이다. 타자는 흔적으로 나타나기 때문에 지워지면서 남아 있는 유령처럼 존재하고, 따라서 고정되고 고유한 것을 말하는 동일자의 구조로는 환원되지 못한다. 시간과 공간 속에서 지워짐으로

---

42 Jacques Derrida, "White Mythology", *Margins of Philosophy*, trans. Alan Bass, University of Chicago Press, 1982, p. 253.

써 남겨지는 흔적은 주체가 타자성과 관계를 가능하게 해주는 조건
이자, 주체의 고유한 것들이 가능하도록 만드는 체계의 기원이다.

• 자전적 동물

자전적 동물(autobiographical animal)이란 데리다가 인간 이외의 비인
간 유기체에 자아의 의미를 허용하기 위해 조합한 단어다. 그는 비인
간 타자에게 나(I)의 의미를 구성할 수 있고 자아가 존재한다는 것을
강조하기 위해 자전적 동물이라는 단어를 사용한다. 칸트는 자전성·
자기성을 오직 인간에게만 허용한다.[43] 그러나 데리다는 이 자전적
이라는 단어 뒤에 동물을 놓음으로써 동물뿐만 아니라 유기체 일반
이 자신의 내적 생명 안에 자전적 기록과 생태학적 자아를 가지고 있
음을 강조한다.[44] 이처럼 데리다의 자서전에 대한 의미는 생물학적이
며 생태학적인 관점에서 정의된다. 그에게 자서전이란 발화된 생명
안에서 자동적으로 작동된 '쓰기'인 기록의 퇴적, 기록의 흔적이다.
유기체는 모두 이 자전적 기록의 퇴적을 통해 성장하고 살아간다. 그
것은 생명 안의 자아, 즉 발화 주체를 움직이는 기본적인 작동 근거
들로서 캉길렘은 그것을 다른 말로 생명 안의 로고스로 지칭한 바 있
다.[45] 달리 말해 자전성(이는 곧 자기성[46]의 근간이 된다)의 작동은 자

---

43 『동물 그러므로 나인 동물』 2장에서 데리다는 칸트의 I와 칸트가 거부하는 동물에서의 '자기
성'에 대해 논한다. AT, 92~94.

44 David Wills, "The Blushing Machine", *Inanimation: Theories of Inorganic Life*, University Of Minneso-
ta Press, 2016.

45 황수영, 「베르그손과 깡길렘의 생명철학, 수렴과 분기의 지점들: 생명원리와 개체성, 정상과 병
리, 생성과 로고스」, 『철학사상』 50권, 서울대학교철학사상연구소, 2013 참조.

46 auto의 철학적 함의를 보자면, 플라톤에서 auto는 재귀대명사로 auto kath' auto(itself by itself)에

전적 서술의 흔적을 통해 증거되며 활성화된다. 이 생태학적 자아의 자기 발생적 행위, 이 자전적 쓰기의 발생 양식은 살아 있는 생명의 조직이라면 반드시 가지는 경험이다. 데리다는 이 단어를 통해 최소한의 자동적인 발화과정을 가진 유기체 일반과 인간 이외 다른 살아 있는 유기적 생명을 인간과 평등하게 관점화하는데, 인간과 유기체 사이에서 그 생명 작동의 최소성을 정확하게 결정하고 구분하기란 불가능하기 때문이다. 자동적인 동시성으로 발생하는 생물에서의 자기 연장은 그 생산자가 죽고, 소실되고, 알아볼 수 없을지라도, 기원의 기원에서 일어나는 최소한의 충격·자극을 내적 발생 양식 안으로 표시한다. 그것 없이는, 우리가 삶이라 부르는 것과 같은 것은 존재할 수 없다. 그 때문에 우리가 삶이라 부르는 것은 애초에 우리가 일반적으로 죽음이라 부르는 것 뒤에 남겨져 있는 어떤 것이다. 부재/현존이라는 대립항의 의미 내에서 흔적은 생명이 존재하는 한 항상 남겨져 있다.

데리다는 행동 이후 남게 된 것, 흔적, 부재를 통해 삶과 생명이 무엇인지 사유한다. 그는 대립구조로 설명할 수 없는 나타남과 사라짐의 동시성을 흔적이라 부르며, 인간과 비인간의 죽음과 흔적으로부터 존재의 확장과 존재의 경계를 동일선상에서 사유하고 있다. 2001년 루디네스코와의 인터뷰 『미래에 올 것에 대하여』에서 데리

서 나오며 자체성, 바로 그것, 그 자신에 즉해 있는 것 또는 자체적인 것의 개념이다. 이는 플라톤이 형상을 규정하는 가장 대표적이며 고유한 표현이며, 자기 동일성, 불가환원성, 독립성, 실체성 등을 함의한다. 이 책에서는 단일형으로는 자기(self), 자기성, 동일함(same), 결합형으로는 저절로, 스스로의 의미로 사용한다. 남경희, 「플라톤과 서양철학사: 자체성(auto kath' auto)과 철학적 최상급의 개념을 중심으로」, 『서양고전학연구』 59권 1호, 한국서양고전학회, 2020 참조.

다는 "차이의 정치학"을 논하는데, 이는 그 차이가 결코 삶과 생명에 대한 재사유, 그 이상도 이하도 아니라는 점을 우리에게 환기시킨다.

차연은 모든 종류의 경계/한계를 넘어선 차이화의 과정을 사유하도록 허락한다. 하이데거는 동물의 죽음에 대립하는 현존재의 능력 (동물은 죽을 수 없고, 소멸될 뿐이다. 그러나 현존재인 인간은 죽을 수 있다)에 대비해 동물은 실존하거나 존재할 수 없다고 말한다. 그러나 데리다는 죽음을 현존재의 능력으로 간주하는, 죽음의 능력을 지닌 현존재와 그렇지 않은 동물 사이의 분리를 강조하는 하이데거의 사유가 정말 합당한 것인지 묻고 그것을 자전적 동물이라는 주제로 논한다. 대체할 수 없는 각 존재는 그 자신의 필멸성을 살아 있는 생명의 최소한의 발화에 따라 '나'라 불리는 것 안으로 혹은 나라 이름 붙여진 존재 안으로 인식하거나 그 생명 조직 위에 새긴다. 우연적이거나 제도적으로 포맷되거나 잔여의 기록적 서술이거나 정렬된 서술이거나 간에, 자전성이란 그 조직의 어떤 물질적이거나 시각적인 직물(짜여진 것), 분명해지고 있는 기록의 퇴적에 대한 하나의 이름이다. 이러한 자전성의 작동은, 자전적 서술과 기록의 흔적이며, 그것은 살아 있는 삶/생명으로 발화하는 생명 작동의 최소성을 인간과 동물로 분리해 결정하는 것이 사실상 불가능하다는 것을 드러낸다.[47]

• 타룬과 자아

데리다는 『불량배들』에서 "반복차이성 논리의 결정적 힘"에 대해 타

---

47 Wills, "The Blushing Machine", p. 99.

류(the wheel)의 의미를 소급해, 생명이 지닌 기계적 테크네의 설명을 이어 나간다.[48] 타륜의 구조는 삶과 죽음을, 귀환과 방황을 '동시에' 발생시키는 존재의 유비다. 이 '동시성'은 반복을 일으키며, 이 반복은 이중화하며 차이를 만든다. 동물 타자와 인간 주체는 서로 중첩되어 있는 구조의 틈을 통해 반복차이성이라는 흔적으로 서로를 구성한다. 동물 뒤를 따르는, 쫓아가는 인간의 경험은 승계이자 동시에 단절이다. 이 서로 대립하는 것들의 반복은 결국 차이로, 주체 내부에 새로운 것의 발생으로 이어진다. 이 차이를 통해 주체는 자신을 만들어 간다. 반복하면서 차이를 생산하는 타륜은 삶의 원환적인 순환을 비유적으로 나타내며, 떠남과 돌아옴을, 방황과 귀환을 가정하는 오디세우스적 구조이다.[49] 타륜은 데리다 저작 내 생명으로서의 자아와 주권의 비유적 모델이다. 예를 들면, 타륜은 스스로 그 자신의 힘에 의지해 돌면서 그 힘을 통해 이동해 나아간다. 그것은 본래의 그 자리로 귀환하는 반복의 지속적인 동작을 통해, 더 멀리 나아간다. 타륜은 그 스스로가 움직임의 원동력이자 추동체이다. 비록 타륜 자체가 분명히 살아 있는 기제(the life of the machine)는 아닐지라도, 자신으로의 회귀라는 물리적 움직임을 통해 스스로 통째로 이동하는 일종의 조직적 형상 가능성이며, 이는 살아 있는 기제의 테크네(기능)를 보여 준다(BS 2, 88). 그것은 자기 지시적이며, 자동적이지만 또한 자기 참조적이며 물리적인 상호움직임들이다. 귀환과 방황이 타륜과 같은 구조로 동시에 반복되며, 그 반복은 자신으로 회귀하

---

48 자크 데리다,『불량배들』, 이경신 옮김, 휴머니스트, 2003, 75쪽.
49 Jacques Derrida, *Given Time*, trans. Peggy Kamuf, University of Chicago Press, 1992, p. 7.

면서 만드는 차이를 통해 주체의 삶에 새로움을 생성해 나간다.

데리다는 주권이라 부르는 것 역시 보편적인 정체성의 기계라고 지칭한다. 주권은 자아 혹은 자아의 작동에서 나온다. 자아의 작동에서 비롯되는 구조를 그는 주권의 근거로 설명하며, 이러한 구조를 로빈슨 크루소의 이야기를 통해 설명한다. 로빈슨 크루소는 타륜을 재발명하느라 씨름하면서 동시에 자신을 개혁하는 것과 씨름하게 된다. 여기에서 크루소가 발명하는 타륜의 형상은 자아의 유비로서, 주권이며 동시에 주체가 된다. 자아는 타륜처럼 장치의 기계화 안에서 어떤 진보로 스스로 움직이며, 자동적으로(auto-matically), 타자를 향해 여행한다. 그리고 타자를 향해 이동하는 바로 그 순간에 자기 자신이라는 스스로를 향해 움직이며 이동한다. 타자와 자아는 동시적으로 만들어지는 것이다. 이 기계적이며 자동적인 타륜의 자동화는 소위 주권과의 유비적 관계로 표현된다. 자아, 주권, 주체는 마치 타륜처럼 스스로를 향해 자동적으로 움직이며 타자를 향해 여행한다. 타자와의 만남을 통해 자아는 스스로를, 주권을, 주체를 구성한다.

데리다는 고립된 로빈슨 크루소의 자전적 이야기는 크루소의 재인간화뿐만 아니라, 인간종들의 종족적 진화에 대한 재생의 이야기라고 말한다. 인간종들의 종족적 진화는 다른 동물과 다른 인간과의 관계를 통해서뿐만 아니라, 인간 자신의 몸체와 타륜 같은 기계적 장치와의 관계를 통해서 역시 일어난다. 또한 크루소의 자서전은 그것 너머, 자아의 '발전'의 이야기이기도 한데, 각각의 장면은 자기 지시적 흔적 남기기를 통해 진행되며, 이 자기 지시적 흔적의 최소의 순간을 결정하는 것은 불가능한 일이다. 왜냐하면 그것은 살아가면서 죽어 가는, '산 죽음'(living-dead)의 바로 그 지점에서 작동하고 있기 때문이다. 데리다는 『짐승과 통치자』 2권에서 다음과 같이 이 지점을 지적하고 있다.

> 나는 구조적인 배치에 대해서 생각하고 있다. 그 안에서 자아에 일어날 수 있는 모든 것은 정체성으로, 즉시 분리되는 정체성의 의족화를 통해 세계에 일어나고 있는 모든 것과 분리 불가능해진다. 그 정체성은 외부로부터 그 자체를 기명하면서, 그것을 탈구시킨다. 타륜이란 단지 기술적인 기계일 뿐만 아니라, 자기 정체의 의식적인 내재성으로 존재하며, 내가 말하고자 하는 바는 이러한 의족성(보철성) 없이는 절대로 정체성이란 존재하지 않는다는 것이다(BS 2, 88).

타륜의 구조처럼 주체의 내적 구조가 아니라, 외부가 내부를 만든다. 외부에 있는 타자가/세계가 주체의 내부를 구성한다. 자아는 외부의 타자와의 차이에 의해 자신의 정체성을 만든다. 따라서 정체성은 의존적이며 보충적이다. 이런 의족화/보철화는 자아와 세계/타자가 서로 분리 불가능하다는 것을 보여 준다. 내 안에 내재하고 있는 것은 내가 아니라 타자다. 내재성으로 있는 타자를 통해 나는 비로소 내가 된다.

데리다가 타륜의 형태를 예로 들면서 주장하는 바는 인간 자동성의 본래 변용에 있는 근본적이며 기계적인 물질적 의미에 대한 것이다. 정체성의 본질은 타자와의 관계를 통해 끝없이 스스로를 세워 나가는 과정이다. 이는 달리 말하면 타자를 통해 자신으로 돌아오면서 스스로가 되는, 스스로를 만드는 과정이다. 여기서 본질적인 것은 자기 스스로 완전할 수 없다는 것과 자기 스스로 충분하지 않다는 것이다. 달리 말해 자아의 정체성은 끝없이 타자로 소급되는 자아의 활동을 통한 자아의 자기 확인과 자기 고정화의 작업이다. 이 작업은 자아를 세우면서 동시에 자아와 타자를 차이화한다. 여기에서 필수적인 것은 바로 '결핍'이 '생성'하는 '활동'으로 자기 스스로 불완전하고 불충분하다는 '결핍'의 조건은 바로 자기 정체성의 필수 조건이자 작동 동인이다. 이런 이유로 '결핍'은 바로 생성의 원인이 된다. 존재는 이런 의족적/보철적이며 보충적인 기제 속에서 살아남는 움직임이다.

• 정서적 코기토

데카르트가 동물 기계론에 대응해 확실한 명증성으로서 '사유하는' 에고 코기토를 주장했다면, 데리다는 자아의 자전적 서술을 설명하면서 동물과 인간이 동일한 기제의 생명으로 생태학적 코기토의 주체의 의미에서 분리될 수 없음을 강조한다.『동물 그러므로 나인 동물』에서 데리다는 생태학적 코기토에 대해 데카르트의 명증성에 대응할 만한 상세한 증명과 확실성으로 뒷받침되는 진술을 한다. 이 확실성은 데카르트의 직감을 바탕으로 한 코기토의 명증성과 같은 질서에, 그 질서로서 질문을 제기하는 것이다. 데카르트의 코기토는 언어로 사유하는 실체라는 절대적으로 불가능한 명증성에서 나오지만, 데리다 철학에서의 명증성은 동물, 비인간 타자, 살아 있는 존재의 살아 있음과 관련하며, 이것은 주체로서의 "생태학적 코기토"로 말할 수 있다. 데리다는『동물 그러므로 나인 동물』에서 고양이와의 만남을 서술한 부분을 특히 데카르트적 명증을 환기하면서 서술하고 있다. "내 고양이는 어느 날 내 공간에 들어와 어떤 것으로도 바꿀 수 없는 살아 있는 존재로서 나에게 왔다. 이 공간에서 고양이는 나를 만날 수 있었고, 나를 보며, 나의 나체를 본다. 아무것도 내게서 모든 개념에서 반항적인 존재를 다루는 것에 있어 확실성을 세울 수 없다"(AT, 3). 사유를 본성으로 하는 실체로서의 나를 증명하는 데카르트 코기토는 그 사유 자체의 확실성과 투명성으로부터 증명을 시작한다. 그러나 데리다는 사유 자체의 확실성이 문제시됨으로써 자기의식의 불확실성과 불투명함을 비판했던 니체, 프로이트의 탈근대적 코기토의 계보를 잇는다. 그가 말하는 코기토는 생태학적 코기토로서 고정되어 불변하며, 명증하고 투명한 자기 의식을 인정하지 않는다. 그는 변화하고, 생성하며, 타자에 의해 순간순간 개입되고 파열하며 분리되는 코기토의 현상을 관찰한다. 주체 안에 이미 있는 타자는 주체를 불확실하고 불명확하게 만든다. 주체를 구성하는 것은 확실하고 보증된, 투명하고 명증한 자기 의식이 아닌 불확실하며 언제든 유령처럼, 괴물처럼 튀어나오는 타자이다. 그 타자는 자기 안에 차이성, 균열성, 이질성 등을 기입한다. 주체는 언제나 그것에 응답할 준비를 해야 한다.

이처럼 데리다의 주체는 자기 동일적인 근대 주체를 만들어진 구성물인 허구로 간주한다. 즉 자기 의식의 명증함으로부터 출발한 데카르트적 주체는 애초에 없고 차이, 반복, 흔적 등의 타자라는 외재성에서 기인하는 자기 확장과 자기 변이를 거치는 주체만이 있다. 그는 이를 후기에 들어 유기체적 개념들과 섞어 설명한다. 이런 개념 아래 데리다의 주체는 명증하고 확실하며 보증된 자기 동일적·배타적·지배적·초월적 주체가 아닌 외부의 흔적으로부터 언제든지 해체되고 파열되며 분열될 수 있는 상호적·변별적·반복적·복합적·물적 주체이고, 이 주체는 단지 인간에게 한정되지 않는다. 앞에서 살펴보았듯이 이는 생태학적 주체 일반을 포함한다. 살아 있으며 흔적을 남기고 죽음과 삶, 부재와 현존 사이에 항상 잉여물로 발생하는 가능성으로 남아, 교환의 원환을 중지시키고 변론과 언어의 중지인 심연으로부터 나오는 유기적 생태 주체를 내포하고 있다. 데리다의 생태학적 코기토는 따라서 변화하고 생성하며 불확실함으로서의 애매함으로 있다.

이로써 데리다의 생태학적 코기토의 주체는 존재 안에서 생존하는 것, 생명과 비인간 타자에게 절대적 환대를 한다. 이 환대는 도착과 도래, 사건의 형상으로 나타난다. 동물에 대한 문제는 데리다 철학 내 차연과 사건 사이의 긴장감의 본보기이다. 그의 철학에서 전통 형이상학의 동물은 인간의 특성과 경계, 본성을 해체했을 뿐만 아니라 "모든 개념에서 반항적인" 현존성과 조건 없이 모든 것을 주어야 하는 환원 불가능한 현재의 주인으로부터 "아무것도 절대" 제거할 수 없는 생물학적 코기토의 영역에 속한다.[50] 이 생태학적 코기토는 일종의 정서적 코기토 또는 연민의 코기토와 겹친다.[51] 데리다는 벤담이 제시한 질문 "그들은 고통을 겪을 수 있는가?"의 방향에 따라, 이 생태학적 코기토의 주체를 결정한다. 그는 이 질문으로, 데카르트가 제시한 코기토인 의심할 여지 없는 확실성의 토대, '나는 생각한다. 그러므로 나는 존재한다'에서 찾아지는 모든 확신의 토대에

---

50 Ramond, "Le Cogito Biologique De Derrida", p. 24.
51 Ibid., p. 24.

서 빠져나와 다른 코기토인 생태학적 코기토의 주체를 언급한다. 의심이 침투할 수 없는 직관적인 확실성과는 완전히 다른 방식으로, 그는 근대시대 이후로 사람들이 동물에게 가한 점점 가혹해진 대우(데리다는 간접적으로 데카르트가 이러한 행동들과 부자관계를 갖는다고 간주한다)를 이 생태학적 코기토의 주체의 구조 아래 검토한다. 누구도 동물에게 가해지는 고통과 두려움이나 공황, 테러나 공포를 부인할 수 없다. 이러한 공포는 어떤 동물들에게도 엄습할 수 있는 공포이며, 인간들 스스로가 거부할 수 없는 증거이다. 이는 데카르트가 동물의 태도를 무응답으로 간주함으로써 동물들의 고통에 무감각했던 사태에 대한 비판이자 도전이다. 데리다는 이 생태학적 코기토 속에서 묻는다. '그들은 고통을 겪을 수 있는가?' 그리고 이 질문에 대한 대답은 확실하며, 데카르트 코기토의 명증성과 마찬가지로 의심의 여지가 없다.

결론

데리다는 동물 타자론이라는 해체론을 통해 창조·생성으로 작동하는 결핍의 양상을 보여 준다. 이 책에서 논의하는 하이데거가 말하는 '로서 구조'는 인간이 언어화로 메꾸려는 존재의 빈 공간(공백)이다. 하이데거는 현존재, 인간에게만 로서 구조를 허용함으로써 이 빈 공간을 언어를 가진 인간만이 가질 수 있는 우월성으로 바꾸어 얘기한다. 그러나 데리다는 그 빈 공간이 인간 주체뿐만 아니라 동물 타자에게도 동등하게, 모든 존재에게 존재하는 것임을 보여 준다. 그 존재의 빈 공간은 어떤 존재에게도 지울 수 없다. 데리다의 동물 타자론은 하이데거가 극복하고자 했던 존재론이 기존의 전통 철학과 마찬가지로 다시 의미론으로 위계화되고 있음을 드러낸다. 레비나스의 얼굴에 대한 타자철학도 마찬가지다. 데리다는 철학의 역사가 다름 아닌 동물 타자에 대한 억압의 계보학임을 철학사에서 처음으로 주장하며, 이런 점에서 동물 타자의 주제는 해체론에서 가장 중요한 의미를 획득하고 있다. 이러한 철학의 해체를 통해 강조하고 있는 것은 동물 타자에 대한 고통의 의미를 재사유하는 것으로, 철학의 틀인 언어의 우월성 대신에 인간에게나 동물에게나 공통적으로 해당되는 고통의 문제를 통해 철학 전체를 다시 사유할 것을 제안한다.

그는 인간 주체를 인간/동물의 구분에 의존하고 있는 데카르트의 주장처럼 근본적으로 자기 동일적인 것으로 보지 않는다. 오히려 인간 주체는 동물/인간의 구분에 따라 형성된 것으로, 동물 타자에 의해 이미 분열된 존재로 본다. 인간 주체가 자기 동일성을 유지할 수 있는 이유는 바로 이 동물 타자와의 차이를 통해서이다. 데리다는 동물 타자가 인간의 자기 동일성을 가능하게 해주는 근본 요소라고 보는데, 주체는 이처럼 변별적 구조로서의 타자와의 차이를 통해 주체로서 정립될 수 있다. 주체란 타자와의 차이, 그것의 반복차이성, 타자가 남겨 놓은 가능성으로서의 흔적에 의해 구성되는 구성물일 뿐이다. 동물 타자와 동물성은 인간 주체보다 선행하며 차이화를 통해 인간의 정체성을 구성해 왔다. 이런 이유에서 데리다는 동물성을 '절대적 아버지'라 부른다.

이 책은 동물을 '결핍'으로 이해한 전통적 관점을 따르는 데카르트, 칸트의 근대 이론과 하이데거, 라캉, 레비나스의 현대 이론을 데리다의 인간중심주의에 대한 비판의 격자에 따라 살펴보았다. 데카르트의 계보에서 드러나는 철학의 동물 '결핍'의 계보학은 아리스토텔레스부터 유래한다. 동물 결핍의 역사는 인간 언어로서의 인간적 기준의 응답과 이성에 준거해 이루어진 철학적 공리계의 모순이자 인간중심주의적 궤적이다. 하이데거, 라캉, 레비나스의 동물 결핍·빈곤에 대한 담론은 데리다의 동물 타자론의 변별성을 가장 극명하게 보여 준다. 데리다와 이들 이론을 비교해 봄으로써 동물 타자에서의 결핍이 왜 '생성'일 수 있는지 이 책은 드러내고자 했다. 그에게 동물성과 동물 타자는 신과 같은 절대적 타자성으로 제안되며, 이를 롤러는 코라라는 세계 기원의 공간으로 유비해 설명한다. 데리다의 동물성에 대한 이해를 언어 이전의 그 모태로서의 코라 개념과 관련해 살펴봄으로써 동물성의 특이한 속성을 생성의 어떤 것으로 해명하고자 했다. 또한 동물 타자론에 있어 데리다와 레비나스 사이의 차이와 의미를 논했다. 레비나스 윤리학은 얼굴이 없는 동물을 타자의 범주에서 배제하는데 이것은 레비나스의 타자론에 많은 영향을 받았던 데리다에게 모순적으로 남는다. 그럼에도 불구하고 레비나스의 윤리학은 어느 지점에서 스스로를 넘어서며, 환경윤리학과 동물윤리학의 근간에 많은 가능성을 제공한다. 그러나 데리다에게 레비나스의 타자론과 윤리학은 여전히 불충분했다. 이 책은 데리다의 '뱀의 환대'를 통해 동물 타자에 대한 환대의 개념을 설명하며 그의 후기에 전개된 이론인 자기 촉발, 자전적 동물, 타륜의 개념을 통해 이성적·로고스적·언어적 코기토가 아닌 타자의 고통에 따라 새롭게 정의될 수 있는 생물학적·생태학적 코기토로서의 타자론과 동물윤리학을 논의한다.

우리가 데리다의 동물 타자론을 형이상학의 근거 아래 사유할 때, 그것은 인간 주권, 인간 주체에 관한 사유와 떨어질 수 없게 된다. 이러한 사유는 인간 주권과 주체로서의 인간이 초월론적 사유를 통해 제거하고 배제하고 거절하려 해도 끝없이 돌아오는, 자신의 근거이자 부분으로서 동물 타자와의 관계 때문이다. 제거하려는 그곳에 불가피하게 언어의 형식으로, 이미 제거할 수 없는 방식으로 드러나는 동물 타자는 인간의 초월 욕망이 있는 곳에 소멸할 수 없는 방식으로만 거주한다. 아리스토텔레스에서 칸트까지, 라캉에서 하이데거, 레비너스에 이르기까지, 형이상학이 결핍과 오염으로 한정하며 끝없이 거절했던 동물 타자는 오히려 형이상학의 틈과 인간주의의 한계를 보여 주는 틀이 된다. 인간, 동물의 구분이라는 외재적 차이를 통해 내재적 분열을 극복하려는 철학의 시도는 오히려 인간 주체와 동물 타자의 분리가 불가능하다는 것을 보여 주는 징후를 드러낼 뿐이다.[1] 데리다는 동물 타자론을 통해 데카르트적 전통과 대립되는 바깥이나 그것과의 단절을 보여 주는 것이 아니라, 데카르트적 계보의 체계 내부에 틈이 있음을, 그 가능성의 (빈) 공간을 드러내고 있다. 그리고 데리다는 이 동물 타자의 결핍을 경계나 한계가 아니라, 인간이 읽어 낼 수 없는, 혹은 인간이 잃어버린 또 다른 생성으로 보고 있다. 그 생성은 인간뿐만 아니라 세계 그 자체의 기원과 관련한다. 오염은 이미 존재의 생성 그 안에 뿌리내리고 있는 것으로, 모든 존재는 오염이 아니고서는 결코 창조로 생성될 수 없다.

데리다는 형이상학이 결핍으로 거절하는 동물 타자의 생성을 언어가 없음으로써 오히려 소통되는 그곳, 신의 영역과 함께 상기시킨다. 동물 타자의 생성의 영역은 언어의 부재 안에서야 오히려 드러나며, 또한 그 깊이를 가늠할 수 없는 심연이나 제거할 수 없는 낯섦(언캐니)으로 나타난다. 무한과 동물 타자, 신의 영역과 동물 타자, 그것과 인간 주체의 관계는 그 타자와의 상호관계를 통해서만 가능해질 수 있다. 인간이 신을 온전히 이해하려면, 동물 타자는 그 이해의 전제가 된다. 이 같은 층위들이 결국 드러내는 바는 데리다의 해체 철

---

1 민승기, 「데리다 '이후': 미래를 유산으로 물려받기」, 『문학과 사회』 25권 3호, 문학과지성사, 2012, 255쪽.

학 내 윤리의 필수 불가결성이다. 그리고 그 윤리가 정치 안에서 구현되는 방식이다. 그 필수성은 인간 자아의 혹은 인간 주체의 구성과 존립이 전적으로 사실상 동물 타자와 연결되어 있을 뿐만 아니라, 동물 타자에 불가결하게 의존하고 있다는 것을 보여 준다. 달리 말하면 주체의 생명과 타자의 생명은 분리될 수 없는 형태로 함께 존재하며 겹친다. 윤리는 바로 주체의 존립뿐만 아니라, 타자의 생멸을 결정하는 그곳에서 함께 발생한다.

언어 안에 갇혀 있는 형이상학의 모든 사유는 데리다의 타자철학의 전개와 함께 그 언어를 넘어서는 방식을 통해 언어로 갇혀 있는 그곳을 읽어 냄으로써 또 다른 영역으로 이행하도록 열어젖힌다. 해체론은 대립구조로 환원될 수 없는 법 '이전'의 절대 타자와 형이상학의 기원 이전의 기원을 향한다. 현존과 부재의 영역, 특히 삶과 죽음의 영역 사이에서 발생하는 타자와의 관계는 이제 차연의 다른 이름으로 데리다 철학에서 나타난다. 거기에서 동물 타자는 모든 개념에서 반항적인 현존성과 환원 불가능한 현재로부터 아무것도 절대 제거할 수 없는 애매성으로서 생물학적 코기토의 영역에 속하게 된다. 데리다는 현재 존재 안에서 의미하는 생존하는 것의 애매성을 생태학적 코기토의 이름으로 논증한다. 이 생태학적 코기토의 애매성에 대해 우리는 분명히 절대적인 환대를 해야 한다. 살아 있는 삶과 생명은 잔여물을 남기는 공간이자 형식이며, 모든 생명으로서의 자아는 그 안에 살고, 그러므로 살면서 죽어 가는, 자신 안에 흔적과 기록의 공간을 남기는 자다. 생명 안에서의 반복적인 자기 기명의 축적, 그 반복차이성의 자동적 활동으로 만들어지는 자전적 생명 안에는 생명의 최초의 자가적 응답으로서의 자가면역이 작동한다. 이 생명으로서의 생태학적 코기토는 인간으로부터 모든 살아 있는 유기체로 그 둘 자체를 분리할 수 없는 활동이 있음을 보여 준다. 이 생태학적 코기토는 일종의 정서적 코기토 또는 연민의 코기토와 겹친다. 데리다는 벤담이 제시한 고통에 대한 감수성을 인간으로부터 모든 생명으로 환기할 것을 주장한다. 그는 이 모든 생태학적 코기토의 설명할 수 없는 애매성에서 생명의 죽음에 대한 두려움과 고통을 분리할 수 없음을 언급한다. "죽을 때마다 세계의 마지막이다. 하나의 세계가 아니라 세계, 즉 세계의 모든 것, 세계의 무한한 통로의 끝이다. 나무에서 원생동물, 모기에서 사람까지, 살아 있는 어떠한 것이라도, 죽음은 무한하며, 그것은 무한한 것의 끝이다. 무한의 유한."[2]

이 책은 형이상학의 동물성에 대한 사유를 데리다의 동물론에 따라 개념 정리함으로써 형이상학의 모순과 틈을 보여 주고자 했다. 무엇보다 형이상학의 언어를 넘어서는 동물성을 형이상학은 '결핍'으로 상정하지만, 그는 오히려 그것을 인간의 언어가 담지 못하는 '생성'으로 이해함을 밝히고자 시도했다. 이 시도는 초월론과 신, 진리의 방향으로 열려 있는 형이상학이 진정으로 신과 인간을 이해하기 위해서는 그들이 배제한 동물성과 동물 타자를 이해해야만 한다는 전제를 드러내고 있다. 지금까지 동물성이나 동물 타자에 대한 형이상학적 접근이 흔치 않다는 점에서 이 책은 나름의 의미가 있다. 그러나 이 책이 개념화하려고 노력했던 시도는 동물성 그 자체가 의미화하기 힘들다는 점에서 개념상의 애매함이나 불분명함을 여전히

---

2   Jacques Derrida, *The Death Penalty*, vol. 1, University of Chicago Press, 2013.

내포하고 있다. 동물성, 동물, 동물 타자에 관한 연구는 데리다, 하이데거의 후기에 이르러서야 핵심 주제가 될 만큼 심오하고 어려운 영역이다. 현재 존재하는 가장 큰 문제의 한 지점이라는 점에서 이 주제에 대해 앞으로의 연구가 더욱 요구되고 기대된다.

형이상학이 전유하고 억압하려 했던 동물 타자는 동물 주체의 이미지로 예술에서 형상화된다. 예술은 형이상학이 잉여물로 남기고 배제하며 은폐하려 했던 동물 타자, 동물성을 희생구조 내의 타자이자 배제된 주체들로 소환한다. 문학은 오랫동안 동물들을 우정의 이름으로 불러들였으며, 미술은 그들을 내 안의 다른 주체이자 나보다 선행하면서도 잃어버린, 복원되어야 할 자연의 다른 이름으로 전개한다. 그것은 인간의 인간중심주의를 비판하는 더 큰 격자로 작동한다. 예술과 동물 타자는 형이상학과 달리 쉽게 친구가 되며, 예술은 인간의 폭력을 더 큰 범주의 눈으로 감시한다. 예술은 타자에 대한 압제와 전유를 감시하는 눈에 열려 있으며 복원되어야 할 동물 타자, 동물 주체의 영역에 열려 있다.

프랜시스 베이컨은 뿌리 깊은 희생적 구조 속에 반복적으로 희생되지만 너무나 일상화되어 보이지 않는 동물 타자의 죽음을 고기라는 소재를 통해 작품 안으로 소환해 애도한다. 그의 작업에서 인간의 죽음과 고통, 동물의 죽음과 고통은 서로 상응하는 것으로서 치환되며, 그의 자화상에서 인간성과 동물성은 배제할 수 없는 틈을 통해 서로 순환하는 기이한 역동성으로 움직인다. 그의 작업 안에서 '인간인 나는 나인 동물이다'. 그러나 요제프 보이스나 데이미언 허스트의 작업에서는 더 이상 애도로 남지 못하고 소모되며 소거된다. 보이스나 허스트의 작업은 동물 타자의 희생을 다시 희생시킴으로써 타자성으로 구성해 온 주체성의 철학처럼 또 다른 희생을 만들고 고착화한다. 희생을 애도할 때조차 동물 타자의 희생은 단순한 볼거리가 되거나 동물 타자의 타자성은 전유되며 이용된다. 애도는 더 이상 애도로 남지 못하고 상업적 맥락을 통해 소모된다. 반면에 올레크 쿨리크의 이상하며 종종 혐오스러운 작업 방식은 앱젝트한 동물성·타자성과 문명적인 인간성·주체성 사이의 분리나 차이를 완전히 파열함으로써 인간중심주의에 대한 해명을 요구하는 의문의 지점들을 열어놓는다. 그러나 그의 작업은 여전히 상투적인 동물성의 이미지를 이어 간다. 이에 반해 조은지의 작업은 배제된 채 잉여물로 남아 어떤 것으로도 환원되지 않는 언어 너머의 동물 타자의 거세된 목소리에 귀 기울이며, 인간 주체가 잃어버린 동물 타자의 영역과 지대에 책임을 다해 응답한다. 세상에는 동물이 자신을 보는 것을 아는 사람과 그렇지 않은 사람으로 나뉜다. 전자에 해당하는 작가는 타자의 거세된 목소리나 응시를 읽으며 자신을 보는 동물 타자의 응시를 확장해 나가는 방법을 수행한다. 예술은 철학이 잃어버리거나 은폐한 것들을 세계에 다시 꺼내서 던져 놓음으로써 철학을 보충하는 역할을 하며 또 다른 격자로 그것을, 그 실질적인 폭력들을 읽어 내기를 요구한다.

만약 50년 전에 타자, 존재로서의 동물에 대한 철학적 논의를 서술했다면, 그것은 이성을 잃은 시도로 보였을 수도 있다. 그러나 철학은 어떤 면에서 분명히 변화하고 그것은 발전으로 간주될 수 있는데, 왜냐하면 데리다의 동물 타자론이 보여 주듯이 타자에 대한 억압과 배제의 구조를 드러내고, 그 타자들의 범주를 분명히 확장하는 방향으로, 복권하는 방향으로 나아가고 있기 때문이다. 이 책은 그런 점에서 의의를 찾을 수 있다. 만약 필자에게 동물 타자의 문제에 실질적으로 응답할 방안을 묻는다면 나는 그것이 정치의 문제와 밀접하게 연결된다고 생각한다. 동물 타자와 같은 가장 취약한 존재를 향해 열려 있는 정부를 뽑고 그에 대한 정책을 검토하는 것은 비인간 타자들에 대한 응답에 우선적 수행이다. 이를테면 동물 타자에 대한 문제는 산업과 얽혀 가장 첨예하며 복잡한 이해관계에 놓여 있고, 그 방안을 모색하는 데 정부와 정책의 접근이 가장 필요한 이유에서다. 개인과 단체의 활동만으로는 한계에 부딪히고 더 섬세한 방향으로 법적 현실을 바꾸어 나가야만 하는 것이 지금의 현실이다. 거기에 미디어의 적극적 감시가 동반되어야 한다. 동물 타자의 고통을 명확하게 인지시키고, 해결을 모색하는 적극적 연구와 교육은 정책과 더불어 필수적이다. 데리다의 철학은 상식의 수준을 넘도록 요구한다. 지금까지 행해 오던 상식적인 경계들을 넘어야 비로소 상식에도 미치지 못하는 열악한 현실의 가장 취약한 타자, 동물에 대한 처우를 개선할 수 있다.

이 책의 중심연구에서 더 큰 분계선을 그려 본다면 그것은 철학에 가장 밀접한 영향을 끼쳐 온 종교의 문제이다. 종교는 오랜 역사를 통해 인간의 삶을 표면적으로 혹은 근원적으로 지배해 왔다.

일견 아무 관계가 없어 보이는 종교와 동물의 문제는, 그러나 그 근저에서는 근원의 근원으로서 밀접하게 관련한다. 왜냐하면 현재 권력을 수행하는 대표적 종교는 동물을 거절해 왔기 때문이다. 이 거절은 어디에서 왔고 언제부터 시작되었을까? 종교의 동물에 대한 거절의 방식과 행동은 철학에 흡수되고 심화했다. 그리고 현재와 같은 모습으로 배제의 형식을 갖추게 되었다. 이런 의식의 유통 과정을 조사하고 동물 거절에 대한 종교의 모순이나 결핍을 드러내고 어떻게 현재의 모습으로 일반화되었는지 알아보는 것은 다음의 과제가 될 것이다. 그것은 종교와 폭력에 대한 문제이기도 하다.

생태 위기의 시대에 자연의 부분으로서 비인간 타자에 대해 행해야 할 배려와 사유의 결은 더 넓고 미세해져야 한다. 인간적 폭력의 구조를 읽어 내는 것은 당면한 우선 과제이다. 영화 「랍스터」의 전체 줄거리가 보여 주듯이 인간은 동물이 되지 않기 위해 그것이 무엇이건, 할 수 있는 모든 일을 한다. 그것은 인간의 '동물 되기'에 대한 두려움 때문인데, 이는 자연 그 자체인 동물의 본성 때문이 아니라 인간이 동물에게 겨냥한 희생구조의 틀이 너무 뿌리 깊고 잔혹하기 때문이다. 지젝의 주장처럼 자연의 편에서 볼 때 가장 이질적인 것은 동물이 아니라 오히려 인간이다. 이런 의미에서 우리는 인간중심주의에 길들여진 끝없는 상식의 고리들을 끊고 그것을 벗어나야 할 이유가 분명히 존재한다. 데리다가 이끌었던 해체주의는 이런 면에서 무엇보다 타자를 향한 윤리의 학문이다.

참고 문헌

· 자크 데리다 저술

Adieu to Emmanuel Levinas, trans. P. A. Brault and M. Naas, Stanford: Stanford University Press, 1999.

Aporias, trans. T. Dutoit, Stanford: Stanford University Press, 1993.

De quoi demain... Dialogue?, Paris: Flammarion, 2003.

Donner la mort, Paris: Galilée, 1999.

Foi et Savoir, Paris: Seuil, 2000.

For What Tomorrow, trans. J. Fort, Stanford: Stanford University Press, 2004.

"Geschlecht: Sexual Difference, Ontological Difference", *Research in Phenomenology*, vol. 13, no. 1, 1983.

"Geschlecht II: Heidegger's Hand", *Deconstruction and Philosophy: The Texts of Jacques Derrida*, ed. J. Sallis, trans. J. P. Leavey, Chicago: University of Chicago Press, 1987.

Geschlecht III: Sex, Race, Nation, Humanity, ed. G Bennington, ed. and trans. K. Chenoweth, R. Therezo, Chicago: University of Chicago Press, 2020.

Given Time, trans. P. Kamuf, Chicago: University of Chicago Press, 1991.

Glas, trans. J. P. Leavey and R. Rand, Lincoln: University of Nebraska Press, 1986.

"Heidegger's Ear: Philopolemology (Geschlecht IV)", *Reading Heidegger: Commemorations*, ed. J. Sallis, trans. J.P. Leavey, Studies in Continental Thought, Bloomington: Indiana University Press, 1993.

L'Animal autobiographicque: autour de Jacques Derrida, Paris: Galilée, 1999.

L'Animal que donc je suis, Paris: Galilée, 2006.

"Le Sacrifice", *L'éternel éphémère: Suivi de Le sacrifice par Jacques Derrida*, Paris: Verdier, 2006.

Le Toucher, Jean-Luc Nancy, Paris: Galilée, 2000.

Monolingualism of the Other or The Prosthesis of Origin, trans. P. Mensah, Stanford: Stanford Univ. Press, 1998.

Margins of Philosophy, trans. A. Bass, Brighton: Harvester Press, 1982.

Of Spirit: Heidegger and the Question, Chicago: University of Chicago Press, 1989.

Of Grammatology, trans. G. C. Spivak, Baltimore: Johns Hopkins University Press, 1974.

Of Hospitality: Anne Dufourmantelle Invites Jacques Derrida to Respond, trans. R. Bowlby, Stanford: Stanford University Press, 2000.

On the Name, ed. T. Dutoit, trans. David Wood, Stanford: Stanford University Press, 1995.

On Touching: Jean-Luc Nancy, trans. C. Irizzary, Stanford: Stanford University Press, 2005.

Points...: Interview, 1974-1994, ed. E. Weber, trans. P. Kamuf and Others, Stanford University of Press, 1995.

Positions, trans. A. Bass, Chicago: University of Chicago Press, 1981.

"Post-scriptum", *Derrida and Negative theology-Aporias, Ways and Voices*, ed. H. Coward and T. Fashay, New York: SUNY Press, 1992.

Psyché: Inventions de l'autre, t. 1, Paris: Galilée, 1997.

Psyche: Inventions of the Other, vol. 1, ed. P. Kamuf and E. Rottenberg, Stanford: Stanford University Press, 2007.

Psyché: Inventions de l'autre, t. 2, Paris: Galilée, 2003.

Psyche: Inventions of the Other, vol. 2, ed. P. Kamuf and E. Rottenberg, Stanford: Stanford University Press, 2008.

Rogues, trans. P. A. Brault and M. Naas, Stanford: Stanford University Press, 2005.

Séminaire: La Bête et le souverain, vol. 1(2001-2002), Paris: Galilée, 2008.

Séminaire: La Bête et le souverain, vol. 2(2002-2003), Paris: Galilée, 2010.

Spectres de Marx, Paris: Galilée, 1993.

Spectres of Marx, trans. P. Kamuf, New York: Routledge Classics, 2006.

Speech and Phenomena, trans. D. B. Allion, Evanston: Northwestern UP, 1973.

Sur parole: Instantanées philosophiques, Éditions de l'Aube, 1999.

The Animal that Therefore I Am, trans. D. Wills, New York: Fordham University Press, 2008.

The Beast and the Sovereign, vol. 1, trans. G. Bennington, Chicago: University of Chicago Press, 2009.

The Beast and the Sovereign, vol. 2, trans. G. Bennington, Chicago: University of Chicago Press, 2011.

The Death Penalty, vol. 1, trans. P. Kamuf, Chicago: University of Chicago Press, 2014.

The Gift of Death and Literature in Secret: Second Edition, trans. D. Wills, Chicago: University of Chicago Press, 2008.

The Work of Mourning, ed. P. A. Brault and M. Naas, Chicago: University of Chicago Press, 2001.

The Ear of the Other: Otobiography, Transference, Translation, ed. C. Mcdonald, trans. P. Kamuf and A. Ronell, Lincoln: University of Nebraska Press, 1988.

Voice and Phenomenon, trans. L. Lawlor, Evanston: Northwestern University Press, 2011.

Writing and Difference, trans. A. Bass, London: Routledge Classics, 2001.

· 자크 데리다 저서 한국 번역본

『그라마톨로지』, 김성도 옮김, 민음사, 2010.

『글쓰기와 차이』, 남수인 옮김, 동문선, 2001.

「동물, 그러니까 나인 동물 1장」, 최성희·문성원 옮김, 『문화과학』 76호, 2013.

『마르크스의 유령들』, 진태원 옮김, 그린비, 2014.

『목소리와 현상』, 김상록 옮김, 인간사랑, 2006.

『법의 힘』, 진태원 옮김, 문학과 지성사, 2004.

『불량배들』, 이경신 옮김, 휴머니스트, 2003.

『신앙과 지식/세기와 용서』, 신정아·최용호 옮김, 아카넷, 2016.

『아듀 레비나스』, 문성원 옮김, 문학과지성사, 2016.

『에코그라피』, 김재희·진태원 옮김, 민음사, 2014.

『입장들』, 박성창 옮김, 솔, 1992.

『환대에 대하여』, 남수인 옮김, 동문선, 2004.

· 국외 문헌

Adorno, T., *Beethoven: The Philosophy of Music*, ed. R. Tiedermann, trans. E. Jephcott, Stanford: Stanford University Press, 1998.

Adorno, T. and Horkheimer, M., *Towards a New Manifesto*, London: Verso Books, 2011.

Agamben, G., *The Open*, trans. K. Attel, Stanford: Stanford University Press, 2003.

_____, *Homo Sacer*, trans. D. Heller-Roazen, Stanford: Stanford University Press, 1995.

Baring, E., *The Young Derrida and French Philosophy*, London: Cambridge University Press, 2014.

Baring, E. and Gordon, P. E., *The Trace of God*, New York: Fordham University Press, 2014.

Barbour, C., "The Secret, the Sovereign, and the Lie: Reading Derrida's Last Seminar", *Societies*, vol. 3, 2013.

Bataille, G., *Théorie de la religion*, Paris: Gallimard, 1986.

Baumeister, D., "Derrida on Carnophallogocentrism and the Primal Parricide", *Derrida Today*, vol. 10, 2017.

Beardsworth, R., *Derrida & the Political: Thinking the Political*, London: Routledge, 1996.

Bennington, G., *Interrupting Derrida*, London: Routledge, 2000.

Bruns, G. L., "Derrida's Cat", *Research in Phenomenology*, vol. 38, 2008.

Calarco, M., "Deconstruction is Not Vegetarianism: Humanism, subjectivity, and Animal Ethics", *Continental Philosophy Review*, no. 37, 2004.

_____ , "Introduction", *Animal Philosophy: Ethics and Identity*, ed. P. Atterton, New York: Continuum, 2004.

_____ , *Thinking Through Animals*, Stanford: Stanford University Press, 2015.

_____ , *Zoographies*, New York: Columbia University Press, 2008.

Calarco, M. and Atterton, P., *Radicalizing Levinas*, New York: SUNY Press, 2010.

Cavalieri, P. and Singer, P., *The Death of the Animal*, New York: Columbia University Press, 2009.

Chesterton, G. K., *Everlasting Man*, Mineola: Dover, 2007.

Chrulew, M., "Animals in Biopolitical Theory: Between Agamben and Negri," *New Formations*, vol. 76, 2012.

Cixous, H., *The Animal Question in Deconstruction*, ed. L. Turner, Edinburgh: Edinburgh University Press, 2013.

Critchley, S., *The Ethics of Deconstruction*, Edinburgh: Edinburgh University Press, 2014.

Damasio, A., *Descartes' Error: Emotion, Reason, and the Human Brain*, New York: Putnam, 1994.

_____ , *Looking for Spinoza: Joy, Sorrow, and the Feeling Brain*, New York: Mariner books, 2003.

Descartes, R., *Discourse on the Method*, in *The Philosophical Writings of Descartes*, trans. J.

Cottingham, R. Stoothoff, and D. Murdoch, Cambridge: Cambridge University Press, 1985.

———, *Meditations on First Philosophy*, in *The Philosophical Writings of Descartes*, vol. 2, trans. J. Cottingham, Cambridge: Cambridge University Press, 1984.

———, *The Passion of the Soul*, in *The Philosophical Writings of Descartes*, trans. J. Cottingham, R. Stoothoff, D. Murdoch, Cambridge: Cambridge University Press, 1985.

Direk, Z., "Animality in Lacan and Derrida: the Deconstruction of the Other", *Sophia*, 2017.

———, "Bataille on Immanent and Transcendent Violence", *Bulletin de la Société Amencaine de Philosophie de Langue Francais*, vol. 14, no. 2, 2004.

Faber, R., *The Divine Manifold*, Lanham: Lexington Books, 2014.

Farr D. ed., *Francis Bacon: A Retrospective* (exhibition catalogue), New York: Harry N. Abrams, 1999.

Fontenay, E. de, *Le silence des bêtes*, Paris: Fayard, 1998.

Hammer, M., *Francis Bacon*, New York: Phaidon, 2013.

Haraway, D., *The Haraway Reader*, London: Routledge, 2003.

Heathfield, A., "Alive", *Live: Art and Performance*, ed. A. Heathfield, London: Tate Publishing, 2004.

Heidegger, M., "Letter on Humanism", *Pathmarks*, trans. Frank A. Capuzzi, Cambridge: Cambridge University Press, 2010.

———, *The Fundamental Concepts of Metaphysics: World, Finitude, Solitude*, Bloomington: Indiana University Press, 1995.

Hirst, D., *I Want to Spend the Rest of My Life Everywhere with Everyone to One, Always, Forever, Now*, London: Other Criteria, 2005.

Hollier, D., *Against Architecture: The Writing pf Georges Bataille*, trans. B. Wing, Cambridge: The MIT Press, 1989.

Kant, I., *Anthropology from a Pragmatic Point of View*, ed. and trans. R. B. Louden, Cambridge: Cambridge University Press, 2006.

_____, *Immanuel Kants vorlesungen über die metaphysik*, ed. K.H.L. Plitz, 2 Auf. Erfurt: 1831.

Kerényi, K., "The Trickster in Relation to Greek Mythology", *The Trickster: A Study in American Indian Mythology*, ed. P. Radin, New York: Schocken Books, 1972.

Kulig, Oleg,. "Armadilo for your Show", *Live Culture*, ed. A. Heathfield, London: Tate Modern/Live Art Development Agency, 2003.

Kuoni, C., *Energy Plant for the Western Man*, New York: Thunder's Mouth Press, 1990.

Lawlor, L., *Animals have no hand*, New York: Columbia University Press, 2007.

Lee, E. N., "On Plato's *Timaeus* 49d4-e7", *American Journal of Philology*, 1960.

Lemm, V., *Nietzsche's Animal Philosophy*, New York: Fordham University Press, 2009.

Lewelyn, J., "The Middle Voice of Ecological Conscience: A Chiasmic Reading of Responsibility", *The Neighborhood of Levinas, Heidegger and Others*, London: Palgrave Macmillan, 1991.

Levinas, E., *Difficult Freedom: Essays on Judaism*, trans. S. Hand, Baltimore: Johns Hopkins University Press, 1990.

_____, *Otherwise than Being or Beyond Essence*, trans. A. Lingis, The Hague: Martinus Nijhoff Publisher, 1981.

_____, "The Paradox of Morality: An interview with Emmanuel Levinas.", *Provocation of Levinas: Rethinking the Other*, ed. D. Wood, London,: Routledge, 1988.

_____, *Totality and Infinity*, trans. A. Lingis, Pittsburgh: Duquesne University Press, 1969.

Llored, P., "La bête, Dieu sans l'être: La déconstruction derridienne peut-elle fonder une communauté politique et morale entre vivants humains et non humains?", *Phaenex: Journal of Exisential and Phenomenological Theory and Culture*, vol. 8, no. 2, 2013.

Malabou, C., "Another Possibility", *Research in Phenomonology*, vol. 36, 2006.

Marcuse, H., *Counter-Revolution and Revolt*, Boston: Beacon Press, 1972.

Mcquillan, M., "Does Deconstruction Imply Vegetarianism?", *Derrida Now*, ed. J. W. P. Phillips, Cambridge: Polity Press, 2016.

Mesguich, D., and Derrida, J., "Le Sacrifice", *L'éternel éphémère: Suivi de Le sacrifice par Jacques Derrida*, Paris: Verdier, 2006.

Mitchell, A. J., "Heidegger's Later Thinking of Animality: The End of World Poverty", *Gathering: The Heidegger Circle Annual*, vol. 1, 2011.

Mohr, R., *The Platonic Cosmology*, Leiden: E. J. Brill, 1985.

Nass, M., *Eco-Deconstruction: Derrida and Environmental Philosophy*, New York: Fordham University Press, 2018.

———, *The End of the World and Other Teachable Moments: Jacques Derrida's Final Seminar*, New York: Fordham University Press, 2015.

Perpich, D., "Scarce Resources? Levians, Animals, and the Environment", *Facing Nature: Levinas and Environmental Thought*, ed. W. Edelglass, Pittsburgh: Duquesne University Press, 2012.

Phillips, A., "A Dog's Life", ed. Alan Read, *Performance Research*, vol. 5, New York: CPR, 2000.

Porphyry, *On Abstinence from Killing Animals*, trans. Gillian Clark, Ithaca: Cornell University Press, 2000.

Ramond, C., "Le Cogito Biologique De Derrida", *Dictionaire Derrida*, Paris: Ellipses, 2016.

Saraben, J., "Francis Bacon: Une Bouche Comme un Sahara, To Make a Sahara of the Mouth", *Art Press*, no. 215, 1996.

Seshadri, K. R., "The Time of Hospitality–Again", *Phenomenologies of the Stranger*, ed. Richard Kearney and Kascha Semonovich, New York: Fordham University Press, 2011.

Srajek, M. C., *In the Margins of Deconstruction: Jewish Conceptions of Ethics in Emmanuel Levinas and Jacques Derrida*, Berlin: Springer Science+Buisiness Media, 1998.

Steiner, G., *Animals and the Limits of Postmodernism*, New York: Columbia University Press, 2013.

Still, J., *Derrida and Hopitality*, Edinburgh: Edinburgh University Press, 2010.

———, *Derrida and Other Animals: The Boundaries of the Human*, Edinburgh: Edinburgh University Press, 2015.

Swiffen, A., "Derrida Contra Agamben: Sovereignty, Biopower, History", *Societies*, vol. 2 , 2012.

Sylvester, D., *The Brutality of Fact: Interviews with Francis Bacon*, 3rd ed. London: Thames and Hudson, 1987.

Tisdall, C., *Joseph Beuys*, New York: Thames and Hudson, 1979.

———, *Joseph Beuys: We Go This Way*, London: Violette Editions, 1998.

Valéry, P., "Ébauche d'un serpent", *Charmes*, Paris: Gallimard, 1957.

Watkins, J. and Kermode, D., *Oleg Kulik: Art Animal*, Birmingham: Ikon Gallery, 2001.

Wheeler W. and Williams, L., "The Animal's Turn", *New Formations*, vol. 76, 2012.

Westfall, R., *The Construction of the Modern Science: Mechanism and Mechanics*, New York: John Wiley & Sons, 1971.

Williams, D., "Inappropriate/d Others or The Difficulty of Being a Dog", *October*, vol. 51, MA: MIT Press, 2007.

Wills, D., *Inanimation*, Minneapolis: The University of Minnesota press, 2016.

Wood, D., "Comment ne pas manger–Deconstruction and Humanism", *Animal Others: On Ethics, Ontology, and Animal Life*, ed. H. P. steeves, Albany: State University of New York Press, 1999.

———, *The Step Back: Ethics and Politics after Deconstruction*, New York: SUNY Press, 2012.

Wolfe, C., *Animal Rites, American Culture, the Discourse of Species, and Posthumanist Theory*, Chicago: University of Chicago Press, 2003.

Zizek, S., *Less Than Nothing: Hegel And The Shadow Of Dialectical Materialism*, London: Verso, 2013.

· 번역 문헌

니체, 프리드리히, 『유고(1870년-1873년)』, 이진우 옮김, 책세상, 2001.

다마지오, 안토니오, 『데카르트의 오류: 감정, 이성, 그리고 인간의 뇌』, 김린 옮김, 눈출판그룹, 2017.

데카르트, 르네, 『방법서설/성찰/철학의 원리/정념론』, 소두영 옮김, 동서문화사, 2007.

레비나스, 에마뉘엘, 『전체성과 무한』, 김도형·문성원·손영창 옮김, 그린비, 2018.

_____, 『시간과 타자』, 강영안 옮김, 문예출판사, 1996.

맬패스, 제임스, 『리얼리즘』, 정헌이 옮김, 열화당, 2003.

바타유, 조르주, 『종교이론: 인간과 종교, 제사, 축제, 전쟁에 대한 성찰』, 조한경 옮김, 문예출판사, 2015.

벨러, 에른스트, 『니체-데리다, 데리다-니체』, 박민수 옮김, 책세상, 2003.

실베스터, 데이비드, 『나는 왜 정육점의 고기가 아닌가?』, 주은정 옮김, 디자인하우스, 2015.

아감벤, 조르조, 『호모 사케르: 주권 권력과 벌거벗은 생명』, 박진우 옮김, 새물결, 2008.

윅스퀼, 야콥 폰, 『동물들의 세계와 인간의 세계』, 정지은 옮김, 도서출판 b, 2012.

지라르, 르네, 『희생양』, 김진식 옮김, 민음사, 1998.

칸트, 임마누엘, 『칸트의 형이상학 강의』, 이남원 옮김, UUP, 2014.

커니, 리처드, 『이방인, 신, 괴물: 타자성 개념에 대한 도전적 고찰』, 이지영 옮김, 개마고원, 2004.

크리스테바, 줄리아, 『시적 언어의 혁명』, 동문선, 2000.

프로이트, 지크문트, 『토템과 터부(천줄읽기)』, 강영계 옮김, 지식을 만드는 지식, 2013.

플라톤, 『플라톤의 티마이오스』, 박종현·김영균 옮김, 서광사, 2000.

하이데거, 마르틴, 『이정표 2』, 이선일 옮김, 한길사, 2005.

_____, 『존재와 시간』, 이기상 옮김, 까치, 1998.

_____ , 『형이상학의 근본개념들』, 이기상·강태성 옮김, 까치, 2001.

· 국내 문헌

강영안, 「레비나스 철학에서 주체성과 타자: 후설의 자아론적 철학에 대한 레비
　　나스의 대응」, 『철학과 현상학 연구』 4권, 한국현상학회, 1990.

_____ , 『타인의 얼굴: 레비나스의 철학』, 문학과지성사, 2005.

구자광, 「데리다와 아감벤의 인간/동물관계에 근거한 윤리학과 정치학에 대한
　　연구」, 『새한영어영문학회 학술발표회 논문집』 51권, 새한영어영문학회,
　　2009.

김동규, 「동물시학 연구: 하이데거 철학을 중심으로」, 『현대유럽철학연구』 49권,
　　현대유럽철학연구회, 2018.

_____ , 「후기 하이데거 철학의 동물론: 아감벤, 데리다 비판의 맹점」, 『철학탐구』
　　52권, 중앙대학교 중앙철학연구소, 2018.

김석현, 「칸트의 자기촉발(Selbstaffektion) 이론」, 『철학연구』 54권, 대한철학회,
　　1995.

김성환, 「데카르트의 동물론: 동물의 감각과 감정」, 『과학철학』 12권 2호, 한국과
　　학철학회, 2009,

김성환·황수영, 「데카르트들: 생명론에 대한 20세기의 도전과 몇 가지 전망」, 『근
　　대철학』 3권 1호, 서양근대철학회, 2008.

김양희, 「선물과 책임, 바타이유와 데리다의 선물론을 중심으로」, 『새한영어영문
　　학회 학술발표회 논문집』, 새한영어영문학회, 2014.

김윤동, 「플라톤의 공간 문제」, 『철학연구』 145권, 대한철학회, 2018.

김정주, 「칸트의 『순수이성비판』에서의 내감과 자기 인식의 문제」, 『철학과 현상
　　학 연구』 18권, 한국현상학회, 2002.

김형효, 『데리다의 해체철학』, 민음사, 1993.

남경희, 「플라톤과 서양철학사: 자체성(auto kath' auto)과 철학적 최상급의 개념을
　　중심으로」, 『서양고전학연구』 59권 1호, 한국서양고전학회, 2020.

민승기, 「데리다와 타자」, 경희대학교 박사 논문, 1999.

_____ , 「데리다 '이후', 미래를 유산으로 물려받기」, 『문학과 사회』 99호, 문학과지성사, 2012.

_____ , 「초월의 몸짓: 라깡과 데리다」, 『라깡과 현대정신분석』 1권 1호, 한국라깡과현대정신분석학회, 1999.

박찬국, 「동물의 존재 방식에 대한 하이데거의 현상학적 고찰」, 『철학과 현상학 연구』 10권, 한국현상학회, 1998.

서동욱, 「자기 촉발에서 이질적 촉발로: 주체의 동일성 개념의 변화」, 『철학과 현상학 연구』 56권, 한국현상학회, 2013.

_____ , 「흔적과 존재: 데리다 해체의 기원으로서 하이데거」, 『철학과 현상학 연구』 33권, 한국현상학회, 2007.

손영창, 「간주관성에서 절대적 타자성으로: 사르트르, 레비나스, 데리다에 관해서」, 『대동철학회지』 66권, 대동철학회, 2014.

_____ , 「데리다의 절대적 타자론: 윤리적 입장과 부정의 입장 사이에서」, 『대동철학회지』 69권, 대동철학회, 2014.

_____ , 「절대적 타자, 책임 그리고 새로운 주체성의 이해: 데리다의 Donner la mort를 중심으로」, 『대동철학회지』 64권, 대동철학회, 2013.

_____ , 「타자성에 대한 해석과 언어의 역할: 레비나스와 데리다 비교연구」, 『대동철학회지』 57권, 대동철학회, 2011

윤대선, 『레비나스의 타자철학: 소통과 초월의 윤리를 찾아서』, 문예출판사, 2009.

윤효녕 외, 『주체 개념의 비판: 데리다, 라깡, 알튀세, 푸코』, 서울대학교출판문화원, 2017.

윤희경, 「생태주의로 본 보이스의 미술」, 『서양미술사학회논문집』 37권, 서양미술사학회, 2012.

이민수, 「프란시스 베이컨 회화의 리얼리즘 연구: 이미지의 二重性에 대한 논의를 중심으로」, 『미술사연구』 23호, 미술사연구회, 2009.

전선자, 「요셉 보이스의 "확장된 미술개념"과 대안문화」, 『서양미술사학회논문집』 29권, 서양미술사학회, 2008.

정헌이, 「죽음의 미학: 포스트모던 '바니타스'를 중심으로」, 『현대미술사연구』

30호, 현대미술사학회, 2011.

최성희, 「동물성과 정동: 베케트와 데리다」, 『현대영미드라마』 33권 1호, 한국현
　　대영미드라마학회, 2020.

최애영, 「근대 진리인식 기반으로서의 과학주체의 탄생에 관하여」, 『프랑스문화
　　예술연구』 61권, 프랑스문화예술학회, 2017.

황수영, 「베르그손과 깡길렘의 생명철학, 수렴과 분기의 지점들: 생명원리와 개체
　　성, 정상과 병리, 생성과 로고스」, 『철학사상』 50권, 서울대학교철학사상연
　　구소, 2013.

황정아, 「동물적인 것과 인간적인 것: 문학의 질문과 『엘리자베스 코스텔로』」,
　　『창작과비평』 44권 1호, 창비, 2016.

_____ , 「동물과 인간의 '(부)적절한' 경계: 아감벤과 데리다의 동물담론을 중심
　　으로」, 『안과 밖』 43권, 영미문학연구회, 2017.

클리나멘 총서 012

데리다의 동물 타자

초판1쇄 펴냄 2022년 10월 11일
초판2쇄 펴냄 2024년 02월 06일

지은이 임은제
펴낸이 유재건
펴낸곳 (주)그린비출판사
주소 서울시 마포구 와우산로 180, 4층
대표전화 02-702-2717 | **팩스** 02-703-0272
홈페이지 www.greenbee.co.kr
원고투고 및 문의 editor@greenbee.co.kr

편집 이진희, 구세주, 송예진, 김아영 | **디자인** 이은솔, 박예은
물류유통 류경희 | **경영관리** 이선희

독자의 학문사변행學問思辨行을 돕는 든든한 가이드 _(주)그린비출판사